藏在
古画里的
大清史

李春香 - 著

台海出版社

清朝是继明朝之后中国历史上最后一个君主专制王朝，也是中国历史上第二个由少数民族统治中国全境的中央政权。它是中国历史上最具争议和最匪夷所思的朝代，有其先进的一面，也有其落后愚昧的一面。

清初为缓和阶级矛盾，实行奖励垦荒、减免捐税的政策，内地和边疆的社会经济都有所发展。至康熙帝，削三藩，平台湾，清朝统一全国。历经雍正帝、乾隆帝，因战乱而遭到严重破坏的经济文化逐步得到恢复和发展。这段历史被后人称为"康乾盛世"。于是中央集权专制体制更加严密，国力强大，奠定了现代中国的版图，增强了中华民族的团结力和凝聚力。在文化上，康乾时期编纂了几部集大成之作，像《四库全书》《古今图书集成》等，对整理和总结中国历史文化遗产做出了重大贡献。

但"康乾盛世"之后，清朝渐渐落入中国历代世袭专制王朝的"兴起—鼎盛—衰落"宿命。清朝统治者对内采取了民族分治的民族政策；重农抑商，制约资本主义萌芽的发展，资本主义经济在中国发展缓慢；在文化上，制造文字狱，压制汉族进步思想。在对外方面，统治者闭关锁国，不重视国家之间科技的交流，导致中国的科技水平极大地落后于西方。这一切，造成了中国的落后和愚昧。

1840年鸦片战争后，外国列强纷纷以武力逼迫中国开放市场，并签订了割地赔款等一系列不平等条约，导致近代中国的衰落，逐步沦为半封建半殖民地社会。最终，1911年辛亥革命爆发后，末代皇帝溥仪于1912年2月12日退位，清朝正式灭亡。清朝共历12帝，享国近300年。

在清朝这近300年的时间里，发生了些什么？给我们留下多少扑朔迷离的谜团？努尔哈赤的长子褚英为什么被杀？下嫁的大清公主幸福吗？

玄烨是怎么当上皇帝的？宫女真的要在宫里待一辈子吗？宦官和宫女能"成亲"吗？安德海是如何死的？李莲英到底又是怎么死的？清朝是怎么选美的？满汉真的不能通婚吗？鳌拜是怎么死的？曾国藩真的是"癞龙转世"吗？袁世凯是怎么死的？孝庄文皇后是不是嫁给了小叔子多尔衮？孝庄文皇后为什么死后不进清皇陵？道光的陵墓为什么在西边？……

本书精选了众多的故事，其中既包含皇帝妃子的秘闻，也兼采名臣将相乃至平民百姓的奇闻逸事，都在本书中或细细道来，或指点迷津，或疑团暗解，或稗史旁征。每个故事都是独立的，但又存在一定的联系。

孔子说："知之者不如好之者，好之者不如乐之者。"清朝虽然灭亡了，却留给我们多少难解之谜、多少震撼历史的人与事。那么，就让我们一同步入清朝这近300年的历史，揭开她那神秘的面纱，一睹其真实的面目。

目 录
CONTENTS

第二章　深宫后妃：太液池边徒哀怨

第三章　皇子公主：皇室血脉龙凤斗

目 录
CONTENTS

第四章　宦官宫女：深宫后院无人怜

第五章 宫规民俗：金顶红墙定方圆

第六章 官场众生：宦海沉浮显厚黑

目 录
CONTENTS

第七章 奇案冤狱：宫闱民间糊涂案

第八章　风水皇陵：柏森风冷鬼事多

藏在古画里的大清史

清朝统治中国长达近300年，是封建王朝中统治时间比较长的朝代。清朝共有12任皇帝，每个皇帝都有故事，个个都是传奇，更有诸多后世未解的谜团，这些谜团又给清皇室披上了一层带有神秘色彩的面纱，等着人们逐一揭开。

现在有很多清宫戏屡上荧屏，戏说清代历史，让人们在娱乐的同时，从另一种角度观赏清史探秘。不过，在被诸多戏说成分包围的历史里，这种历史究竟还有多少真实性可言，就不得而知了。下面我们将带你一起拨开云雾，还原历史真实面目。

第一章

传奇帝王：龙椅争夺腥风雨

努尔哈赤"七大恨"

大清王朝从建州女真的一个小小部落起家，最终占领了整个中国，而且绵延了二百余年。这一个本依附于明朝的满人部落，其首领努尔哈赤是以怎样的理由起兵，最后彻底占领了明朝的地盘的？他向天所告的"七大恨"，就是他开始反抗明朝统治的理由。他到底有什么深仇大恨呢？

古人讲求名正言顺，做什么事情都要顺应民心，努力取得多数人的支持，才更有成功的可能。所以大凡要打天下的人，都会先发表一篇檄文，宣告要讨伐的人有多么可恶，有多么倒行逆施，而自己的起兵是怎样顺天应命。这样，就会取得天下人的肯定与拥护，做起反政府的事情来才能顺风顺水，自己也更有底气了。

清朝虽然是满人政权，他们的开国者做起这个来可一点不比汉人逊色。努尔哈赤所属的建州女真本来归附于明朝，努尔哈赤也曾在明朝边将幕中效力，而他从依附转而对抗，就是以发布"七大恨"为标志的，这"七大恨"是他起兵抗明的理由。

努尔哈赤的"七大恨"虽是为了宣传号召之用，却也并不是完全凭空捏造的。这就和他个人的经历密切相关了。

努尔哈赤的祖父觉昌安和父亲塔克世都是建州女真的小部落首领，一直归附于明朝称臣纳贡，做过明委派的建州左卫都指挥使。塔克世勇猛善战，凭借一身好武艺而在比武招亲的比赛中夺魁，娶到了女真酋长王杲的女儿额穆齐。"努尔哈赤"在满语中的意思是野猪皮，这表明了他的父母希望他坚韧、吃苦耐劳的愿望。

不幸的是，在他10岁那年生母额穆齐病逝，塔克世又娶了哈达贝勒王台

所养族女纳喇氏。纳喇氏尖酸刻薄，对待努尔哈赤兄弟很不好，他们经常被迫在群山中奔波，家庭毫无温暖。努尔哈赤过了几年这样的生活，最后还是无法忍受，带着弟弟舒尔哈齐投奔到外祖父王杲的家里。王杲对他们很好，他本人文武兼通，亲自教两个外孙汉文读写和骑马射猎。努尔哈赤本以为可以过一段安定的生活，然而不久之后王杲反抗明廷的边将李成梁，被他所率领的部队打败，王杲被俘虏，押到京城被杀后暴尸街头。努尔哈赤此时也在王杲的部队里，他目睹了满人部落的血流成河。他聪明机警，懂得随机应变，在心里默默记住了这一幕，同时为了保住性命当机立断，拉着弟弟跪在了李成梁的马下，表示归降求饶。李成梁见他会说汉语，而且看上去伶俐机敏，又听说他是觉昌安的孙子，就饶他不死，把他留在了身边。

努尔哈赤在李成梁的身边继续学习，进一步增加了对汉文化的了解，在成长过程中武艺也不断提高，经常随军出征，立下了一些功劳。李成梁很赏识他，甚至把他收为义子，经常带着他去各种地方，努尔哈赤的眼界也有了进一步的开阔。这时又一次危险发生，明朝皇帝听方士说东北方有真龙出现而大加搜捕，

站马吹笛　正黄旗军中的游戏

正黄旗總計

努尔哈赤戎装骑马图

努尔哈赤的脚心有七颗红痣，这正是天子之象，他因此而被追杀。还好他在逃命途中藏进了一片芦苇荡，躲过追捕，最后他只能回到女真部落中。

这个时候的部落首领是王杲的儿子阿台。他下定决心要为父亲报仇，经常进犯明朝边境。建州图伦城的城主尼堪外兰居心不轨，他阴谋鼓动李成梁率兵讨伐阿台，围攻古勒寨。觉昌安和塔克世赶到古勒寨，苦劝阿台暂时归附李成梁。此时尼堪外兰在城下高喊道："谁杀了阿台，谁就能成为城主！"这引起城内的骚乱，明军趁机攻入，大肆屠城，阿台和努尔哈赤的祖父、父亲都在乱军中被杀死，努尔哈赤逃脱出城。

努尔哈赤的父祖无辜被杀，他身负血仇。回到建州，他派人质问明朝为什么杀死一直归附于明朝的觉昌安和塔克世。明朝说是"误杀"，送还二人遗体，并赐他战马30匹，封他为建州左卫都指挥使。这并不能抹杀努尔哈赤的仇恨，接着尼堪外兰被明朝封为"满洲国主"，这更加剧了努尔哈赤的愤怒。他以"十三副遗甲"起家，在三年的励精图治以后杀牲祭天，讨伐尼堪外兰，将他杀死。

杀死尼堪外兰后，他的目标就是明朝了。他统一女真各部，建立"大金"政权，宣布"七大恨"，正式开始与明朝对抗。这七大恨是："明无端起衅边陲，害我祖父，此恨一也"，就是父祖无辜被杀害；"明虽起衅，我尚修好，设碑立誓，凡满汉人等，无越疆土，敢有越者，见即诛之，……讵明复渝誓言，逞兵越界，卫助叶赫，此恨二也"，是说明强行越界，还派兵保卫叶赫；"明人于清河以南，江岸以北，每岁窃逾疆场，肆其攘夺，我遵誓行诛，明负前誓，责我擅杀……胁取十人，杀之边境，此恨三也"，是说满洲按条例杀死私自出境的汉人，而明朝反要十个满洲人偿命；"明越境以兵助叶赫，俾我已聘之女，改适蒙古，此恨四也"，是说明朝帮助叶赫部把本该嫁我的女儿改嫁蒙古；"柴河三岔抚安三路，我累世分守，……明不容留获，遣兵驱逐，此恨五也"，抗议明朝逼迫我的百姓退出已垦种的柴河、三岔、抚安之地，不许收获庄稼，把他们驱逐出境；"边外叶赫，获罪于天，明乃偏信其言，特遣使遗书诟言，肆行凌辱，此恨六也"，是说明偏信叶赫，对我施以凌辱；"昔哈达助叶赫二次来侵，……明又挡之，胁我还其国，已以哈达之人，数被叶赫侵掠，……天建大国之君，即为天下共主，何独构怨于我国也？……此恨七也！"强烈谴责明朝偏袒叶赫、哈达，欺压建州。

有了"七大恨"，努尔哈赤率领的建州女真对明朝统治的反抗就有了舆论保障，满洲士兵斗志高涨，节节胜利，经过了几年的战争以后获得东北大部分土地，迁都盛京，后金成为明朝最大的威胁。在接连的战争中，这"七大恨"的宣传鼓动作用绝对不小。不过，细细观之，恐怕只有第一恨是努尔哈赤发自真心的仇恨，其他皆有些牵强，居然对明朝数次屠杀满人只字未提。努尔哈赤不愧接受过汉文化的熏陶，真可以说是熟练掌握运用了宣传鼓动的斗争方法。

努尔哈赤被忽悠了

努尔哈赤为一代雄主，领导建州女真反抗明朝，征战天下。可是，在他建立后金王朝、发表"七大恨"声明要和明王朝对着干之前，他可真的是信心不足，觉得明朝比自己强很多，高高在上，结果却被一个小人物给忽悠了。这是怎么回事呢？

建州女真地区盛产蜂蜜，今天的长白山区也是如此。把盛产的方物进贡给中央王朝，历来是各个表示依附藩属政权的规矩，建州女真也不例外，每年都要给明朝进贡人参、蜂蜜、貂皮等特产，表示臣服。另外，这些东西也是建州女真的重要经济来源，在进贡给明朝廷的同时他们还会在边境开市场，把特产卖给汉人，获得经济收入。

用来赚钱的东西谁都会重视，虽然建州女真地区物产丰富，但什么东西也不是天上掉下来的，采集、加工都需要人力物力，努尔哈赤也不愿意平白无故给人家那么多自己辛勤劳动的成果。明朝还曾经限制边境贸易而对建州女真的经济和生产造成很大影响，努尔哈赤很不甘心，渐渐开始想要脱离明朝的统治。在明万历四十一年（1613年），努尔哈赤就决定不再献贡蜂蜜了。

努尔哈赤这样的举动自然引起了明朝边将的不满与怀疑，而且当时满洲的势头越来越盛，边将很不安，于是向朝廷报告。可是这时的明朝正是万历年间，政治荒疏腐败，皇帝不问国事，这件事根本没什么人理会。

第二年，郭光复被任命为巡抚都御使，他觉得这件事很重要，就自己找了个人去刺探虚实。他找到了辽阳的肖子玉，让他以都督自称，去责问努尔哈赤为何停止进贡。这人本来就是个市井小民，没什么韬略与涵养，有了这个差事巴不得拿着鸡毛当令箭，摆了个大阵势来到建州女真部。

清　佚名　努尔哈赤朝服像

清　允禄、蒋溥　《皇朝礼器图式》插图

此图为清朝文官五品服饰，同时，四五品以上官员还项挂朝珠，用各种贵重珠宝、香木制成，构成清代官服的又一特点。

肖子玉大张旗鼓，乘着八抬大轿，前后簇拥着一大批随从，告诉守门的人说："天朝使节到来，还不快让你们的首领前来迎接！都不到郊外来迎接我，这是对天朝的蔑视，小心我回去告发你们，以目无天朝治罪！"守门的人哪里见过这阵势，赶忙跑去向努尔哈赤禀告。努尔哈赤也不曾见过什么都督，而且他私自停止了进贡蜂蜜，本来心里就有些害怕，于是他带领众人到城门口迎接肖子玉，按礼节对他毕恭毕敬，派人拿出好酒好肉，摆了宴席殷勤地招待他。

肖子玉满意地大吃大喝了一顿，颐指气使地对努尔哈赤说："朝廷听说你们近期没有按规矩进贡蜂蜜，这是怎么回事啊？"努尔哈赤忙说："哎呀，这实在不是我们故意不进贡。你们盛产小麦、稻米，是和气候状况密切相关的，总会有丰年或歉收，靠天不靠人的。最近五年我们这里的气候有些反常，花儿开得特别不好，蜜蜂没有花蜜可采，蜂蜜的产量当然就不够。等明年花开得好了，蜂蜜产量恢复到以前的程度，我们肯定会像以前一样为天朝进贡蜂蜜的。"肖子玉吃得十分满意，听了这个解释，也就没再追问下去，和他聊起其他事情来。

到肖子玉吃饱喝足告辞，努尔哈赤又一直把他送到了郊外，一路上努力奉承讨好，求他回去多帮建州女真说说好话。临走时，又给了肖子玉很多人参、貂皮等礼品，乐得肖子玉什么都满口答应，反正对他而言不过是个空头支票而已。

送走了他，努尔哈赤松了一口气，以为明朝廷暂时不会再为难他了。没过多久，他派去明朝边镇的卧底就掌握了真实情况，回来告诉他说那根本就不是什么都督、朝廷的使者，只是派来刺探虚实的一个小人物。努尔哈赤听后，不禁怒不可遏，他好歹也是部落首领，怎么能如此被人戏耍？从此以后，他内心里就埋下了仇恨明朝的种子。

想努尔哈赤也是一代英雄，怎么就被这么个小无赖给忽悠了呢？唉，毕竟那个时候还是没有底气，随便一个谎称明朝廷派来的人，就把他吓得狼狈不堪。古语道：腹有诗书气自华，有了实力就什么都不怕，十年后的努尔哈赤，一定不会再被什么明朝使节吓到了。

努尔哈赤铸造的铜币

皇太极反间计杀死袁崇焕

看过金庸小说《碧血剑》的人都记得，那里面武艺高强的男主角是袁承志，他乃明朝末年名将袁崇焕之子。袁崇焕是明末与清作战最得力的大将，战功赫赫，结果却被崇祯帝斥为通敌谋反，凌迟处死，遭到当时人的唾弃。袁崇焕明明战功盖世，却为什么会以谋反罪被处死了呢？

明末的几个皇帝都昏庸无能、不理国政，使得大明王朝江河日下，万历皇帝尤甚。可是最后一位皇帝崇祯帝却雄心勃勃，他不忍看到明朝就这么被葬送，于是励精图治，想要挽救日渐倾颓的国家。但是，就是这么一个有心治国的君主，却亲手杀害了一个最有用的忠臣——袁崇焕，这就全是当时清朝的首领皇太极的功夫了。其父努尔哈赤的死与袁崇焕不无关系，皇太极使计害死袁崇焕为父报仇，也就在情理之中了。

努尔哈赤"七大恨"告天以后，领导军队与明朝对抗，明朝东北地区的领土被女真军不断占据。努尔哈赤节节胜利，萨尔浒之战以后，声威大震，对明

皇太极圣旨

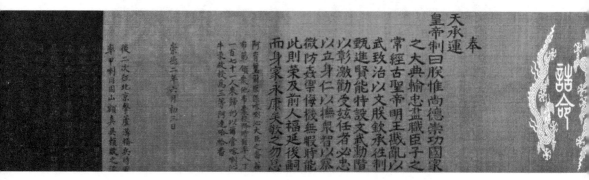

清　佚名　清太宗皇太极朝服像

朝形成了很大的威胁，使得明朝不得不由进攻转为防御。满人攻势正盛，如果一路就这么胜利下去，恐怕明朝已经不能支撑到农民军到来的那一天。而这个时候挫了满军锐气的，就是袁崇焕。

袁崇焕是万历年间进士，曾做过邵武知县。他胸怀大志，一心报国，在北京朝见天子时见辽东形势危急，曾单骑出塞察看明金对阵形势，回京后上书陈辞，谈论对辽东局势的看法及解决方案。崇祯帝认识到他是一个人才，而且当时的明军面对满洲铁骑溃不成军，没有将领可用，于是在这个危急关头任命袁崇焕驻守辽东，抗击后金军。袁崇焕到了东北以后坚守宁远城，并在城上使用了西洋火器红衣大炮，重创满洲军队，宁远城一直没有被攻下来。努尔哈赤也在攻城过程中受了炮伤，而袁崇焕这时只是一个无名文臣，努尔哈赤连伤带气，不久便一命呜呼。

首领就这样身亡，满洲人当然对袁崇焕恨之入骨，继任领导者的皇太极更是如此。他又率军反复进攻宁远，却屡次被袁崇焕击退，一直没有拿下。皇太极这才真正意识到，杀死他父亲的绝不是一个无名文臣，而是一员善于用兵的大将。无疑，袁崇焕成为满军进攻明朝的最大障碍。

皇太极是个十分有谋略的人，他在积极组织军事进攻的同时，也在考虑"不战而屈人之兵"。明朝的几个成为他障碍的人，他想到的是为己所用。如果能使他们倒戈，则会起到事半功倍的效果。经过缜密的筹划与努力，他成功招降了祖大寿、洪承畴两位重量级的明朝将领。然而，这招对袁崇焕却不奏效，他一心效忠明朝，对皇太极的招降丝毫不为所动。皇太极不能用他，就设了反间计，借崇祯帝之手来除掉他。

满军进攻宁远不成，就绕过袁崇焕把守的地方，直接威逼明京师。这个时候袁崇焕被命守顺义、蓟州，他见都城告急，忙挥师返京救驾。他与满军在广渠门大战一场，随后皇太极退兵城外，抓了一个皇帝身边的太监关在一间屋子里，然后让两个汉人将领鲍承先、高鸿中进到隔间假装商量作战部署。他们说道："这可是个机密，千万别被人听到！袁崇焕已经和咱们首领谈好，达成了秘密约定，几天后就举城投降啦。"这话被那太监听得清清楚楚，第二天他就被放回去，他忙把这消息告诉了崇祯帝。

崇祯帝虽然有治国之心，也有识人之智，却是个多疑的性子。之前袁崇焕

清 佚名 袁崇焕像

袁崇焕是明末抗清名将，被朱由检认为与后金有密约而遭凌迟处死。

未经他同意就诛杀了大将毛文龙，而且未按指示驻守蓟州而是自作主张退守京师，广渠门之战后又请求退入瓮城，这时候统统引起了崇祯帝的怀疑。他听到太监的禀报，又想起之前的事情，认定了袁崇焕通敌叛国。当即，崇祯帝命人捉拿袁崇焕，凌迟处死。

凌迟是最残忍的刑罚，也即千刀万剐。明朝的国民也都以为袁崇焕叛国通敌，在刑场上唾骂不止。可怜一代忠臣名将，死前仰天长叹："但留清白在，粉骨亦何辞？"最后死不瞑目。直到清修《明史》如实记载了他被离间而处死的经过，才还他清白。

袁崇焕被设计害死，皇太极报了杀父之仇，也除掉了进攻明朝的最大障碍。自古忠臣难做，岳飞以莫须有之罪被害，袁崇焕被离间而遭凌迟，莫不令人扼腕叹息。崇祯帝还是败在了自己的多疑性格上，残忍诛杀无辜的忠臣良将。不过，即使袁崇焕仍在，恐怕也难以挽回明朝的穷途末路。只是不知道袁崇焕会不会后悔，如果直接投降皇太极，或许是另一种挽救天下苍生的办法。大概也不会，在这位儒将的心里，永远不会有投降两个字吧。

"顺治为帝，捡个便宜"

　　清朝的皇帝中，努尔哈赤和皇太极是在关外建立政权，领导满军攻击明王朝，并没有真正推翻明王朝，承继大统之位，而进入北京城，成为真正的中原之主的帝王，是顺治帝福临。他是清王朝第一个幼年即位的皇帝，以一个娃娃之身怎么能登上皇位呢？民间有谚语说"顺治为帝，捡个便宜"，他真是捡了个便宜才坐上皇帝宝座的吗？

　　皇太极有勇有谋，继承努尔哈赤的衣钵与明朝为敌，改元大清，定都盛京，进一步扩大了实力，成为明朝最有力的对手。可是，皇太极未能得享天年，在做了皇帝八年后猝死于盛京的皇宫中，没有留下任何遗言与嘱托。这样一来，关于王位的继承问题，在清廷内展开了一场激烈的斗争。

　　当时还在打天下阶段，手握重兵、位高权重的亲王贝勒颇有几位，都是战功赫赫，又血缘亲近的人：皇太极的哥哥和硕礼烈亲王代善，皇太极的弟弟睿亲王多尔衮、颖郡王阿达礼和豫亲王多铎，皇太极的表弟郑亲王济尔哈朗，还有皇太极的长子肃亲王豪格。其中，代善年纪已大，而且老奸巨猾，并无意做皇帝；济尔哈朗血缘稍远，也不愿卷入帝位之争，但是他们对于继承人的选定起着重要作用。阿达礼、多铎是多尔衮的同母兄弟，统领两白旗，他们没有多尔衮战功高、才能卓著。所以，主要的皇位竞争者就剩下两位：豪格和多尔衮。

　　豪格有两黄旗支持，而且正当青壮年，也带领军队南征北战，即位最名正言顺；而多尔衮有两白旗支持，作为努尔哈赤的幼子，也受到兄长皇太极的重用，能力与影响力都很大。同时，后宫的后妃也部分影响了皇位继承人的选择，庄妃有幼子福临，她是皇太极最宠的一位妃子。图尔格、索尼等大臣们本来考虑的是，立豪格为帝、福临为太子，但是两白旗亲王大臣强烈反对立豪格为帝，

局面十分复杂，两派无法达成一致，陷入僵持阶段。

　　不久，议政王大臣会议召开。议政王大臣会议是清朝前期的权力机关，军国大事都由议政王大臣会议决定。这个时候，经过前期的较量，大臣们已不再明确支持豪格继承大统，只要求立先帝之子，反对兄终弟及。这样一来，多尔衮就没有了机会。代善与济尔哈朗提出："豪格是先帝长子，在战争中立功很多，他最应该继承大统。"但是这遭到两白旗的激烈反对，孝端皇后与庄妃也

清　佚名　多铎像

清太祖努尔哈赤第十五子，阿济格、多尔衮同母弟，满洲镶白旗旗主，时人通称十王，清初八大铁帽子王之一，爵位世袭罔替，清朝名将。

明确反对立豪格，她们表示应该立嫡子。武英郡王阿济格和多铎则表示拥立多尔衮为帝，多尔衮机敏沉稳，觉得自己没有把握，便把他们喝退。多铎跳出来道："你不当皇帝，那我来当！"多尔衮斥道："你年少无知，别乱说话！"多铎还不罢休，说："我年少无知，那就应该立代善，他可是年长老成了吧？"代善一直不愿让多尔衮即位，见多铎这么说，便道："唉，我年老体弱，不能担负这重任了。无论怎样，还是应该立先帝之子呀。"两黄旗亲王和大臣本来就反对多尔衮，这时候纷纷明确表示一定要立皇子，不可兄终弟及。多铎一时没了主意，却还是气势汹汹，眼看两黄旗和两白旗就要兵戎相见。

多尔衮一看形势不妙，也就放弃了自己做皇帝的想法；豪格则由于两宫以立嫡子之名的反对，很难再被拥立了。多尔衮到底狡猾，情急之下他给自己找了条退路，也给大家抛出了一个折中之策：立皇太极幼子福临。这样，既立了皇子，又是嫡子，合了两宫的意，同时使两黄旗和两白旗的矛盾缓和，自己也能摄政，掌握大权。亲王大臣对这个提议都挑不出什么问题，豪格虽不乐，却也没有别的办法。一场错综复杂的矛盾，就以福临登上帝位而解决了，顺治帝就这样当上了皇帝。

关于这个结果，野史里也有记载说庄妃与多尔衮年纪相仿，童年时又经常相见，本来就有暧昧。庄妃为了能使自己的儿子做皇帝，保住自己的地位，就与多尔衮达成协议，用一些特殊方式要求多尔衮支持立福临为帝。庄妃聪明智慧，她的一些决策对之后大清朝的发展起了重要作用，她在这个时候利用私情达到目的，也是有可能的。后来也有传说说她下嫁多尔衮，这就是桩历史疑案了。而多尔衮的生母乌拉那拉氏在努尔哈赤去世时假传旨意令多尔衮即位，结果被迫殉葬，多尔衮是否会通过与嫂嫂结合而解这个心头之恨呢？

顺治帝就这样在多方利益争夺的缝隙中胜出，成为清朝入主中原的第一位皇帝。多尔衮最终没有成为皇帝，虽然曾权倾朝野，死后却被顺治要回了债。这一场历史的斗争没有刀光剑影，却也惊心动魄。只可惜多尔衮始终距皇位一步之遥，那一步却是咫尺天涯。

顺治帝因女人出家

　　顺治皇帝幼年承继大统，在母亲孝庄文太后和叔叔多尔衮的辅佐下，入主中原，坐拥大明朝的江山。应该说他是个比较英明的君主，满人来治理汉人的天下绝不是那么容易的事情，而他勤于政事，部分缓和了清兵入关后和晚明遗民的尖锐矛盾，使清朝的统治趋于稳定。但是，他同时也是个多情种，痴爱董鄂妃，在董鄂妃撒手人寰后悲痛欲绝，看破红尘。清宫档案记载他因病去世，而很多野史传闻都说他出家为僧，他到底出家了没有呢？

　　顺治帝很小的时候就继承了皇位，他没有亲身经历皇位斗争的腥风血雨。母亲孝庄文太后果敢智慧，摄政王多尔衮能干勇猛，顺治帝在他们二位的庇护下成长，所以他的性格少了几分狡猾世故，多了几分倔强直率。他年少好学，进入中原亲政以后宽仁抚民，顺承明代的制度，没有太多更张。他崇拜明太祖朱元璋，却不像他残忍好杀，可以说算是个好皇帝。

　　有了这样的性格，他自然也就是个性情中人，重情重义。这位好学而宽仁的皇帝，却有个倔强执拗的性格，在感情方面不那么听话。

　　顺治八年（1651年）八月，顺治帝大婚，娶了孝庄太后的侄女蒙古科尔沁部博尔济吉特氏为皇后。这次大婚是多尔衮主持的，然而，不论博尔济吉特氏是否聪明漂亮，顺治帝出于反抗多尔衮的本能都会反感这个皇后。他不喜欢这个皇后，就想要废掉她，大臣们苦谏也不听，最后还是把她废了，降为静妃。一定要废掉他不喜欢的皇后，他在这方面的执拗已经初露端倪。

　　这位少年天子深爱的是董鄂妃，他们之间的爱情可谓传奇。董鄂氏本来是顺治帝的弟弟博穆博果尔的福晋，顺治帝与她一见钟情，随后不顾一切娶了她为妃。话说这顺治皇帝，正是青春年少，在之前似乎也是风流事不断，纳了董鄂妃之后却是三千宠爱在一身，两人心心相印，情投意合。顺治帝对她不断加封，董鄂妃的晋升速度是历史上少见的。她在顺治十三年（1656年）八月二十五日被册为"贤妃"，在刚过了一个多月的时候，九月二十八日就晋为"皇贵妃"，而且在十二月初六，举行了十分隆重的册妃典礼，顺治帝因此而大赦天下，清朝只有这一次因为册立皇贵妃而大赦天下。顺治帝这些行为，足见他对董鄂妃的恩宠。

可是好景不长，红颜薄命。董鄂妃本来就身体孱弱，而且后宫尔虞我诈，她专宠的地位更是招来很多嫉恨，她十分费心劳力。顺治十四年（1657年）十月初七，董鄂妃产下一位皇子，顺治帝大喜过望，然而这位小皇子出生不到三个月便夭折了，董鄂妃受到巨大打击，一病不起，不久就去世了。

董鄂妃的死对顺治帝造成了重大的打击，他也丧失了生活的希望。据传，当时要派好几个太监时刻盯着皇帝，才能防止他自杀追随爱妃而去。稍微平复

清　佚名　顺治皇帝半身像

顺治帝最宠爱的妃子是董鄂妃，关于她的身世有两种说法，第一种是秦淮八艳之一之董小宛说，第二种是襄昭亲王博穆博果尔福晋说。

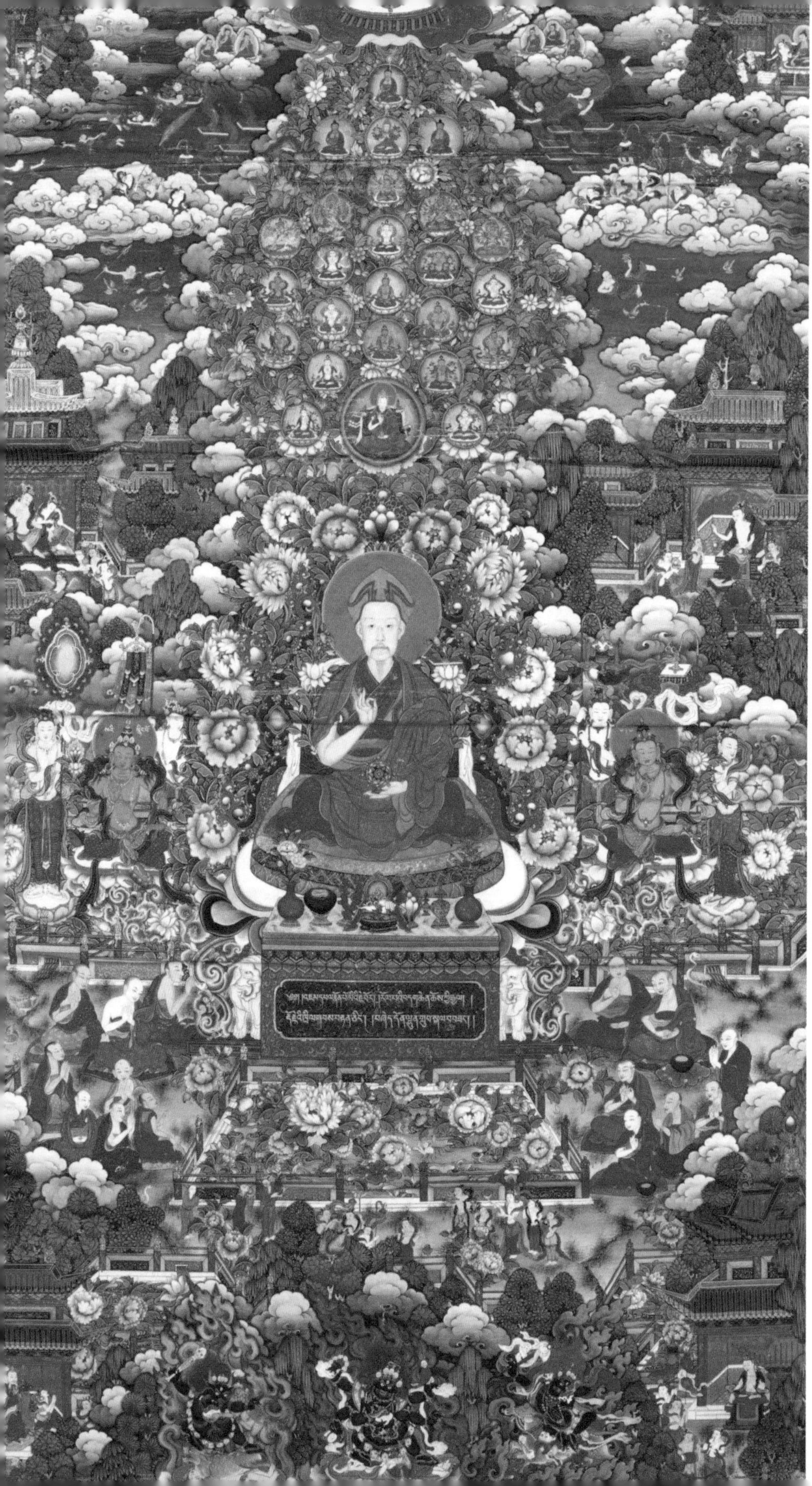

清　佚名　乾隆皇帝佛装像

此唐卡为乾隆早期佛装像，勾线工整流畅，色彩丰富，为宫廷画师所绘。

一些后，他就想到了剃度出家。

顺治帝对于佛教一直有着相当的兴趣。董鄂妃就笃信佛教，在董鄂妃还没有去世的时候，他曾与海会寺的憨璞性聪和尚相见，共谈佛理，很是喜欢，后来也经常召他入宫讲授佛法。憨璞性聪和尚还给顺治帝引见了玉林通琇、木陈道忞和茆溪行森三位大师，他们都得到了顺治帝的欣赏。顺治帝时常向他们请教问题，还给自己取了个法名叫"行痴"。

董鄂妃离世以后，顺治帝万念俱灰，就请茆溪行森给他剃度出家。孝庄太后听说以后忙请人叫来玉林通琇和尚，茆溪行森是玉林通琇的大弟子，让他制止其剃度的行为。玉林通琇和尚赶到皇宫里，训斥了茆溪行森，对他说："你竟然敢给皇帝剃度！如果你还坚持，我就会架起火堆来烧死你！"说着命令其他徒弟开始架柴火。顺治帝看闹到这个地步，而且还有母亲孝庄太后在一边苦苦相劝，只能放弃了剃度出家，让和尚们都离开了。

这件事情过去后不久，顺治帝选了一个最贴心的太监吴良辅剃度出家，作为自己的替身。而他自己忧虑成疾，没过多长时间就驾崩了。清廷公布的原因是，他死于天花。之后就有了种种传说，说他巡游到五台山就再没回来，还有人说康熙曾到五台山去面见一位长老，顺治皇帝到底有没有出家于是就成了一个谜团。

其实，笃信佛教的皇帝并不少，却并没有哪个真正出家了。孝庄太后应该不会允许自己的儿子真的远离尘世，而他痛失爱妃，恐怕身体也不会坚持太久，死于忧伤是很有可能的。老百姓总希望有个不同寻常的皇帝，却难晓作为一个皇帝的为难之处，身为皇帝，想要出家也不是那么容易啊。

清 铜鎏金尊胜佛母像

贤君康熙帝为什么也是六下江南

　　巡游，似乎总是与昏君相关联，热衷于巡游的帝王也似乎总是没什么好结果。秦始皇巡游而死在了沙丘，导致长子扶苏冤死，赵高阴谋夺权，秦二世而亡；汉武帝几次出行，总是被冠以好大喜功、迷信神仙的罪名；更不用说隋炀帝，为巡游而造了条河，最后在最爱的江都被人杀掉，身死国灭。而康熙帝是个有名的贤君，他为什么六次去了江南呢？

　　康熙帝是清朝入关后的第二位皇帝，在位 61 年，是中国历史上在位时间最长的皇帝。清朝经过顺治一朝的建设，基本确定了统治，但是还有许多遗留问题，包括边疆纠纷、藩乱、明朝遗部叛乱等，这些问题都是在康熙一朝解决的。清王朝经过这 61 年，统治秩序完全稳定，呈现了一派盛世局面。

　　康熙皇帝作为这一局面的缔造者，可谓居功甚伟。他一生励精图治，为百姓着想，是一个有口皆碑的好皇帝。而他却也热衷巡游，在康熙二十三年（1684年）、康熙二十八年（1689 年）、康熙三十八年（1699 年）、康熙四十二年（1703 年）、康熙四十四年（1705 年）和康熙四十六年（1707 年）六下江南，这个巡游的频率绝不算低。按理说，南方多明秀山水和妙丽佳人，以往的皇帝去南方都是为了游山玩水和寻访美人，可是康熙帝作为一个以勤政爱民而著称的皇帝频繁南巡，就很奇怪了。

　　其实，巡游不一定只是游山玩水，在政治及经济上都各有作用。康熙帝时所面临的实际情况如此，巡游也是很有必要的。

▶ 清　佚名　康熙帝读书像

此图为观者展示了大有作为的君主勤勉苦读的一面。图中康熙帝盘腿端坐，凝神静思，仿佛正在深思书中精华。身后书盈满架，排放齐整，传达出像主涉猎广泛、勤勉好学的信息。

康熙南巡图·永定门（局部）

清　王翚、杨晋等　康熙南巡图（局部）

浩浩荡荡的队伍从永定门排到南苑，康熙帝坐在一匹白马上，被武装侍卫保护着，反映了康熙南巡的盛大场景。

　　他作为满清入关以后的第二个皇帝，在位的前几年民间仍有许多反清复明的团体在活动，清朝的统治仍不是很稳定。而明朝余党的主要活动范围是在南方，尤以江浙一带为盛。老百姓如果天天听到的都是前朝悲声，当然也会心系前朝；而如果见到了当朝皇帝的天威，就会敬畏而依附。康熙帝亲自到南方去，自然会起到安抚民心的作用，对于稳定统治秩序是很有益的。

　　除此之外，尤其在他统治的中后期，南巡更重要的是经济方面的督促作用。在削平三藩、消灭准噶尔、对俄作战、收复台湾等一系列军事活动之后，社会经济亟待恢复发展，本来就不甚稳定的民心也要通过发展经济来安定。而发展经济的一个必要条件，就是对黄河和漕运的治理及疏通。康熙帝南巡，对于治理黄河水患和疏通运河起到了直接而关键的作用。

　　黄河是母亲河，却也给人们带来了巨大的伤痛，她的一次次改道迫使大批民众背井离乡、流离失所。人们在不断治河，却不断引来更大的溃堤与决口。

明朝一直到康熙时期，黄河从河南开封南下，经徐州、宿迁夺淮河河道入海，大量的泥沙把河床垫高，黄河、淮河加上运河的水倒灌，洪泽湖不断变大，高高的河床更是经常为害。康熙初年有好几次大的决口，河南、安徽、江苏、山东等地受灾严重。黄河的问题不仅仅会淹没田地城镇，而且黄河与运河在苏北的清河县相交，黄河出现问题就会堵塞运河漕运的通道，使得漕运不畅。清朝的首都在北京，而这个时候江南已经成为绝对的经济重心、富庶之地，钱粮都是通过运河输往京城，漕运不畅直接影响到了社会经济的正常运行。这个问题一直影响着康熙帝，使他坐立不安，下决心要根治。

他曾先后任命几个人主持治理黄河的工程，效果不一，又总是有人借此争权夺利。于是康熙帝亲自南巡，到现场督察治河进行的情况。当时，淮安是黄、淮、运三水交汇之地，这一地区对治河有着举足轻重的作用，康熙每次南巡都要在淮安停留，察看指导治河。

他的六次南巡，前两次去察看了黄河水势，了解实际情况，思考治理形势，提出要疏泄黄河下游积水的构思，但是实际施行情况不是很好。到第三次，他

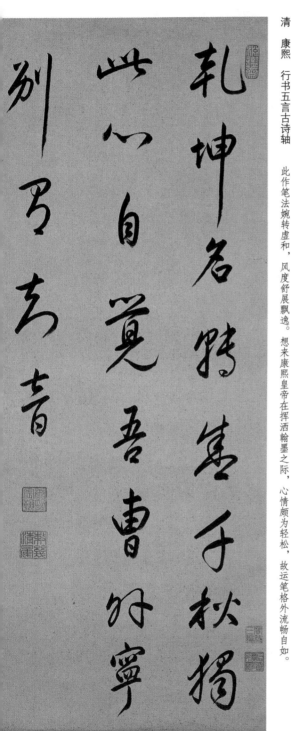

总结经验教训，亲自进行了测量规划，提出了新的治河方略。康熙九年（1670年），他任命了一个新的治河总督张鹏翮，按照新的规划治理黄河，第四次、第五次南巡都是为了考察治理工作的进展，最后一次又进行了总结和善后的工作。经过几十年无数人的努力，黄河终于不再经常为害，漕运也畅通无阻了。

另外，他在南巡的时候也会注意体察民情、教化百姓，很是解决了一些实际问题。江南是文化圣地，才子能臣辈出，康熙帝在江浙一带曾直接选拔皇宫书写人员，而且自己也会在故人府第或山水胜地题写匾额，对汉文化的发展起到了促进作用。

可以说，康熙帝还是在勤恳地为国为民服务，南巡也主要是为了治河通漕。不过，哪有人不爱娇俏江山，他的老祖宗完颜亮就是因为对那"烟柳画桥，风帘翠幕"，"三秋桂子，十里荷花"之地直流口水才立下"立马吴山第一峰"的豪言，他大概也想要去看看那明媚的山水吧。至于有关美人的风流韵事，可就难说了。不过康熙帝终究是个更关心政事的好皇帝。

雍正帝的皇位继承之谜

康熙皇帝是个好皇帝，一生兢兢业业，使得大清王朝蒸蒸日上。然而，他却在继承人的问题上搞得焦头烂额，一个太子立了废，废了立，立了又废，几个皇子拉帮结派对皇位虎视眈眈，真是祸起萧墙，亲兄弟之间明争暗斗，勾心斗角。几番争斗之后，最后取得胜利的居然是没什么呼声的皇四子胤禛，对于他莫名其妙的继位，未免众说纷纭。

康熙帝与清朝前期的几位皇帝不同，之前的皇帝都没有明确立王储，这就导致了前一位皇帝去世时关于皇位继承之争的混乱局面。康熙帝吸取这个教训，他一开始就立了皇后所生的嫡子为太子，确定了皇位的继承人，那时他才22岁，太子刚满周岁。在之后的30多年里，他为了培养太子可谓煞费苦心，经常亲自教授，又请张英、李光地、熊赐履、汤斌等名士做太子的老师。在他亲征噶尔丹期间，命太子坐镇京师处理一般事务，也对太子比较满意。然而，随着其他皇子的长大，太子作为王储的时间日久，皇帝与太子发生了矛盾。

康熙四十二年（1703年），康熙帝惩办了权臣索额图。索额图是太子的外祖父，康熙帝惩办他的重要原因就是他骄纵太子、图谋篡位。康熙四十七年（1708年），又发生了几件事，康熙帝觉得太子不仁不孝，残暴乖戾，有图谋弑父篡位之嫌，下了很大决心把太子废掉了。这样一来，其他皇子的竞争更趋激烈，可是还有一部分老臣仍力保皇太子。面对复杂的情况，康熙帝还是觉得立嫡长子更可行，于是在康熙四十八年（1709年）重立胤礽为太子。可是这一次也并没有维持多久，康熙帝又觉察到了太子试图弑君篡位，便在三年之后再次废了太子。

废太子的原因，大概就是说他暴虐乖戾、结党营私，还有一条就是他有狂

清　佚名　雍正帝读书像

此图描绘雍正帝端坐于锦垫之上，手捧书卷，默默沉思，仿佛在体味书中三昧。

易之疾，时常精神错乱，不能成为国君。民间有传言说，太子之所以疯癫，是因为胤禛给他下了迷药。传说胤禛早年曾在江湖上结交各种人，与一些喇嘛的交情更是深厚。他曾在街上击毙太子党羽，与太子结仇，太子派人来暗杀他，却被他结交的喇嘛打了回去。太子因此而愤怒成疾，那喇嘛又去给太子送药。太子自然不相信，而那喇嘛却说："我早已心向太子，皇四子胤禛凶狠暴虐，我是为了窃取消息才暂时在他那里安身的。"太子又问了另外一个喇嘛，果然如他所说，而且那个喇嘛告诉太子说他的药乃西天神药，包治百病。于是太子吃下了他给的药，结果几天之后就神经癫狂，难以自持，惊动了皇帝，最后丢

清　佚名　崇庆皇太后像

崇庆皇太后为乾隆帝母亲，胤禛还是王爷时，患了时疫，很多人都因为害怕被传染而不敢上前，钮祜禄氏却仍然不离不弃，虔心侍奉在病床前。

掉了太子的位子。

太子被废以后，在当时呼声最高的是皇八子胤禩。他人缘不错，很多皇子都聚集在他周围，而且当时的大学士明珠也力捧他为太子。然而，康熙帝却似乎不是特别喜欢他，虽然在第一次废太子之后任命胤禩为代理内务府总管，使捧他的一批人很是高兴了一番，但是没过几天就把他革职查办了。不久后，康熙帝有点后悔，恢复了他的贝勒爵位，但是他的继位希望却变得渺茫了。另一个有希望继承皇位的就是皇十四子胤禵。康熙帝晚年时对他十分欣赏，在康熙五十七年（1718 年）曾任命他为抚远大将军，出兵西北镇守青海。这正表明了他对胤禵的器重，因此很多人又跑到了胤禵的阵营中来，他成了后来最有可能做皇帝的人。

然而，康熙帝驾崩以后，继位的不是皇八子胤禩，不是太子胤礽，也不是皇十四子胤禵，而是落到了皇四子胤禛的头上，这真是令人大跌眼镜。胤禛之前并没有得到太多关注，呼声远不如他的其他几个兄弟，却成为最后的赢家。

清　雍正时期龙袍

这个结果，就引起了种种的猜测，大家都说雍正帝是通过某种不正当手段获得皇位的。坊间流传最广的，是偷改遗诏说：康熙帝遗诏写"传位十四子"，而胤禛串通当时宣读遗诏的隆科多，把遗诏改成了"传位于四子"，他就取代了他弟弟而成为新皇帝。隆科多是胤禛的舅舅，这样做也就合情合理了；而且胤禛做了皇帝之后一开始重用隆科多，后来却革职查办最终被杀，不免使人怀疑他是杀人灭口。本来对皇位没什么威胁的皇四子胤禛，就这么不清不楚地成了雍正皇帝。

这个结果固然值得怀疑，却不一定就是那么简单的阴谋。康熙帝的遗诏应该不只用汉文书写，还有满文，恐怕不那么容易加两笔而改就；更何况据可靠史料，康熙遗诏并无"传位于四子"这样的字句，而是明明白白写了皇四子如何如何，传位于他。胤禛为人低调，却思谋颇深，他当时没有张扬地去参与兄弟间的争斗，却在暗地里做了不少工作。这种政治斗争，恐怕不会是加一横一钩就能改变结局的，康熙皇帝经过深思熟虑，还是选了一个能够把他的事业继续下去的皇子。事实证明，雍正帝虽然不一定是个好人，却是个建功颇多的好皇帝。

雍正帝的离奇死亡

雍正皇帝为了登上皇位而绞尽脑汁，关于他如何登上王位的有着种种猜测，而他在做了皇帝以后究竟是如何死亡的，成了清朝的另一桩疑案。他本来身体很好，勤于政事，绝不是醉生梦死、荒淫无度的皇帝，却在只做了13年皇帝后离奇死亡。他的死过于突然，前一天还在正常处理政务，晚上却得了病，第二天就驾崩了。这位皇帝应该对人世有着无限的眷恋，他到底是怎么死的呢？

很多人说，雍正帝是被刺客杀死的。这也不奇怪，雍正帝以严苛狠厉著称，他得罪的人不在少数，而且都是血海深仇。有哪个被他杀死的人的后代来找他寻仇，这于情于理都很有可能。

关于刺客，最广泛的说法是吕四娘。雍正朝有个大名鼎鼎的文字狱吕留良案，是一个湖南的秀才曾静策动谋反，雍正帝认定他的幕后主使是已经死了40多年的江南名儒吕留良，说吕留良阴谋反清复明，犯大逆罪。吕留良作为一个死人也不得安生，被开棺戮尸，满门抄斩。这是清朝文字狱的一个典型案例，雍正治国之刻毒可见一斑。而民间传说，吕留良有个孙女叫吕四娘，满门抄斩之时她正在安徽的乳母家中，幸免于难，她见到家门惨遭血洗，立下报仇雪恨之誓言，去拜师学艺，练就了一身好功夫。她觉得自己的功夫练成了之后，就想办法混到紫禁城里面，趁着夜色割掉了雍正帝的头，为爷爷和所有家人报了仇。吕四娘由此而成为一个传奇人物。

另外还有一些说法，各有不同的刺客，有的没有明确说明是什么人杀了雍正帝，而说他死于一种叫"血滴子"的暗器。这种暗器见于清朝的野史小说中，是一个里面放满了刀片的布袋，袋口可以抽紧，据说能取人首级于千里之外。雍正帝得罪的人太多，想杀他的人不在少数，不知道谁雇了有能力的刺客，用血滴子取走了雍正帝的头。

传说雍正帝下葬时是一个金头，尸身不全，这正证明了他的首级被刺客拿走之说。这一说法惊险刺激，不过却难以令人信服，紫禁城是皇家禁地，恐怕没那么容易进得去，皇帝身边也不可能没个身手高强的侍卫。古往今来那么多皇帝，遭人仇恨和唾弃的不在少数，却没几个真的会被人刺杀。

还有一种可能，就是他服用丹药而死。大凡有能力的君主都想要长生不死，雍正帝也不例外，他对于道教的方术一直很感兴趣，曾写过《烧丹》一诗："铅砂和药物，松柏绕云坛。炉运阴阳火，功兼内外丹。光芒冲斗耀，灵异卫龙蟠。自觉仙胎熟，天符降紫鸾。"他在做皇帝中期得了一场大病，命令各地官员寻访当地著名道士，送到京城来给自己看病炼丹。张太虚、王定乾都是当时被他所重用的道士，他经常和他们一起探讨道术，在宫中设道坛，并在他们的指导下炼制丹药，以供服用。雍正帝还把自己炼制的丹药赐给心腹大臣鄂尔泰和田文镜等人，告诉他们这药效果非凡，有益于身体，劝他们服用。据清宫档案记载，雍正时期，在圆明园每天要消耗大量炼丹所用的药物和原材料，他服丹的剂量是很大的。众所周知，这种金丹中含有很多铅、汞等元素，服用量过大会使人中毒，雍正帝由于服用太多金丹而中毒死亡也是可能的。而且在雍正帝死后，乾隆帝立即清除宫廷内的炼丹器具和道士，这不一定单单是因为乾隆帝不信道教，也有可能是为父亲之死而遗憾，一气之下把道士都撵了出去。

不过，还有更多人坚持认为，雍正帝既不是被刺死的，也不是由于服金丹中毒而死的，而是累死的。他真的是事必躬亲，大概历史上只有秦始皇可以与之并肩，据说他每天要亲自批阅所有奏折，夜以继日地处理国事，殚精竭虑。他44岁开始做皇帝，57岁暴崩，可能是之前为了与兄弟们争夺皇位太耗费精力，好不容易做了皇帝，要厉行改革、剪除敌对势力，日夜操劳，就一命呜呼了。

雍正帝的死始终是个疑案，民间有多种流传。作为大清皇帝，他不太可能是被刺死的；长生不老是人人皆有的愿望，雍正帝心怀壮志，想要大干一场，为此服用过量的金丹而死是很有可能的；而过劳死在如今越来越多，雍正帝也许就是个先例。他服食金丹，又不得休息，暴毙也就在情理之中了。

乾隆帝是中国封建社会后期一位赫赫有名的皇帝。他的一生，为后世留下了许多故事，而其中人们最津津乐道的，莫过于他的身世。直到今天，关于乾隆帝的身世一直说法不一。

一直以来，关于乾隆帝的生母是谁，主要有三种说法。

其一，秀女生子说。王闿运在其所著《湘绮楼诗文集》说："孝圣宪皇后，纯皇帝（乾隆）之母也。始在母家，居承德城中，家贫无奴婢。六七岁时，父母遣诣市买浆酒粟面，所至店肆，辄大售，市人敬异焉。十三岁入京师，值中外姊妹当选入宫，随往观之，门者初以为在籍中，既而引见，十人为列，始觉之。主者惧，遣令入末班。孝圣容体端颀，中选，分皇子邸，得在雍府，即世宗宪皇帝（雍正）王宫也。宪皇帝肃俭勤学，靡有声色侍御之好，福晋别居，进见有时。会夏，（雍正）被时疾，御者多不乐往，孝圣奉妃命旦夕服事维谨，连五六旬，疾大愈，遂得留侍，生高宗焉。"

这就是说，乾隆帝的生母钮祜禄氏，老家在承德，家道平常，没有仆人，13岁时到北京混入姐妹群中入选秀女，被分到雍亲王府当使唤丫头，后来竟生下了乾隆帝。

可是，有学者提出疑问：清朝选秀女的制度是何等森严，怎容一个承德女子随便混入？

因此，有了第二种说法：在中国第一历史档案馆保存的清宫玉牒中，这样记载道：乾隆"母孝圣……熹妃钮祜禄氏，系原任四品典仪官加封一等承恩公凌柱之女"。这大内秘档似乎可以证实，乾隆帝的母亲不是什么秀女，而是熹妃钮祜禄氏。

清　佚名　乾隆皇帝像

清　佚名　弘历圆形古装行乐图

图绘乾隆皇帝右手握笔似在凝神思考。

　　而且，根据史料记载，乾隆帝十分孝顺，他在慈宁宫为母亲 60 岁诞辰举行盛大寿宴。他曾侍奉母亲三上泰山，四下江南，多次到避暑山庄。乾隆帝还别出心裁，命令宫中巧匠用三千多两黄金精心制作了一个金塔，专门用来存放他母亲钮祜禄氏梳头时掉下来的头发，所以叫"金发塔"。乾隆帝母子感情如此之深，也可从一个侧面证明是亲生的了吧！

　　然而，还是有人不认可，提出了草棚诞子说。说雍正帝还是亲王时，一年秋天在热河打猎，射倒一只梅花鹿，把鹿宰杀后大口喝起鹿血。鹿血有很强的壮阳功能，雍正帝一时躁急不可自持，正好行宫有一汉宫女，奇丑，雍正帝就拉住这位很丑的李姓汉族宫女发泄一番。第二年夏秋之际，康熙帝偶见此女，颇为震怒，盖以行宫森严，比制大内，种玉何人，必得严究，诘问之下，则四阿哥也。正在大诟下流种子之时，而那位宫女就要临产了，康熙帝怕坏了皇家名声，忙派人把她带到草棚，丑女在草房里生下的就是乾隆帝。

现代小说大家高阳在《清朝的皇帝》一书中赞同道："高宗（乾隆帝）生母为热河行宫'避暑山庄'的宫女李氏，经我友苏同炳兄考定不虚；正面的证据，当然不会有了，但反面的证据仍很坚强，除了苏同炳兄指出高宗诞生之地，所谓'山庄都福之庭'即热河行宫狮子岭下，世宗（雍正帝）的赐园'狮子园'中，殿阁环绕的'草房'以外，我亦发现世宗孝圣宪皇后钮祜禄氏，并非高宗的生母。"

第一，"依《清会典》规定，亲王可请封侧福晋四人，但以生有子女者为限，世宗在潜邸时，侧福晋仅二人，即后封贵妃的年羹尧之妹，及后封齐妃的李氏，皆曾生子。孝圣宪皇后出身满洲八大贵族之一的钮祜禄，父名凌柱，官四品典仪内大臣，如确于康熙五十年诞高宗，不应不封；且号为'格格'，仍是小姐的身份"。

第二，乾隆帝未说过钮祜禄氏"诞育"自己。高阳说："凡妃嫔以生子为帝而被尊为皇太后者，上尊号的册文中，必有'诞育'皇帝的字样，因为这是她唯一当上太后的原因，非彰明不可。"细检张采田所纂《清列朝后妃传稿》，举证如下：世祖（顺治）生母孝庄文皇后："顺治八年八月大婚礼成，加上徽号册文：翼襄皇考，笃育眇躬。"圣祖（康熙）生母孝康章皇后，康熙元年（1662年）十月上圣母尊号徽号册文："秉淑范而襄内治，化洽宫庭；诞眇躬而赞鸿图，恩深顾复。"世宗（雍正）生母孝恭仁皇后："雍正元年八月上尊谥册文：荷生成于圣母，诞育眇躬；极尊养于慈闱，未酬厚载。"

依高阳先生的看法，孝圣宪皇后并非乾隆帝生母，只不过乾隆帝幼年时交由她抚养而已，到后来索性替代了乾隆帝真正的生母李氏，而乾隆帝虽尊养母钮祜禄氏为皇太后，但在上尊号、徽号的册文中却始终有意避开"诞育"二字。

目前，关于乾隆帝的身世和他的出生地，各有看法，但又不能令人完全信服，这个疑团不知什么时候才能破解。

乾隆帝下江南

　　乾隆皇帝是个诸种野史传言颇多的皇帝，他在位60年，正值大清国强盛之时，康雍乾三代号称盛世。他的祖父康熙皇帝曾六下江南，他也不甘示弱，在位期间也六次到江南巡游。如果说他爷爷下江南是为了督促治河与通漕，他下江南却更多的是为了游览江南的名山胜水，饱观苏杭的秀丽风光。

　　乾隆帝可以说是最幸运的皇帝，前两代人给他积攒了足够的家底，他随便做点什么就能弄出点政绩，再培养几个文人墨客，轻轻松松造就了个盛世。这位皇帝对汉文化的爱好颇为深刻，而江南是文化圣地，他于是就总想要到江南走走逛逛。

　　乾隆皇帝一生六次下江南，分别在乾隆十六年（1751年）、乾隆二十二年（1757年）、乾隆二十七年（1762年）、乾隆三十年（1765年）、乾隆四十五年（1780年）和乾隆四十九（1784年）。康熙皇帝疏通了河运，他就从大运河南下，走过许多风景优美、名人辈出的地方，济宁、扬州、镇江、苏州、南京、杭州等地他都数次停留。

　　据说，乾隆帝很早时就对南方十分向往，即位后不久想要去巡游，但是朝中有很多老臣反对，认为这是浪费民脂民膏，没什么作用。他还是不甘心，就派了个人去江南看看如何，回来向他报告。被他派去的人是大学士讷亲，他本来就不喜欢皇帝到处巡游，回来就对乾隆帝说："江南又潮又热，苏州城河道窄得要命，船只拥挤不堪，根本没什么美景可言。虽然虎丘还算不错，但简直像个坟堆一样，没什么好看的。"乾隆帝听说这样，就暂时作罢了南巡的念头。他第一次南巡是在即位16年以后，可见他是后来才醒悟过来的。

　　乾隆帝在南巡时一路览胜，遇到了许多奇人趣事。金山寺是江南著名寺院，

清　徐扬　乾隆南巡图卷第六卷·驻跸姑苏

《乾隆南巡图》卷帙浩繁，从侧面反映了当时的风土人情、地方风貌及沿途经济文化繁荣等景象，是具
有重要历史价值的政治和风俗画卷。

乾隆帝南巡时常住在那里与方丈谈禅。有一次，他看到卖竹篮的人，就故意问方丈道："这是做什么的呢？"方丈答："是用来装东西的。"乾隆帝想听听他如何解释"东西"一词，就问："为什么是装东西，难道装不了南北吗？"方丈对他讲："东方是甲乙木，西方是庚辛金，木、金都是能装进篮子里的。而南方丙丁属火，北方壬癸属水，竹篮不能装水火，所以只能装东西，不能装南北。"乾隆帝听后点头称是。他们又登高远望，江上船梭如织，乾隆帝又问道："方丈能否察知江上有多少舟船呢？"方丈徐徐说："其实只有两只。"乾隆帝很是奇怪，方丈解释说："虽然好像来往如织，其实一艘为名，一艘为利，两艘而已。"乾隆帝默默不语，觉得很有道理。要离开金山寺的时候，乾隆帝按照惯例想要题词，群臣想了半天，提出"江天一览"四字。乾隆帝一时

清　唐岱、沈源　圆明园四十景图·四宜书屋

乾隆帝下江南时，让画工把天下的名胜、名园描绘下来，然后重现在园林里。

没有注意，写成了"江天一觉"。大家面面相觑，方丈这时候站出来说："这正适合我们寺院，是个偈语。人们往往迷幻于尘世之中，到这里看到这样的风景就会心头一觉，领悟到人生真谛，真是好词！"乾隆帝听后十分欢喜，群臣也都松了一口气。

在苏杭，乾隆帝更是尽兴。他游览了当时所有著名的园林，而且一路带着画师随行，把江南美景都画了下来，然后回北京仿造。当时江南的四大名园——南京的瞻园、海宁的安澜园、杭州的小有天园和苏州的狮子林，在圆明园中都有仿制。其他美景，也都被他挪到了避暑山庄和圆明园中，他把喜爱的江南都搬到了北方。

他南巡时的艳遇更不必说，江南自古多佳人，卷上珠帘总不如。他的第一位皇后随乾隆帝南巡到山东境内时发生争执，落水而亡，其原因恐怕就是女人；后来的另一位皇后随他到杭州，传说他要纳一位风尘女子为妃，皇后劝阻不听，弄得皇后剪断了头发，被他遣送回京。乾隆南巡时的艳遇传说数不胜数，其是非正误就难以辨明了。

康熙帝南巡主要是为了治河通漕，乾隆帝下江南却主要是游玩览胜。康熙一路大多都住在地方官员的宅中，而乾隆帝建造了许多行宫离馆，给沿途民众增加了不少负担。不过，乾隆帝还是做了一些正事的，他也督查了治河的情况，并慰问了路过地区的民众，经过灾区还领导赈灾，等等。但归根结底，乾隆帝还是为了游玩而南巡，国库为此耗费了大量资财。乾隆以后，清朝一天天衰落下去，再没有皇帝享过下江南的福气了。

嘉庆、道光二帝误国吗

清朝经历了康乾盛世，一派欣欣向荣。可是，这个时候的大清国，内外都酝酿着巨大的变化。嘉庆帝从乾隆帝手里接来一个看似繁荣的强大国家，却在不知不觉间衰落腐朽；道光帝勤俭治国，却发现这个"天朝上国"已经不堪一击。中国在嘉庆、道光年间迎来了近代史的开端，开始了痛苦的近代化历程，那么是否是嘉庆、道光两位皇帝误了国呢？

嘉庆皇帝是乾隆的第十五个儿子，36岁成为皇帝。不过他登基并不是父亲死了之后君临天下掌握大权，而是他父亲乾隆帝在做了60年皇帝之后觉得玩够了，也不想打破他祖父康熙皇帝61年的纪录，就自己把皇位禅让给了儿子嘉庆皇帝，自己去做了太上皇。不过这个禅让可不像上古时代尧舜禹那样的真正禅让，乾隆虽然做了太上皇，却还掌握着大权。据记载说，嘉庆帝和太上皇共同处理政事，嘉庆帝完全看父亲的眼色行事，丝毫不敢有违逆之色。

这样的日子过了4年，乾隆帝驾鹤西去，嘉庆帝终于掌揽大权。然而，嘉庆帝本身是个很平庸的皇帝，没有改革的胆略与精神，不敢有太多作为。他的前三代皇帝交给他一个盛世，他却给了下一任皇帝一个内忧外患即将全面爆发的国家。

所以，看上去是嘉庆帝使得国家由繁盛转向衰败，但事实上，不能全部归咎于嘉庆。清帝国在乾隆末期，已经滋生出种种问题，有一些深藏的危机，却掩藏在盛世的外衣之下。清朝到乾隆末期已经立国100多年，各种制度与人事的弊端都渐渐凸显，和珅的受宠与权势正是典型的代表。嘉庆帝在乾隆帝去世以后立即惩办了和珅，但是这不能从根本上解决之前所积累的一系列问题。

然而，嘉庆帝对于清朝的衰败也难辞其咎。他虽然以惩办和珅为代表，试

清　郎世宁　乾隆帝妃与嘉庆帝幼年像

此图描绘的是乾隆皇帝的第十五子颙琰的孩提时代，那位贵妇可能是他的母亲魏佳氏，而画面上的黄签则是在嘉庆皇帝（颙琰）登基后添加的。

清　佚名　嘉庆皇帝朝服像

面对乾隆末年危机四伏的政局，嘉庆帝打出「咸与维新」的旗号，整饬内政，整肃纲纪。但未能从根本上扭转清朝政局的颓败。

清　佚名　道光皇帝朝服像

道光皇帝旻宁在位期间，爆发了震惊中外的鸦片战争，这标志着中国近代史的开端。

图解决国家所蕴藏的危机与问题，但他本人并没有锐意进取与革新的精神，也没有开阔的视野，他没有认识到世界上其他国家所发生的翻天覆地的变化。中国从明朝中后期开始就酝酿着资本主义的萌芽，到嘉庆年间有了一定的发展，煤矿、交通等产业都已经产生，有待于进一步壮大。可是嘉庆皇帝没有认识到煤矿等产业的重要性，虽然在嘉庆二十年（1815年）准许吉林开采煤矿，但是有诸多限制，这些新兴产业无法得到充分的发展。还有，他一直禁止汉人迁入东北大部分地区，这就与后来沙俄强占东北不无关系，荒无人烟当然易于被占。嘉庆帝目光不够长远、思维不够活跃，这是他个人误国的原因。

嘉庆帝的儿子道光帝，在政治作为上与他的父亲很是类似。虽然他在年轻时候也曾表现英勇，登基后却仍是一个平庸无为的皇帝。他沿袭一切的常规路线走下去，不知变通，以为可以内外无事，却祸患不断。

鸦片的问题就是最明显的体现。鸦片在当时不断输入中国，给中国造成了巨大的经济损失和精神摧残，道光帝始终觉得这个问题应该解决，终于在道光十九年（1839年）任命林则徐为钦差大臣，到广东禁烟。林则徐成功地禁烟，在虎门销毁大量鸦片，大快人心。但是，英国对此行为大为不满，发动了鸦片战争。以中英各方面条件的对比，中国是有实力取得这场战争的胜利的，可是道光帝忙不迭地派人去议和，开始了通商开埠的历史，鸦片战争就这样宣告失败，社会开始了进一步的变革，中国的衰败也更加明显了。道光帝是个节俭的皇帝，也想要禁烟图强，但是未成功就停步不前，足见他是个平庸无能之材。

道光帝用人也有些忠奸不分，他信任穆彰阿，这个人事实上是个谄媚主上的无能之辈，没有什么远见卓识与治世的能力，用这样的人更加无法励精图治，大清国就这样衰落下去了。

嘉庆、道光朝以后，中国的内忧外患愈加严重，大清王朝摇摇欲坠，一个东方古国开始了新的历程。这两位平庸的皇帝，或许本可以风平浪静地做几十年皇帝，在历史上只留下一个姓名，然而正因为他们的平庸和不图变，成了不能绕过的误国之君，他们或许只能慨叹生不逢时了吧。

道光帝武功盖世之说

道光皇帝是乾隆帝的孙子，并没有什么太大的作为，面对着英国人打进来的鸦片战争，焦头烂额；而关于他个人的轶事，却没有太多的谈论与记载。他不像康熙帝丰功甚多，也不像乾隆帝轶事不断，更不像雍正帝谜团众多。不过，却也有一个传闻说，这位默默无闻的皇帝身负神功，能够"百步穿杨"。深宫之中的皇帝还能有这等身手，实在是奇闻。

清朝是满人政权，满洲铁骑从努尔哈赤的"十三遗甲"而起，踏平了中原大地。骑射之功，一直以来都是满人所擅长和必备的。入主中原以来，清朝皇帝为了统治中原，汉化的程度越来越深，虽然还有围猎等活动，却很少像当年那样真正驰骋疆场了。关于清朝入关后大多数皇帝的武功，也没有太多正式可信的记载。

道光皇帝虽然没什么太多政绩，却传说他射艺奇佳，有"百步穿杨"之功。

在他很小的时候，他的爷爷乾隆皇帝经常带他玩耍。一次，乾隆帝和众位皇子一起去打猎，各个皇子都执弓箭射击。当时还很小的旻宁站在一旁观看，表现得很有兴趣，跃跃欲试。乾隆帝发现他好像很想试试，就令人拿来一把小弓箭给他玩。各位皇子射完之后，乾隆帝让他也试试，他一下就射中了两箭。乾隆帝看到这小孙子这么有天赋很是高兴，摸着他的小脑袋说："要是你能连续射中三箭，爷爷就赏赐你一件黄马褂！"乾隆帝只是随便说说，没想到旻宁举起弓连续发箭，真的全部都射中了。乾隆帝大喜，忙命人去拿黄马褂，但是根本找不到那么小号的，只能拿了一件大人的，套在旻宁身上，逗得乾隆帝和众皇子哈哈大笑，大家更是对这个小皇孙刮目相看。

从那以后，乾隆帝命人专门教旻宁骑射，他对于射击非常感兴趣，技艺愈

清　佚名　道光皇帝读书像

道光皇帝在位时，清政府国库迅速亏空，银价飞速上涨，从而引起朝野的极大震动，作为一国之主，更是忧心，一直在苦苦寻找禁烟良策。

加精湛。乾隆帝禅让后，他父亲成为皇帝，嘉庆帝非常喜欢他，对他的栽培更是尽力。

　　嘉庆十八年（1813年），天理教起义，林清领导起义者攻进了紫禁城。这震惊了朝野上下，那天的情况更是相当紧急。当时嘉庆帝正率领群臣在木兰围场狩猎，二皇子旻宁先返回皇宫。天理教首领林清布置了200多名教众，分头埋伏在东华门和西华门外，到了约定的时间，串通好的太监打开了西华门，他们进入到皇宫大内，然后关上门防止官兵进入。教众一路杀死了许多守卫，一直战到隆宗门，隆宗门被关闭，在这附近发生了激战。

这时候，有一些天理教众趁双方战斗正酣，想要跳墙进入养心殿。旻宁听说有此变，从上书房冲到了养心殿附近。他看到有几个人正要从墙上跳下来，取下事先携带在身上的鸟枪，一枪打中了其中一个人。另一个人还要跳下墙，他急忙又举起枪想要射击，紧急时刻却发现装子弹的盒子不见了，没在枪上。他一低头，看见了自己的衣服扣子，急中生智扯下扣子装到枪里面，又一下击中了那个人，那个人也掉下了墙。几个已经跳下墙的人见状，再也不敢往养心殿里硬冲。没多久，禁兵冲进来，打退了天理教众，这次危机才解除。

当时他拿的根本不是什么手枪，也没有用以瞄准的东西，只是根据经验直接往人身上打，跟射箭、打弹弓差不多。还是皇子的道光皇帝能够一枪打中一个，确实相当不容易，没有百步穿杨的功力是做不到的。他能够在那样紧急的情况下冷静对敌，也体现了他的镇静。这次战斗，旻宁表现得如此英勇，在嘉庆皇帝回来后受到了嘉奖，被封为智亲王。嘉庆帝后来把皇位传给他，和这次的表现应该也是有关系的。

只是旻宁在做了皇帝之后，却再没有如此英勇的表现，总是犹犹豫豫，畏首畏尾，禁烟没能取得好结果，鸦片战争也只是以求和告终。他在无奈地面对《南京条约》的时候，是否还会回想，当年的自己也能百步穿杨、英勇无敌？

清　讷尔经额　《兵技指掌图说》插图

《兵技指掌图说》是清道光时直隶总督讷尔经额为训练直隶绿营兵之兵技所绘制的图解教材。

道光帝抽大烟

众所周知，道光帝是禁烟皇帝，大名鼎鼎的虎门销烟就是在他的批准下进行的。可是，有传闻说这位力挺禁烟的皇帝，自己也是个吸食鸦片的人。道光帝一向以节俭著称，又下定决心禁止鸦片传播，怎么会抽大烟呢？他是不是一直抽呢？

道光时期，鸦片的吸食在中国十分普遍，几乎成为一种常见的社会现象。烟草这种东西不是这个时候才有的，皇太极就曾严令禁止吸食和栽种烟草，清朝前期一些皇帝、大臣也曾吃烟，但他们吃的是烟草，而不是鸦片。这时候有的人把鸦片放到烟草里，但不久这种行为被禁止，吸烟也被政府禁止，结果很多人开始直接吸食鸦片。到了道光时候，吸食鸦片成为一种身份地位的象征，有钱的人都会吃鸦片，以表示自己的富贵。

其实鸦片本来是一种用于医学的麻醉镇痛药，在西方对医学的发展起了很大的促进作用。很多人包括中国的皇帝吸食鸦片都是从治疗疾病出发的。然而鸦片是一种毒品，吸食过久、烟瘾过大就会导致精神萎靡不振，脑力活动变慢，丧失免疫力，对人的伤害极大。

道光帝的身体一直不是很好，据记载他有过赞美吸食鸦片以后美妙感觉的词句，这说明他应该也吸过鸦片。作为皇帝，道光帝肯定不会像市井里的民众一样为了炫富或体验而吸大烟，应该是为了治疗疾病而使用的。可是这种东西本来就极易上瘾，为了治疗疾病开始吸食，结果不知不觉上了瘾难以戒除，这是很多人开始吸大烟的原因，道光帝应该也是这种情况。何况在那个全国上下盛行吸大烟的年头，皇帝沾染一下也是再正常不过的。

可是道光帝没多久就下决心戒除烟瘾，而且任命林则徐到广东销毁烟土，禁止鸦片在中国的传播。这又是为什么呢？其实很简单，道光帝是个以吝啬出名的皇帝，他怎么舍得花这么贵的价钱抽鸦片？鸦片本来就价格不菲，而宫中物品的价钱更是与外界相比以几何级数地增加，道光帝一向都节衣缩食，舍不得花太多钱，甚至宁愿委屈自己也不愿意多花一分钱，所以对于鸦片这种昂贵的东西，道光帝就下定决心戒掉了。

抛开他的吝啬不讲，道光帝本身是个十分重视道德纲常的人。本来大清朝就有禁止涉足烟草的训诫，他一向中规中矩，谨小慎微，这种违背祖训的事情，本来尝试一下尚可，他还是不敢太过分。另外，鸦片为害天下是很明显的事实，道光帝虽然不是个有能力的皇帝，却也是个明白好歹的皇帝。他意识到鸦片对于国家经济以及整体国民精神素质的损害，觉得应该禁止鸦片贩卖、传播，自己就更应该以身作则，远离这种东西。他还真的做到了，自己戒除了烟瘾，惩治了劝他进食大烟的太监们，而且命令在全国范围内禁止鸦片传播，销毁鸦片。

从这一点来讲，道光帝还是个不错的皇帝。他只是自身能力不足，没有办法使国家强盛，却还是努力做了一些有益于国家和人民的事情。道光皇帝命令禁烟，不能不说是一件好事，那林则徐的虎门销烟是何等的壮举！然而，面对英国人的不满，他还是退缩了，轻信穆彰阿，没有真正战斗就忙于求和，搞得积重难返，好好一个大清国开始变得千疮百孔。一个好人却没有治国之才，偏偏又赶上西方列强开始觊觎中国，搞得内外交困，也只能说他时运不济了。

清　剔红鼻烟壶

清代漆器品种已很丰富，制作漆器的地方亦颇多，但流传至今的漆类鼻烟壶却相对较少。此壶雕刻精细流畅，层次丰富，因此愈加珍贵。

清　佚名　道光帝行乐图

此图描绘的是清道光皇帝与众皇子、公主欢聚行乐的情景，场景当为圆明园。画中的道光皇帝气度优雅，手持鼻烟壶，坐于"澄心正性"亭中，慈祥地注视着自己的孩子玩耍。

道光皇帝是个平庸守旧的皇帝，想要禁烟结果却导致了鸦片战争，不敢对付英国人又搞得中国很丢人，实在是弄得他很无奈，也弄得大清国很无奈。可是他在主观上，不能说没有努力想要成为一个好皇帝，他也为了使国家更好而做出了许多努力。最有名的，除了禁烟，就是他的节俭与吝啬了。

作为皇帝，普天之下莫非王土，自然是想要什么就有什么。即使在道光时期危机四伏的大清朝，皇家的奢侈生活也还是能保证得了的。可是这个道光皇帝厉行节俭，为了节俭而降低自己的生活水平，甚至忽略自己的生存需要。他到底有多节俭？

道光帝的节约可是出了名的。他坚信，成由勤俭败由奢，要使国家繁荣昌盛，就必须要勤俭节约，这样上行下效，才能树立一种时代风气。他不像乾隆帝那样喜欢到处去玩，而是在宫里仔细盘算各项花费的用度，计算出最低的花费，然后交给内务府，让他们按这个标准去办。

据记载，道光皇帝吝啬到大臣都难以接受的程度，别说很少有什么贵重的赏赐，就连偶尔请客吃饭也是极力俭省。当时有清朝对回疆的战争，大学士长龄等人取得胜利回京复命，向道光帝献上战俘，道光帝于是宴请这些立下战功的将领们。可说是宴请，其实寒酸得要命，20个人挤在两张桌子上，每一桌只有五六个菜，在座的大臣都不敢举箸，那么多人几口就会把这区区几样菜吃光，吃光了皇帝哪还有面子？大家面面相觑，一群大臣就这么饿着肚子退了席。给道光帝做大臣，还真得练成扛饿的功夫啊。他还规定过，尽量减少节庆，皇帝生日、皇后生日、除夕、元旦、元宵节、冬至的庆祝活动一律取消，以防止浪费，节省开支。他的皇后十分贤淑达礼，有一年他终于想要给她过个生日，

清　沈振麟　情殷鉴古图

此图绘道光皇帝静坐于洞石之上，手执史书《古史辑要》，目视前方，若有所思，背后翠竹掩映，意境幽静恬淡。

情殷鑑古

道光己酉清和月

清　嵌松石镶金龙银壶

此壶是由清宫仿藏式所制的银质茶壶，盖饰金质莲瓣纹桃式顶，颈圈为转枝番莲八吉祥纹。器腹、流、把部则焊加敲花龙纹金片，十分华美。

就摆宴席宴请群臣。好不容易有这么一次庆祝活动，结果群臣等了半天，每个人却只给上了一碗打卤面，据说还是道光帝下了很大决心才特批御膳房宰了两头猪做的。节省到这种程度，可真是令人咋舌了。

　　不过，他作为皇帝，这样极端地厉行节俭，也闹出了一些很奇特的事情。他要节省开支，限制宫内的各种吃穿用度，搞得他自己和嫔妃们都没有新的衣服穿，龙袍上甚至都带补丁，所有衣服都破旧不堪。他看到大臣们谁穿了崭新的衣服，就会十分不高兴，责骂他们不懂得勤俭节约。时间一长，大臣们发现衣服越破旧皇帝就越高兴，也都不敢在道光帝面前穿新衣服，即使做了新衣服也都用各种办法磨旧了再穿，或者直接去拿新衣服换旧衣服。一时间，京城里的各个裁缝铺的旧衣服全部脱销，他们发现了这个商机，就趁机抬高旧衣服的价格，旧衣服到最后比两套新衣服的价格还要昂贵，这真是道光时期特有的怪现象。

从另一个方面讲，道光帝想要节约，实行起来却也不是那么容易。他吃穿的花费，其实与外界相差非常远。道光帝为了节省，就只吃素菜不吃荤菜，可每顿饭还是要花好几十两银子。一次他与一位大学士闲谈，问到他早上在家吃了什么。那个大臣直言道："臣在家吃了4个鸡蛋出来的。"道光帝听了大吃一惊，在宫里一个鸡蛋要5两银子，他从来舍不得吃，怎么这个大臣一早上能吃4个？他不由得说："真是太浪费了，你这4个鸡蛋吃下去岂不是20两银子都没了？朕都舍不得吃鸡蛋！"那个大学士听了，知道其中有问题，因为他吃的鸡蛋只要几钱一个，这肯定是内务府的人搞的鬼，他连忙对皇帝说道："没有，臣吃的鸡蛋是自己家里养的母鸡下的，不是买来的，没有那么贵。"道光帝听说这个才怒火稍息，随之马上盘算起宫里也可以养母鸡节省开支，就下令内务府去买母鸡。最后，那只母鸡也是花了好几十两银子才买到。

要知道，内务府一直是个肥衙门，他们就是靠这个差价吃饭的，宫内宫外东西的价格会相差十倍都不止。道光帝只知道每样东西的报价有多贵，就自己节省着不吃不用，却不知道那钱都给内务府的人中饱私囊了。可怜道光皇帝为了国家而节衣缩食，他自己却被手下耍得团团转。他只知自己节俭，却不知去根除浪费的源头问题，苦着自己也没能为国家做出什么贡献。空有治国之想却没有治国之才的皇帝，也就只能以悲剧收场了。

咸丰当皇帝的助力

咸丰皇帝上台之后，中国的内外矛盾全面爆发，他自己甚至为了逃避外国人的攻击而跑到了承德。他是个和他父亲道光帝很相像的人，比较守旧平庸，大清国也就继续衰落下去了。而咸丰帝的弟弟恭亲王奕䜣，却是个头脑灵活、颇有魄力的人，咸丰一朝以及后来的许多国政都是奕䜣主持处理的，那为什么做皇帝的却是咸丰帝呢？

道光帝共有九个儿子，其中有三位早逝、一位过继给亲王，还有三个年纪不到6岁的小阿哥，都不能作为皇位的继承人。这样，有可能成为皇位继承人的就只有两位皇子：四皇子奕詝和六皇子奕䜣。这两位皇子都是道光帝十分喜欢的儿子，对于到底选哪一个作为皇位继承人，道光帝很是踌躇了一番。

很明显，年纪稍长的奕詝更加敦厚有礼，仁孝更胜一筹；而年纪稍轻的奕䜣则更聪明伶俐，才华更胜一筹。道光帝对他们都很欣赏，也觉得都是可塑之才，但是在择立继承人的问题上，一直犹豫不决。当时国家情况并不是很好，道光帝一度觉得应该立更加有能力、有魄力的六子奕䜣为皇帝，让他施展才能治理国家，可是转念一想他又觉得对奕詝很是歉疚，这孩子勤勤恳恳、老老实实，一直没有什么大的过失，而且母亲死得早，很是可怜，年纪又比奕䜣大一些，不立他似乎有点说不过去。如此反复琢磨，道光帝一直没有下定决心。

奕詝、奕䜣两兄弟在道光帝在世的时候关系很好。他们一起学习玩耍，一起练习武功，而且由于奕詝的母亲去世得早，他被交由奕䜣的生母静贵妃抚养，他们与同母兄弟无异，亲密无间。

在他们并没有太知觉的对于皇位的竞争中，使他们兄弟的命运发生决定性变化、使道光帝决定立四子为皇帝的助力者是他们各自的老师。奕詝的老师是

清　佚名　咸丰皇帝像

咸丰皇帝即位后，面临内忧外患的统治危机，为了挽救衰败的局面，咸丰帝颇思除弊求治，但大清帝国内忧外患不断，最后以签订一系列不平等条约收场。

杜受田，他学问很高，更工于心计，懂得世态人心。他知道自己的学生有可能登上帝位，就揣摩道光帝的心思，利用奕詝的长处，使他占据有利地位。

有一次，道光帝领着众位皇子去打猎，奕詝和奕䜣都随行。这是考察皇子们能力的好机会，奕詝和奕䜣的老师自然都不会放过。杜受田知道自己的学生并没有奕䜣身手敏捷，在狩猎中很难战胜英武敏捷的奕䜣，而道光帝更重视仁爱之心，就告诉奕詝说："在打猎的时候，你就任凭大家去追逐猎物，自己不要去打猎。如果皇上问你为什么不打猎，你就说现在是春天，正当鸟兽花木繁殖之时，不忍残害就好了。"到了打猎的时候，奕䜣策马狂奔，弯弓射箭，果然获取了最多的猎物，道光帝十分高兴；而奕詝却按照老师的交代，一直没有动。道光帝很奇怪，问他为什么不参与打猎，他把老师的话对父亲说了一遍。道光帝听罢，感慨良多，认为这种仁爱万物之心才是为人君者所应该具有的品质，对四子的印象一下好了很多。

到了道光帝病重卧床的时候，召见四子和六子进见，想要再看看二人的情况。这一次杜受田仍考虑了很久，想到奕詝绝对没有奕䜣口才好，也确实没他有思想谋略，如果皇帝问起治国之对策的话很难取得优势。最后，他对奕詝说，什么都不用说，只要痛哭流涕就可以了。而奕䜣的老师则没有这么深的城府，他只教奕䜣学问与经国之道，也对自己学生的才华和能力十分有信心，听说皇帝要召见以后，对奕䜣说要知无不言，充分表达自己的思想与观点。二人到了道光帝的床前，道光帝果然问他们对于治理国家有什么想法。奕䜣滔滔不绝，说了一番自己的看法，很有见地；而奕詝则始终不发一言，匍匐在床前痛哭失声。道光帝很受感动，觉得奕詝孝顺仁厚。

在道光帝看来，治国之君的德行比才华更重要，有德方能君临天下，有才可以辅弼君主。于是他做出了决定，传皇位于四子奕詝，同时封奕䜣为亲王，让他辅佐奕詝治理国家。就这样，奕詝成了咸丰皇帝，而奕䜣则是日后的恭亲王。

事实证明，奕䜣确实在各个方面都远高出奕詝之上。咸丰帝面临列强的侵略，只知道逃避退缩，在大政上犹豫不决，而真正的决定都是恭亲王所做，他进行了一系列力所能及的改革与建设，试图使清王朝走向强盛。道光帝为了找一个仁义之君而选择了奕詝，却不知道那个时候的大清国更需要变革与活力，而不是守旧与教化；杜受田成功使自己的学生成为皇帝，他却没有想到，自己或许误了国家与天下。

短命的同治帝

　　同治皇帝是清朝一位短命的少年天子，在位时间并不长，却有着一些传奇故事。他幼年丧父，母亲慈禧太后对他专制而严格，他却有着少年的贪玩和叛逆。顺治皇帝也是幼年即位，成长为一位听话、仁慈而且有一定能力的帝王，而同治帝更像是一个顽劣的少年。他不到20岁就重病死亡，其间种种，颇值得猜测。

　　同治帝6岁就成为皇帝，正值大清国风雨飘摇的年代。可是一个6岁小儿能懂得什么呢？自然是对国事懵然无知，一切任凭两位皇太后处置。慈安太后和慈禧太后都不是那么有文化的人，不像当年的孝庄太后一样慧眼独具，她们二人的执政当然没有什么建树，国家只能艰难前行。

　　两位太后对国家的影响且不论，她们对于同治皇帝的成长更有着重要作用。一般对于皇子的培养都是由皇帝亲自督促的，同治帝幼年丧父，他的性格与学识的培养只能靠这两位没什么文化的太后了。她们也并不懂得如何教育孩子，尤其是慈禧太后，基本上就是一手遮天，不理会孩子的需求与愿望，严厉地要求儿子一切都听从自己。

　　要知道，同治帝虽然做了皇帝，可他毕竟还只是一个孩子，和其他任何孩子一样需要无忧无虑的童年，但是他过早地承受了作为一个皇帝的压力，从没有得到过快乐的童年。到了青少年时代，他的叛逆开始显现了。

　　他本来在宫中的生活就穷极无聊，每天要读书学习，而他对读书又没有太多兴趣，总想着能怎么找点乐子。当时他有一个伴读，是恭亲王的儿子载澄，二人从小一起玩耍。载澄不是皇帝，总能在京城各个地方游荡，见同治帝实在无聊，玩的一些游戏也是没什么意思，就对他说："宫里太闷了，我带你去宫外玩玩，好不好？"同治帝自然求之不得，乔装改扮一番后跟他出了宫。京城

清　佚名　同治皇帝像

同治帝为慈禧太后和咸丰帝之子，慈禧太后采纳了大学士周祖培的奏议，废止原八位顾命大臣拟定的「祺祥」年号，改用大学士周祖培提议的「同治」年号。

里热闹的街市使同治帝目不暇接，流连忘返，回去后还经常央求载澄带他出去。然而，作为皇帝，出入毕竟相当困难，他们只能更多时候在晚上偷溜出去。晚上能找乐子的地方还有哪里呢？自然就是烟花场所了。到底是青少年男子，到了那种地方就乐不思蜀，同治帝和载澄常常在夜间跑到妓院寻欢作乐。虽然认识同治皇帝的人不多，但难保大臣也会到青楼楚馆消遣，而且载澄也是京城里有名的公子，所以他们从不敢到有名的大妓院去，只能寻找一些偏僻的小妓院。这些地方的卫生条件不敢恭维，到这里的客人也是三教九流各色人等都有，他

清　佚名　《同治帝游艺怡情图》

此图描绘的是年轻的同治皇帝身着便服，伏案书写的情景。画中的同治皇帝大约14岁，尚可见天真可爱的神情。

游藝怡情

们去的次数太多，就在这些地方染上了梅毒之疾。

这当然都是野史传说，清廷可不会承认皇帝去烟花柳巷结果染上了病。但是，同治帝与恭亲王的一次交锋，也许证实了这些传闻。当时慈禧过寿，同治帝想要重修圆明园，被恭亲王驳回。同治帝很不高兴，坚持要重修，恭亲王就拿出同治帝逛窑子的事来威胁，同治帝一下没了火气。同行的载澄是恭亲王的儿子，由于载澄得了梅毒，不能再隐瞒，恭亲王一定是知道了实情。载澄死得比同治帝还要早，王孙公子就这么交待了性命。

同治帝得的是不是梅毒，现在已无法查证。官方的资料是说，他得了天花而死。据记载，他的天花本来已经快要治愈，但有一天晚上慈禧与皇后发生冲突，同治帝受惊吓而死。同治帝选后时，慈禧看中了凤秀之女，她长得非常漂亮，但是举止轻佻，同治帝和慈安都不喜欢她；而另一位候选人崇绮之女，世代为官，父亲曾是状元，虽然容貌不那么出众，却端庄娴雅。两宫太后在选后的问题上发生了矛盾，最后让同治帝自己抉择，同治帝选择了崇绮之女阿鲁特氏为皇后。对此，慈禧非常不满，要求封凤秀之女为慧妃，在皇帝大婚之后常常阻挠他与皇后同床，并且逼迫他多宠幸慧妃。同治帝出天花时皇后前去看望，慈禧听到了二人的对话而大怒，扯着皇后的头发把她揪出，要动杖刑，同治帝因此一下子病情加重，当夜就崩逝了。他死后，慈禧逼着皇后阿鲁特氏自缢了。

虽说因得了天花而死这种说法很说得过去，但是一夜而逝到底有些蹊跷，对于皇家来说梅毒实在是难以说出口的。只可怜年纪轻轻的同治皇帝还没完全长成就一命呜呼，慈禧只有这么一个骨肉，她一定会恨铁不成钢，大概想不到这或许是自己一手造成的吧。

清　金碗

此金碗为同治时期所造，由于同治帝在位时间较短，所以此时的金器制作依然延用前朝的风格。

光绪帝 4 岁时继位

同治帝之后的光绪皇帝，是个有回天之心却无回天之力的人，和他的堂兄同治帝一样，牢牢地被慈禧太后控制在手中。他是醇亲王和慈禧妹妹的儿子，仅 4 岁就被抱进皇宫，成为慈禧控制下的小皇帝。光绪帝作为同治帝的堂弟，是如何继位成为皇帝的呢？

同治帝一夜之间病情加重，知道自己大限将至，急着想交代后事。他虽然不是一个能力很强的好皇帝，却也想到了不能再继续让慈禧大权独揽。他马上召见军机大臣李鸿藻，向他口传遗诏。当时皇后也在场，听说李鸿藻要来赶忙回避，却被皇帝拉住。李鸿藻进来后，看见皇后在侧，忙要叩头行礼，也被皇帝制止。同治帝说："你们一个是朕的妻子，一个是朕的老师和重臣，没什么要回避的，也不用顾及礼节。我怕是快要不行了。"皇后和李鸿藻听到最后一句都忍不住放声痛哭。皇帝又道："先别哭，我需要交代后事。我没有儿子，你们看谁能够成为我的继承人呢？"皇后听说这话，就表示道："我绝不会作为太后而干涉国政的。"同治帝于是放了心，就与李鸿藻商议要使载字辈中年龄最长的载澍继承皇位，这样的话他可以直接亲政，慈禧太后就不能垂帘听政了。

同治帝口传了传位于载澍的遗诏，这期间都严防着慈禧的耳目。说毕，同治帝长舒一口气，还亲自看了一遍遗诏才放心。但是，李鸿藻是个胆小怕事之徒，他从皇帝那里出来后就直奔往慈禧住处，给她看了遗诏。慈禧看罢大怒，把诏书撕得粉碎，赶走了李鸿藻，而且禁止任何人去看皇帝，不给他饭和药。不久，皇帝就驾崩了。

同治帝的遗诏就这样成了一堆废纸，慈禧必须另谋新帝人选。她反对载澍

清　佚名　光绪皇帝读书像

光绪帝一生受到慈禧太后的挟制，未曾掌握实权。1898年，光绪帝实行「戊戌变法」，却遭到以慈禧太后为首的保守派的抵触，光绪帝被慈禧幽禁在中南海瀛台。

清　光绪皇帝夏用朝袍

此图为光绪皇帝夏季所穿的朝
服，上绣怒目圆睁的龙图案象征
皇家威严。

继承皇位，这会使她必须马上归政，不能再继续掌握大权。慈安提出立溥伦为帝，他是同治帝下一辈中年龄最长的人。慈禧太后也激烈反对，她的理由是溥伦血脉疏远，他是道光帝长子奕纬的孙子，但是溥伦的父亲载治不是奕纬的亲生子而是养子，因此并不是血脉亲近的人。而事实上，如果立了溥字辈的人为皇帝，慈禧就变成了太皇太后，按照规矩太皇太后是不能够垂帘听政的，这也会迫使她交出权力。

最后，慈禧力排众议，坚持让年仅4岁的载湉继承皇位。载湉是咸丰的弟弟醇亲王奕譞的儿子，血统上确实亲近一些，更重要的是，他满足了慈禧所需要的全部条件。他是载字辈的，慈禧仍然是皇太后；他年龄幼小，距离亲政还有相当长的一段时间，慈禧能够一直控制大权；他是醇亲王与慈禧亲妹妹的儿子，这样一来就更好控制。于是，载湉就在慈禧的全盘操纵下，成了光绪皇帝。

对此，醇亲王和他的夫人似乎也没有大喜过望。儿子成为皇帝，这与其说是一种幸运，不如说是一种不幸。他们的第一个儿子不幸夭折，载湉是他们的次子，却在年仅4岁的时候就被抱走，从此再也享受不到父母的亲情，而要在深宫禁院中成长。对于任何一个为人父母的人来说，这难说不是一种深切的悲痛。对于载湉而言，他在这么小的时候就成了皇帝，从没有享受过正常孩子的生活，更是一种不幸。

不过，幸运的是，光绪皇帝倒没有像他的堂兄一样不济，没有那么贪玩，更没有留恋烟花之地。亲政后，他也曾雄心勃勃，想要实行变革，试图挽救岌岌可危的大清朝。只可惜他始终逃不出慈禧太后的阴影，变法失败后被幽禁，抑郁半生。慈禧在发动戊戌政变的时候，一定后悔自己当时怎么就选了这样一个不听话的傀儡。而光绪皇帝在清朝的历史上，对他的评价只能说是有心无力，却不能说有什么过错。

光绪帝叫慈禧"亲爸爸"

　　光绪皇帝幼年被慈禧抱进皇宫成为皇帝，可是他在做皇帝这30多年中所经受的痛苦恐怕外人难以想象。最值得玩味的是他对慈禧的称呼，他不称慈禧为"皇太后"，也不叫"老佛爷"，更不能叫"母后"，而是有一个有趣的称呼——"亲爸爸"。为什么这么称呼呢？

　　慈禧立只有4岁的载湉为光绪帝，实在是费了一番脑筋，也大大费了一番周折。她排除所有阻挠使载湉成为皇帝，就是为了能够使自己拥有最长时间、最高级别的权力。光绪即位以后，她自然要用尽各种办法树立至高无上的权威，令小皇帝成为彻头彻尾的傀儡，这样才不枉自己培养他为皇帝。

　　光绪帝必须每天几次给慈禧请安，慈禧不让起身就一直跪着，强迫他对她言听计从。慈禧对光绪十分严厉，甚至可以说苛刻而冷酷，稍有不顺就罚跪不起，在身体和精神上给他施加很大的压力。光绪帝从4岁开始，就这样在慈禧的控制与安排之下生活，作为皇帝，少了很多自由，他甚至不能自由地与亲生父母见面，这使得他的亲生母亲、慈禧的妹妹、醇亲王福晋常常暗自垂泪，却也不能对自己的姐姐说什么，只能忍受骨肉分离之苦。

　　光绪帝的一切都必须按照规矩行事，听命于慈禧。但是慈禧还是有很多不满意的地方，光绪帝对她十分惧怕，一见她就战战兢兢。最令光绪帝苦恼的是，他每次请安的时候，对慈禧说"皇太后吉祥"，总是得到慈禧的一声冷哼，有时候甚至会莫名其妙地大为光火。这到底是怎么回事呢？他百思不得其解。

　　有一次请安的时候，慈禧又是一脸不高兴，光绪帝手足无措。退出来以后，慈禧身边的太监李莲英走到光绪帝旁边，对他说："奴才有些话想说，请皇上恕奴才无罪。"光绪帝哪里敢得罪这个慈禧手下的大太监，忙恕他无罪，请他

清　佚名　慈禧朝服像

慈禧是晚清重要的政治人物，清朝同治、光绪时期的实际统治者，前后掌晚清政权近半个世纪。咸丰帝的妃嫔，同治帝的生母。

清　慈禧书法

慈禧书法用墨饱满、浑厚，笔法凝练，大气恢宏。

直言。李莲英道："不知皇上您发没发现，老佛爷听到您喊她皇太后的时候，总是一脸不高兴。您应该换个称呼呀。"光绪帝一直都为这件事苦恼，就问他应该怎么办才好，李莲英告诉他应该称呼慈禧为"亲爸爸"。光绪帝听了觉得很是别扭，但他知道李莲英最善于揣度慈禧的心思，听他的肯定没错。第二天请安的时候，光绪帝下了很大决心，最后憋着气硬着头皮说了一声"亲爸爸吉祥"。慈禧听了，马上喜笑颜开，拉着光绪帝坐在旁边，亲热了百倍。从此之后，光绪帝就对慈禧以"亲爸爸"相称了。

慈禧怎么就喜欢光绪帝这么叫她呢？她是一个女性统治者，虽然以太后相称，事实上与女皇帝无异。同治帝和光绪帝都是她手中的傀儡皇帝，她是掌握他们命运的"太上皇"。所以，她有着这样的实际地位，自然就希望也有类似于男性的称呼，被光绪帝称为"爸爸"，也就好像自己真的是他的父皇，就获得了男人的地位和尊严。在男权社会里，她的这种希望也可以理解，有了这样的称呼，她在心理上就真的成了太上皇，作为女人的自卑得到了安慰和满足。

而叫"爸爸"还不够，还要加上一个"亲"字，这也是为了弥补光绪帝与慈禧之间尴尬的关系。慈禧说，光绪帝

清　金錾古钱纹指甲套

指甲套以金片捶撲弯卷而成，背面等距焊接窄条金片，既可护长甲，又利通气，并可减轻整体重量。

是她亲妹妹的儿子，这和她自己的亲生儿子一样，所以要特意叫出"亲爸爸"这几个字，她才满意。

　　光绪帝对慈禧的这种叫法，慈禧确实心满意足了。可是，这种奇怪的称呼难免会贻笑大方。这分明是此地无银三百两，明明是女人，偏偏叫"爸爸"；明明是外甥，偏偏叫"亲"。想想，哪家孩子会叫自己的娘"亲妈"？因为慈禧不自信可以成为太上皇，更不自信这个孩子会听自己的话，所以才强迫他以这样的称谓来叫自己。可是这样，她只能得到心理上的满足，光绪帝哪里会因为这个称呼就真的把她作为亲爸爸呢？

清　玉山羊

清代官廷用玉直接受清内廷院画艺术的支配和影响，其做工严谨，一丝不苟，从此羊的羊角便可见一斑。

光绪帝自小被慈禧抱进宫成为皇帝，却一直过着苦闷压抑的生活。他作为一国之主，应该享有至高无上的地位和权力，更应该享有丰富的物质生活。可是有种种传闻说，光绪帝一直在受着慈禧的虐待，最后被虐待致死。这是真的吗？这位皇帝真的如此可怜吗？

慈禧在众多皇族中选择了载湉为皇帝，就是为了能够使自己至高无上的权力更加稳固、维持的时间更长。所以，她必须用尽一切办法牢牢控制住光绪帝，这样才能够保证自己的地位。她把光绪帝从父母的怀抱里抢出来，放到皇宫中抚养，自己把他带大。为了达到目的，她严密控制光绪帝，从小就对他十分严厉苛求，丝毫不放松警惕。

有一些历史材料记载，光绪帝一直被慈禧的控制所压抑，生活在高度的紧张中，身体也备受慈禧的折磨。慈禧心理十分阴暗，总是想折磨光绪帝，看他坐立不安的样子。皇帝每天吃饭的种类十分丰富，据记载，慈禧每顿饭有120道菜，顿顿不重样，光绪帝作为皇帝，理应有着一样的待遇。可是却不然，虽然光绪帝每顿饭也有几十道菜，但根本没有什么能吃得下去的东西。离他的座位比较远的菜，他根本就不敢去拿，从未动过，而慈禧又以崇尚节俭为名，禁止御膳房换掉没吃的菜，这使得离他比较远的菜多半都已经过期腐臭，却还必须摆在光绪的餐桌上。而离他近的菜，虽然他也夹过，但是种类一样，经常都是凉的，或者是风干了的，也都不能下咽。这样的饮食条件，光绪每天根本就吃不饱，最基本的生存需要都得不到满足。

不仅吃不饱，他甚至还穿不暖。他的老师翁同龢给他上课，在一个腊月寒天里发现光绪帝竟然只穿着两件夹衣，冻得瑟瑟发抖。他对皇帝说："这样的

清　佚名　慈禧扮观音像

慈禧信佛，特别在晚年时更以菩萨自居，认为自己就是观音菩萨在人间的化身。

天气，怎么不穿上棉袄或狐裘保暖呢？您这样会冻坏身子的呀。"光绪帝道："只有一件狐裘，穿坏了拿去缝补了。"翁先生很奇怪："那赶快催内务府去弄啊，怎么能让皇帝穿两件夹衣御寒呢！"光绪帝摇摇头，表示没有办法。这样的困苦，对于皇帝来说真的是很难想象。

还有一则记载是说慈禧故意捉弄光绪帝。光绪帝有一天按照惯例去给慈禧请安，慈禧正在吃汤圆。她把光绪帝叫到身边来，问他："你吃了没有呢？"光绪帝哪里敢说吃过了不再吃，就说还没有。慈禧听后，就命令宫女又拿来一个碗，把汤圆夹给光绪帝吃。光绪帝本不是很喜欢吃汤圆，可是不能驳慈禧的面子，就只能一直吃，吃饱了也不敢说，撑得肚子胀也没有办法。慈禧明知道他吃不下了，却还故意问："没吃饱吧？再多吃点儿。"边说边继续给他夹汤圆。光绪帝实在受不了，就偷偷把汤圆藏在袖子里，藏了许多。终于离开慈禧回到寝宫，他的袖子早已汤水一片，汤圆太热，又烫得他胳膊起了一串燎泡。伺候他的太监看到了，都觉得难受。汤圆本来就是不易消化之物，光绪帝这一顿之后不仅胳膊起了泡，还由于不消化而得了肠胃的疾病，大病了一场。

戊戌变法失败以后，光绪帝就被囚禁在南海瀛台，慈禧更是不给他必需的生活用品，他生活得比平民还差。

做皇帝做到了这个地步，可真是可怜可叹了。不过也有记载说，慈禧在光绪帝小时候对他很好，他的物质生活没有任何问题。他有着丰富精致的早餐，太监也伺候得十分到位。慈禧对他很是亲热，并没有什么虐待的迹象。

那么，光绪帝到底有没有受到慈禧的虐待呢？从史料来源来讲，他受虐的资料主要是梁启超所记，他没有受虐的资料主要是慈禧的贴身宫女德龄所记。梁启超有可能知道真实情况，但难保不会因为戊戌政变而嫉恨慈禧，故意歪曲；德龄虽然也知道真实情况，但她见到的都是成年后的光绪帝，不过她的叙述应该比较客观。

虽然光绪帝不是慈禧的亲生儿子，慈禧也一直千方百计想要控制光绪帝，但是她似乎没有必要把对他的虐待做得这么明显。精神上的压迫是一定的，但按理讲在物质上她至少应该做做样子，好歹是当朝正牌的皇帝，她不会傻到让满朝上下都知道她虐待皇帝。不过在瀛台的时候就难说了，光绪帝与外界少有接触，而且这个时候的慈禧对光绪帝恨之入骨。光绪帝这个皇帝做得真是可悲可叹，令人扼腕而心酸。

宣统帝哭着进紫禁城

　　宣统帝，也就是溥仪，是中国封建王朝的最后一个皇帝。他3岁即位，6岁就退位，伴随着大清王朝的覆灭和民主革命的岁月而成长，度过了相当坎坷的一生。他并不是出生在紫禁城里，当他被抱到这个冷清而陌生的地方，坐到金銮殿上的时候，不禁放声大哭。这是怎么一回事呢？

　　光绪帝做了30多年皇帝，却只有短短几年的时间真正做成了皇帝。戊戌变法失败以后，他变成名副其实的囚徒，抑郁着、悲愤着，身体状况一直不好。而掌握着大权的慈禧，也终究不能逃过岁月的洗礼，年老力衰。当慈禧和光绪帝都卧床不起，大清王朝也日薄西山的时候，新皇帝产生了。

　　光绪帝没有子嗣，只能从旁支选择继承人。经过一番选择，当时的醇亲王载沣的儿子溥仪被选为新皇帝。载沣是光绪帝的兄弟，溥仪也就是光绪帝的亲侄子，他爷爷是咸丰帝的儿子奕譞，血统是相当亲近的。而且，慈禧很喜欢载沣，之前又做主把心腹荣禄的女儿瓜尔佳氏许配给了载沣，他们的儿子，慈禧自然放心。就这样，只有3岁的溥仪成为皇位的继承人。

　　3岁的孩子哪里知道什么皇位，又哪里能认识什么人。这个决定下得很匆忙，慈禧当时已经奄奄一息，醇亲王府的人都还不知道消息。光绪帝在一夜间病危，慈禧连忙令溥仪到紫禁城里来继承皇位。溥仪在醇亲王府当然也是个宝贝少爷，忽然就要被抱走去做皇帝，这消息令他的亲人们一时都接受不了。30多年前，光绪帝就是这么在醇亲王府被抱走，过了一辈子痛苦的生活，溥仪怎么也会有这样的命运？王府里顿时乱了套，他的母亲和奶奶哭作一团，尤其是他的奶奶，贡献了自己的儿子载湉不说，还要贡献孙子溥仪，因此伤心欲绝，死抱着溥仪不放手。溥仪当然更是什么都不懂，忽然看爸爸领着一群不认识的

人要领走他，他不愿意离开乳母和奶奶的怀抱，不禁放声大哭。可是这是没有办法的事情，众王爷和太监硬是抱走了啼哭的溥仪，老醇亲王福晋哭着骂自己的姐姐，却也没有任何办法。

经过一番混乱，溥仪被抱进紫禁城的时候，光绪帝已经驾崩。光绪帝怎么会忽然就死在了慈禧前面，这是一个谜，此处暂不提。溥仪直接被领去叩拜先皇，他哪里见过死人，宫殿里又气氛诡秘，他又大哭起来。皇帝驾崩有人哭很正常，所以大家也没有去哄他，他被吓得啼哭不止。这还不够，拜见过先帝以后，还要去拜见慈禧，那时候慈禧已是一个奄奄一息的老太太，当然更是恐怖，溥仪不由得再次哭起来。慈禧见到他，微微放了心，第二天就去世了。来回看了两个死人，溥仪被吓得够呛，哭得一塌糊涂。没有办法，太监们找了一些小孩子和他一起玩耍，隆裕太后又对他和蔼可亲，他才稍微平静下来，暂时停止了哭泣。

几天之后，新皇帝的登基大典举行。满朝文武跪着朝拜新皇帝，溥仪被他父亲载沣抱着放在龙椅上。3岁的小孩子哪里坐得住，在阴森的宫殿里有那么多人对他低头跪拜，更是使他浑身难受。他父亲一直哄着他，他却一直哭个不停。载沣心里也难过，看到自己的儿子这样更是心如刀绞，只能尽量劝他、哄他。大臣叩拜个没完，他也一直在哭。他父亲只得说："马上就回家，快完了，快完了！"直到礼炮鸣响，登基大典结束，他才止住了啼哭。大清朝的最后一位皇帝，就这样哭着登上了皇位。

载沣的一句"快完了"不禁使满朝大臣心里一惊，这难道是对于大清国命运的谶语？帝国大厦将倾，清朝的统治岌岌可危。果然，只过了短短3年，清王朝就被革命军起义的炮火震塌了。6岁的宣统帝，也就走下了皇位。

皇帝是一个多么令人垂涎的位置，多少人为了坐上龙椅而勾心斗角、打得头破血流？这个幼年即位的小皇帝，却哭着走进皇宫，哭着登上皇位。幼年即位的皇帝不是只有宣统帝一个，他却哭出了名。他是不是冥冥中已经知道，他这个皇帝注定命途多舛、举步维艰？被安排到这个位置，只能说是命运，他在3岁注定拥有这样命运的时候，就为自己坎坷的一生流下了无奈的眼泪。

藏在古画里的大清史

"三宫六院，七十二嫔妃"用以形容皇帝的妃子人数之多。可以想象得到，几千个如花似玉的大姑娘要分享唯一的男人，这种竞争的残酷程度一点都不逊于千军万马过独木桥。有的人幸运，得到皇帝宠幸，生下皇子，从此下半辈子不用发愁。但大多数人是不幸的，她们穷其一生，甚至连皇帝的面都没见过，只能在孤独和凄凉中了此一生。

后官争宠，争的不仅是荣华富贵，还是政治。同样，皇帝封后也是为了政治。在皇室眼里，皇帝喜欢谁，不喜欢谁，都不该是因为爱情，而是为了江山。于是，在权力至高无上的皇宫里，缺少爱情，更多的是痴男怨女们的勾心斗角和尔虞我诈。

第二章 深宫后妃：太液池边徒哀怨

孝庄下嫁多尔衮

一部电视剧《孝庄秘史》，将大玉儿从小女孩到妻子，从情人到母亲，从太后到国母的不同时期、不同身份之间的转换演绎得淋漓尽致。尤其是表达大玉儿与多尔衮之间的感情更是情意绵绵，终身暗许。野史中也有很多趣事逸闻，关于后来的"太后下嫁"更成为清初"三大疑案"之一，也是几百年来人们茶余饭后谈论清宫秘闻的一个热门话题。那么孝庄到底下嫁过多尔衮没有？

孝庄皇太后姓博尔济吉特氏，又名大玉儿，一生跌宕起伏，辅佐了两位幼主，她的才华以及政治手腕常被后人津津乐道，尤其是她与睿亲王多尔衮的关系，更让人捉摸不透。康熙二十七年（1688年），孝庄死后被葬在福临的陵墓附近，与今天沈阳北陵的皇太极昭陵相对。

皇太极的一后四妃都葬在昭陵，按照清朝陵寝制度，孝庄死后也应该葬在皇太极昭陵，而她只葬在了清东陵的风水墙外，这与一生叱咤风云的孝庄皇太后身份不符。个中原委又给人们带来了无限的想象空间。

崇德八年（1643年），皇太极驾崩，人人觊觎皇位。其中皇太极长子肃亲王豪格，清太祖第十四子睿亲王多尔衮，清太祖第十二子武英郡王阿济格，清太祖第十五子豫亲王多铎这四个人最有实力，他们竟不惜剑拔弩张伺机夺取皇位。一场激烈的皇位之争展开了。面对这四方势力，福临才6岁，没有实力，几乎没有胜算的可能。但福临是庄妃的亲生儿子，庄妃又是一个很有智慧的女人，她仰仗姑母正宫皇后的地位，极力拉拢睿亲王多尔衮以及清太祖次子和硕礼烈亲王代善。多尔衮与庄妃早就相识且互相有过爱慕之情，自然会站到庄妃这边。而代善年事已高，对皇位不抱任何希望，就保持中立，哪边都不得罪，静观其变。

清　佚名　多尔衮像

清初杰出的政治家和军事家，皇太极死后，多尔衮和济尔哈朗以辅政王身份辅佐皇太极第九子福临即帝位，称摄政王。

在诸王会议议立之时，多尔衮见自立无望，就寻找时机，想着权宜之策。最后立皇太极第九子福临为顺治帝，迁都北京，尊孝庄皇后为太后，多尔衮为摄政王。

福临年幼，一切朝政都由多尔衮把持，多尔衮虽无皇帝之名，实际上行的却是皇帝之职，享有的也是皇帝之尊。这个时候如果多尔衮夺位完全有条件，但也许是碍于大玉儿的情面，多尔衮也只能暂时打消这个念头。

孝庄是何等的聪明，对待多尔衮她只能安抚，不能得罪，一旦发现多尔衮有篡位的苗头就想出权宜之策，太后下嫁也不是没有可能。《太后下嫁摄政王》《太后下嫁贺诏》《太后下嫁后之礼制》三个专记太后下嫁之事的诏书又给太后下嫁增加了真实可靠性。

顺治元年（1644年）十月，顺治册封多尔衮为"叔父摄政王"；顺治二年（1645年）年初，加为"皇叔父摄政王"；顺治五年（1648年）十一月尊为"皇父摄政王"。这种层层升级的尊崇，必定与多尔衮威权日重有关，也无法排除他与孝庄皇太后之间感情不断升温的可能。

福临年幼，而多尔衮权倾朝野，出于权宜之策，大玉儿也只能忍气吞声。

顺治七年（1650年）十二月，多尔衮病逝。他死后按照皇帝的规格下葬。

然而，在多尔衮死后不久，顺治帝便以逆谋之罪剥夺了多尔衮所有的封号，并鞭尸。据说，顺治帝对多尔衮恨之入骨的原因之一就是"太后下嫁"之事让皇室蒙羞。后来考虑到孝庄的名节，才将正史中"太后下嫁"之事删去。

清

龙凤呈祥墨饼

皇太极娶一家姑侄三女

在清宫戏中常提到"满汉不得通婚""皇室子女必须接受皇帝指婚"等一系列大清祖制律例。由此，常常上演一出出棒打鸳鸯的爱恨情仇。其实，在清代历史上，政治联姻也是一个非常引人注目的现象。这种联姻活动已经超出了单纯的家族间通婚的含义，而成为统治者壮大力量、巩固自身势力不可或缺的手段。

在清朝开国之前，努尔哈赤就充分利用联姻壮大自己的力量，而皇太极时期更是将政治联姻的作用发挥到了极致，这也就有了后来他连娶姑侄三女之说。这姑侄三女在清朝历史上都是响当当的人物。姑姑孝端皇后——博尔济吉特氏，名哲哲，是大清第一位生前被立为皇后者，居中宫，享"椒房之尊"；二侄女为永福宫庄妃，即后来的那位一生经历四朝，辅佐三位帝王，更被称为"后宫第一谋士"的孝庄；另一个侄女是居于关雎宫的宸妃——海兰珠，被封为"东宫大福晋"，地位仅次于皇后，位居四妃之首，据传是皇太极的最爱。

这三个人同属蒙古科尔沁部。提到蒙古科尔沁部，那可不是一个简单的部落，它是以成吉思汗之弟哈布图·哈萨尔后裔为领主的部落集团，被称为拥有高贵血统的部落。在明万历二十一年（1593 年），科尔沁部正与察哈尔部争雄。考虑到为避免受到女真建州首领努尔哈赤的强大威胁，科尔沁部决定与势力较强的叶赫部、乌拉部结盟，一起向努尔哈赤大举进攻，史称"九部联军伐满洲"。但努尔哈赤也是身经百战，临危不惧，在古勒山一战，大破九部联军。

战败后，出于对自身利益的考虑，科尔沁部决定撤兵请盟，联姻结好。想联姻必须拿出诚意来，于是在万历四十年（1612 年）正月，科尔沁蒙古贝勒明安不惜与其女先许之婿悔婚，而将女儿嫁给努尔哈赤。当然，努尔哈赤也知

清　佚名　孝庄文皇后便服像

孝庄文皇后是中国历史上有名的贤后，一生培养、辅佐顺治、康熙两代皇帝，是清初杰出的女政治家。

道，联姻得到的利益在某种程度上往往比战争缴获的战利品要划算得多，于是欣然接受，并隆重迎娶了这个日后维系自己与盟友之间良好关系的女子。自此开始了有清一代满蒙之间的姻亲关系，科尔沁部与后金的关系进入一个崭新的时期。

在以后的岁月，皇太极起兵征明，攻打大凌河，科尔沁部更是立下赫赫战功。满蒙军事联盟不断加强，而与此相伴随的是满蒙贵族更为频繁地缔结婚约。

科尔沁部左翼首领、明安贝勒之兄莽古斯于万历四十二年（1614年）将女儿嫁与皇太极为妻，这就是皇太极的中宫皇后孝端文皇后。孝端文皇后为人谨慎、大度，极受皇太极尊重。但她生育三女，并无一子。无论是从皇太极将来的事业继承还是为了博尔济吉特家族利益着想，孝端文皇后必须主动做点什么。考虑过后，她决定将自己的亲侄女——布木布泰（即大玉儿）从科尔沁招来，把她嫁给皇太极。也许是天命所致，直到皇太极称帝前，大玉儿也没有生一子。

科尔沁部最不缺的就是美女了，为了皇太极的基业，布木布泰也开始给皇太极物色人选。后金天聪八年（1634年）十月，布木布泰把姐姐海兰珠引荐给皇太极。海兰珠不但长得和布木布泰一样漂亮，而且又比妹妹多了一种成熟女人的韵味，受到皇太极极大的宠爱。这样一来，就形成了莽古斯一门姑姑侄女三人同嫁一夫的局面。

清　黄花梨镜台

此黄花梨镜台色泽文雅，可平放的背板支起时，立即营造了另一个空间。

顺治帝与董鄂氏的爱情

历代皇帝不乏多情种子。周幽王烽火戏诸侯，只为博得褒姒一笑；唐明皇与杨贵妃情投意合，共就霓裳羽衣舞；光绪帝与珍妃惺惺相惜，成就千古佳话。这些帝王都是在不丢掉江山的前提下谈情说爱。如果用江山换美人，又有几个人做得到？在这些帝王中，唯一为了爱情可以舍弃一切的就是顺治帝。有一种说法是，顺治帝为了厚葬董鄂妃积劳成疾患天花而死；另一种说法是，董鄂妃死后，顺治帝看破红尘，出家为僧。不管是哪种说法都和董鄂妃有着莫大的关系，他们的爱情究竟是怎样感天动地呢？

顺治十年（1653年）九月，新一轮的选秀开始，这次选秀的范围扩大到满蒙八旗人家。

在这些秀女中就有一位后来宠冠后宫的董鄂氏。董鄂氏是满洲正白旗人，内大臣鄂硕之女。其家三代以军功袭职，其父鄂硕也是依靠军功而逐渐升迁起来的，其弟费扬古后来成为康熙皇帝手下的得力大将。出身于这样显贵的家庭，又具有相当的才貌，董鄂氏理应被选中，但是她却与顺治帝擦肩而过，被指给了顺治帝的弟弟襄亲王。

这时，顺治帝也在皇族的安排下立另一个同属博尔济吉特氏的妃子为后。这位皇后虽不像第一任皇后那样飞扬跋扈，但也不讨顺治帝欢心。

大婚那天，各个王爷的福晋进宫侍宴，在宴会上，顺治帝和襄亲王的福晋董鄂氏相识。

缘分很奇妙，注定相爱，不管多少次擦肩而过最终还是要相逢。就是那次相逢，顺治帝找到了他自己的真爱。虽说爱上自己的弟媳是有悖人伦的，但他是皇帝，普天之下莫非王土，率土之滨莫非王臣，他有这个权力。但碍于道德情面，他只能用另一种方式表达对董鄂氏的爱慕之情，这种方式就是对襄亲王加官晋爵。

襄亲王博穆博果尔起初也感恩皇恩浩荡，但后来他发现事情不那么简单。当他得知顺治帝和董鄂氏相爱后，羞愤难当，愤而自杀。博穆博果尔死去的同年，即顺治十三年（1656年），18岁的董鄂妃，从前的襄亲王福晋，在人家指指点点的目光中走进了紫禁城，被封为皇贵妃。

顺治帝夙愿得偿，马上将册封之事颁诏于天下。按清代规矩，册立皇后才颁诏天下，册立妃嫔则不颁诏。顺治帝此举确实算是空前绝后。

董鄂氏成为皇贵妃后，集万千宠爱于一身，无形中树敌无数。何况她此前已为人妻，更使一大批人对她看不惯。说到底，在后宫谁受宠，谁就会成为众矢之的。可是董鄂妃是个聪明人，她知道自己的身份以及所处的环境，所以无论做什么都小心翼翼，格外谨慎。更难能可贵的是，董鄂妃在宫中并没有因为顺治帝的宠爱而骄横，对于皇后的宝座，她更不敢有丝毫非分之想。

不久，董鄂妃怀孕并产下一子（皇四子）。但天有不测风云，这个小生命还不到三个月的时候就夭折了。同时由于产后失调，董鄂妃不可能再孕了。丧

清　佚名　顺治皇帝像

政治上的失意使顺治帝沉湎于董鄂氏的爱情之中。当他挚爱的皇贵妃董鄂氏死后，他的精神支柱完全崩溃，24岁时染上天花，很快便撒手人寰。

清　冷枚　春闺倦读图

此图把大家闺秀在闺房中读书的柔美姿态写真在画面上，那闲适的静美让人心生爱怜，有着独特的气韵风姿。

清　玛瑙坠

此玛瑙坠做工精致，雕工细腻，一青蛙趴于荷叶上，生动别致，趣味盎然。

子之痛加上不孕将董鄂妃推到了崩溃的边缘。为了安慰董鄂妃，顺治帝追封她夭折的儿子为荣亲王，为之专修了陵寝，并决定二次废后，让董鄂妃入主正宫。

但第二任皇后可是孝庄太后的侄孙女，牵一发而动全身，不能不引起孝庄的警觉。董鄂妃也深知其中利害关系，只能拒绝。有史料记载，董鄂妃"长跪顿首固请，陛下若遽废皇后，妾必不敢生"。由于她的坚持，顺治帝放弃了废后的念头。

此后，董鄂妃便一病不起，在顺治十七年（1660年）八月不治身亡，年仅22岁。为纪念这个自己最爱的女人，顺治帝追封董鄂妃为"孝献庄和至德宣仁温惠端敬皇后"，并亲笔为她写下了数千字的《孝献皇后行状》，哀悼之心，溢于言表。

董鄂妃魂归西天后，顺治帝一直沉浸在痛苦中不能自拔。为了将董鄂妃的葬礼办得更加隆重，顺治帝累得心力交瘁，这时天花病毒也就乘虚而入。在董鄂氏去世的四个多月后，顺治帝驾崩于养心殿。

顺治帝和董鄂妃死后都被火化，合葬在孝陵，他们终于可以永世相随了。

顺治皇帝 6 岁登基，14 岁亲政，24 岁驾崩。在亲政到驾崩这短短的 10 年里，他一共有过两位皇后。第一位皇后就是他的亲表妹博尔济吉特氏，于顺治十年（1653 年）被废。废掉皇后并不是什么新鲜事，但自从博尔济吉特氏被废，降为"静妃"后，有关她的一切就销声匿迹了，甚至连她死后被葬在哪里都不得而知。这无疑又给清后宫闹增加了一团迷雾，让人不禁想探个究竟。

顺治帝是清朝第一位入住紫禁城的皇帝。按照当时清朝的祖制，皇帝只有大婚后才可以亲政。所以在顺治皇帝福临刚满 13 岁的时候，皇室就为他选立了皇后。这位皇后来自蒙古科尔沁大草原，她的父亲卓礼克图亲王吴克善是孝庄文皇后的哥哥，也就是福临的亲舅舅，所以这位皇后就是福临的表妹。

选自己的亲侄女为后是经过孝庄深思熟虑过的。因为清皇室与蒙古联姻在当时可以起到巩固北疆的作用，而孝庄把她同姓亲属配给皇帝又可以更加牢固地掌握宫廷的权势。

顺治八年（1651 年）八月十三日，14 岁的福临与表妹博尔济吉特氏完婚。

在这种以政治利益为前提的婚姻背景下，年少的福临又能享受多少新婚的甜蜜呢？这也就为后来顺治帝和他的表妹皇后之间的矛盾升级埋下了隐患。

这位皇后天生丽质，美貌超群，但妒忌心极强。倚仗博尔济吉特家族的地位与皇太后的宠爱，如果她发现别的嫔妃比自己漂亮，就想方设法陷害对方，置之死地而后快。她甚至反对皇帝临幸其他嫔妃，这在当时来说是有悖常理的。慢慢地，没有人喜欢这个骄横跋扈的皇后，人人敬而远之。另外，这位皇后生活奢侈，挥霍无度。她所穿的衣服都必须是用珠玉装饰的，如果她发现自己所用的餐具有哪一件不是金质的，立刻会大发雷霆。她的这些生活习性与福临正

清　金嵌松石珊瑚坛城

此坛城乃顺治九年时，由达赖五世从西藏经西宁、内蒙携至中土，当年供于西黄寺中。

好相反。

皇后的种种作为和生活习性让顺治越来越反感。他们婚后两年，小两口就分宫而居。

顺治帝即位后一直是多尔衮掌握朝政，顺治帝处处受制于人。多尔衮死后，顺治帝正处于年轻气盛之时，做了那么多年的傀儡皇帝，他压抑已久的情绪迟早要爆发。这场本就没有感情基础的政治婚姻加上帝后性格不合，使顺治帝产生了废后的念头。

顺治十年（1653年）九月，顺治帝不顾群臣的多次苦谏，以"无能"的罪名废掉了这位皇后，将她降为静妃，改居侧宫。

对于废后之说，还有一种说法是，摄政王多尔衮死后追论获罪，福临对他极为痛恨，而这位皇后恰恰是多尔衮为其所聘，因而痛恨之意也殃及皇后。这种说法有些牵强，孝庄皇太后才应该是对封后起决定作用的人，因多尔衮而迁怒皇后显然有些站不住脚。

另外，这位废后被降为静妃以后，有关她的一切记载就销声匿迹了，再也难寻踪迹。不仅任何史册中再也没有出现过她的名字，而且人们都不知她魂归何处。按理说，即便被废，但好歹也是静妃，她应该葬在孝东陵里才对，可是找遍孝东陵也没有找到。

静妃成了清后宫的一个谜团，让人无从寻觅。

康熙帝写诗悼念后妃

有野史传说，在清朝历史中，有两个人是因爱而被封后的。一个是顺治帝最爱的董鄂妃，死后被封为孝献庄和至德宣仁温惠端敬皇后；另一个就是康熙帝最爱的佟佳氏孝懿仁皇后。孝懿仁皇后可以说是最短命的皇后，她只做了不到一天的皇后就撒手人寰了。关于她和康熙帝之间的感情也有很多争议。有人说，康熙帝最爱的是他的原配孝诚仁皇后赫舍里氏，而也有人说康熙帝最爱的是孝懿仁皇后佟佳氏。

对于赫舍里氏，她成为皇后是出于政治原因。当时在候选人中，既有鳌拜的女儿，索尼的孙女，又有遏必隆的女儿，选谁为皇后必然会导致皇后所在家族力量的壮大，而鳌拜的不臣之心已日益暴露出来，要想制服鳌拜，必须扶植一个强大的家族与之抗衡。考虑到这一点，孝庄文皇后自然就倾向了索尼的孙女赫舍里氏。首先，鳌拜的女儿是不能选的；其次，遏必隆是墙头草，两边倒，靠不住。而索尼是四朝元老，在百官中比较有威望，他虽然排斥汉官，但对朝廷还是很忠心的，最终赫舍里氏入主后宫。在电视剧《康熙王朝》中，康熙帝大婚，他因不熟悉赫舍里氏而有意冷落她，找借口一个人去读书了。赫舍里氏倒也通情达理，并未不悦，后来康熙帝慢慢地喜欢上了她。事实证明，开始的政治婚姻并没有让康熙帝和赫舍里氏之间有隔阂，两人婚后相敬如宾。后来赫舍里氏生下二皇子胤礽后难产而死，康熙帝大悲，当场就封这个刚出生的婴儿为太子，从此胤礽就在康熙帝的庇护中做了40年的太子，后来被废，重立，又废。这都是康熙帝对赫舍里氏的爱才使他努力扶植这个不争气的儿子。胤礽最后一次被废，康熙帝大骂他"生而克母"，这是一种对爱妻的思念，对不争气儿子的无奈。

　　赫舍里氏做了9年皇后就去世了。康熙帝的第二位皇后钮祜禄氏封后半年也去世了。自此在康熙帝的心里开始有个结，他认为自己命里克后。此后，后位一直空着。

　　接着，后来的孝懿仁皇后佟佳氏进入人们的视线。佟佳氏是康熙帝的嫡亲表妹，史料上对佟佳氏最早的记载是康熙十六年（1677年）八月二十二日，佟佳氏被册封为贵妃。对于她的年龄以及何时入宫，史料上并没有任何记载。

　　孝昭仁皇后钮祜禄氏去世后，后宫就由当时地位最高的贵妃佟佳氏暂时统

清 佚名 孝诚仁皇后朝服像

康熙帝的第一任皇后，辅政大臣一等公索尼的孙女，议政大臣领侍卫内大臣噶布喇的女儿。诞下嫡次子胤礽后薨逝，时年21岁。

清　佚名　清世祖孝康章皇后像

少保都统佟图赖之女。其家佟氏本汉军，世祖命将佟佳氏改入满族，是为此族入满洲旗之始。初入宫册为妃。顺治十一年（1654年）三月，生皇三子玄烨，即圣祖康熙帝。

领。佟佳氏宽容敦厚，对待其他的阿哥和公主很疼爱，康熙帝就将尚未晋封王位的乌雅氏的儿子四阿哥胤禛（即后来的雍正帝）交给佟佳氏抚养。佟佳氏将后宫治理得井井有条，并于康熙二十年（1681年）十二月二十日，晋封为皇贵妃。清制规定，"后以下，皇贵妃最尊，可总摄六宫事，即副后也"。佟佳氏名为皇贵妃，实际上在后位无人的情形下，负有皇后之责。

孝惠太后屡次催促康熙帝立佟佳氏为后，但康熙帝对大臣"屡以册立中宫为上请"拖延不睬，这是为什么呢？康熙帝虽然是一个比较开明的君主，但他也讲究宿命论，一直都认为自己克后，不管赫舍里氏还是钮祜禄氏都很短命，他不想把这种宿命再轮到佟佳氏身上，就一直让她以皇贵妃之衔统领六宫。

佟佳氏当这个皇贵妃一当就是8年。康熙二十八年（1689年）七月初八，佟佳氏病重，康熙当时正在畅春园小住，得到皇贵妃病重的消息后，火速回宫，此时他也不想立佟佳氏为后，以免加重她的病情。直到太后发话，他才遵旨册立。史料上是这样记载的："康熙帝谕礼部：奉皇太后慈谕，皇贵妃佟氏，孝敬成性，淑仪素著，鞠育众子备极恩勤，今忽尔遭疾，势在濒危，于心深为轸惜，应即立为皇后，以示崇褒，钦此。前者九卿诸臣，屡以册立中宫为请，朕心少有思维，迁延未许。今抵遵慈命，立皇贵妃佟氏为皇后，应行典礼，尔部即议以闻。"诏书颁布不到一天，佟佳氏就去世了，封后大典变成了丧礼。

这个做了不到一天皇后的佟佳氏，死后谥号孝懿仁皇后，是后妃中唯一一个让康熙帝写诗悼念的人。《恭挽大行皇后诗四首并序》中诗句"月掩椒宫叹别离，伤怀始觉夜虫悲。泪添雨点千行下，情割秋光百虑随。雁断衡阳声已绝，鱼沉沧海信难期……"留下了千古一帝康熙帝对孝懿仁皇后别样的情怀。

孝懿仁皇后去世后，康熙帝把对她的爱转移到她的家人身上。康熙晚期，孝懿仁皇后的父亲佟国维卷入皇嗣之争的"八阿哥一党"，最终康熙帝也只判他一个告老还乡，颐养天年。

如果非要给康熙帝对赫舍里氏和对佟佳氏的爱孰多孰少做判断的话，那么，也许只有康熙帝自己最有发言权了。

清朝子女最多的妃子

康熙帝的荣妃在整个清后宫嫔妃中并不是一个带有很多传奇色彩的人，她却是整个清王朝后宫嫔妃中生育子女最多的人。她是幸运的，生育子女多代表她很受康熙帝的宠爱；她也是不幸的，她生育的五子一女，有四个儿子先后夭折。对于一个母亲来说，最痛苦的事莫过于丧子之痛，而她却要经历四次。这是怎样的一个女人？她剩下的一儿一女的命运又怎样呢？

荣妃马佳氏是员外郎盖山之女，进宫后被封为荣贵人，于康熙十六年（1677年）八月被封为荣嫔，康熙二十年（1681年）十二月，她与宜妃郭络罗氏、德妃乌雅氏同时晋升为妃，是康熙帝较早的四妃之一。据《清史稿》卷二百十四列传一记载，荣妃在康熙六年（1667年）生下了康熙帝第一个儿子承瑞，孩子4岁的时候夭折了；康熙十年（1671年）又生皇子赛音察浑，幼殇；康熙十二年（1673年）生皇三女固伦荣宪公主；康熙十三年（1674年）生皇子长华，幼殇；康熙十四年（1675年）生皇子长生，幼殇；康熙十六年（1677年）二月生皇三子多罗诚郡王胤祉，后至诚隐亲王。从这些皇子幼殇的数字来看，荣妃是不幸的，接连遭受丧子之痛。不过在这近十年中，荣妃几乎每年都有皇子诞生，可以看出康熙帝是十分宠爱她的。如果她的这些儿子都能健康成长，那么荣妃在后宫的地位将不可小觑，以后的历史也许就会改写，当然历史没有假设。荣妃在康熙二十年（1681年）之后不知何因再也没有晋升。

也许是接连丧子，荣妃对后宫勾心斗角已经看透，内心也变得平淡，与世无争。她的性格特点与电视剧《康熙王朝》中容妃的性格接近。历史上康熙一朝并没有容妃这个人，只有荣妃马佳氏，电视剧中的容妃就是以历史上的荣妃为原型刻画的。提到电视剧，不能不提到那个可爱的蓝齐儿。蓝齐儿的原型是

清 佚名 孝恭仁皇后像

康熙帝的第四位皇后，雍正帝生母，很得康熙皇帝宠爱，为皇帝生育三子三女。

康熙的皇三女，被称为二公主（因皇长女、皇二女夭折，康熙领养了他弟弟恭亲王常宁的长女，封为固伦纯禧公主，序齿为二公主）。康熙帝前两个女儿不到两岁就夭折了，接连丧子丧女，让康熙帝对这个二公主非常疼爱。转眼间，二公主19岁了，已到了出阁的年龄。康熙帝早已为她物色好了一个额附，是孝庄最喜爱的二女儿巴林淑慧公主的孙子乌尔衮。乌尔衮长得一表人才，更是战功赫赫，与美丽的二公主很相配。所以在康熙三十年（1691年）正月，二公主被封为和硕荣宪公主，于同年六月嫁给了漠南蒙古巴林部博尔济吉特氏乌尔衮。康熙四十八年（1709年），和硕荣宪公主再次晋封为固伦荣宪公主。"固伦"是满语，意思是"天下、国家、尊贵"，一般放在公主的称号前面，是清朝公主的最高等级，这个封号只有皇后所生之女才可以得到，足见康熙帝是多么疼爱这个女儿。

除了固伦荣宪公主，荣妃还有一个儿子长大成人了，他就是三阿哥胤祉。胤祉一生经历了很多波折，几次大起大落。他21岁时，被封为诚郡王；次年，降为贝勒；32岁，又晋诚亲王。据史书上记载，胤祉是一个博学多才的人，他精于历法、数学，还奉命编纂了《律历渊源》《古今图书集成》等典籍。他一心钻研学问，对立储之事并不关心。雍正帝即位后，以"胤祉与太子素亲睦"为由，将他发配守护景陵。雍正八年（1730年）二月，又恢复他诚亲王的封号。同年五月，因为怡亲王允祥去世，胤祉不敬，所以又被夺爵，拘禁于景山永安亭。雍正十年（1732年），胤祉去世。

清 儿童鞋

一直以来人们对贞妃的死因有种种猜测。有的说她是自愿殉葬，有的说她是被逼殉葬。这两种说法一直争论不休。但贞妃殉葬已成事实，恐怕最了解事情真相的就是那个已长眠地下的贞妃吧！也正因为她的殉葬让后世知道了在顺治帝的后宫中还有这样一位命运凄惨的女子，也因为她是顺治帝后妃中唯一的殉葬者而充满了神秘色彩，更因为她和死后被追封为孝献端敬皇后的董鄂妃之间有着千丝万缕的关系，让人们对她又多了一些揣测。不管自愿也好，被逼无奈也罢，她殉葬后，康熙帝继位后的第二个月就追封她为皇考贞妃，自此她终于可以与顺治帝千古相随了。

　　董鄂妃是顺治帝最宠爱的妃子，他们的故事常被后人津津乐道。其实在顺治帝的后宫还有一位姓董鄂氏的妃子，人称小董鄂妃，封号贞妃。据史料记载，贞妃是满族正白旗人，一等阿达哈番巴度之女。董鄂妃是鄂硕之女，鄂硕与巴度又都是鲁克素的孙子（鄂硕的父亲席汉是鲁克素的长子，巴度的父亲席尔泰是鲁克素的次子）。这样看来，贞妃和董鄂妃都是鲁克素的曾孙女，是未出五服的姐妹。

　　史书上对贞妃的记载只有寥寥几句，《清史稿》是这样记载的："贞妃，栋（董）鄂氏，一等阿达哈哈番巴度女，殉世祖，圣祖追封为皇考贞妃。"其中并没有交代为顺治帝殉葬的为何只有这个董鄂氏家族的贞妃，这让后人难免有种种猜测。

　　认为贞妃自愿殉葬的说法是，董鄂妃受宠，出于同族的贞妃也应该经常受到皇帝的庇佑。那么痛恨董鄂妃的人也有可能把所有的怨恨撒到贞妃的头上。顺治帝驾崩，对没有为皇室诞下任何子嗣的贞妃来说，处境可想而知。贞妃的

清　孙璜　仕女图册（其一）

此图描绘两名女子于冬天采梅花的情景，风格雅致，清丽脱俗。

厄运从董鄂妃去世那天就已经开始了。董鄂妃去世后，贞妃在宫里就成了孤家寡人，又加上她与董鄂妃的关系，免不了遭到别人的冷遇。此时顺治帝正沉浸在痛苦之中，身体也每况愈下，根本无暇顾及其他。在这种处境下，贞妃饱尝了后宫里的世态炎凉。当时贞妃才二十出头，正是豆蔻年华，与其在皇宫里度过接下来充满凄凉和孤独的岁月，还不如用死来解脱所有的苦难，追随顺治帝而去，倒落得个一世美名，于是便自杀殉葬。

另一种说法是贞妃被逼殉葬。这些都源于她的同族姐姐董鄂妃。在董鄂妃宠冠后宫时，孝庄就对她不满意，顺治帝又因为她而过早龙驭归天，新皇帝康熙帝也不过才8岁，种种事情让孝庄对已死的董鄂妃恨之入骨。顺治帝死后留有一封诏书，但这封诏书是在他驾崩8小时后才对外公布的，内容除了自责外还有一点是对董鄂妃间接的谴责，变成了一封名副其实的罪己诏。事后，翰林院掌院学士王熙便将当时所有和遗诏有关的东西全部付之一炬，此后对遗诏一事一直保持沉默，再无只言片语。这让人不得不揣测在那8个小时里发生了什么。

董鄂妃已死，孝庄对她的恨只好迁怒于活着的贞妃。考虑到家族的利益，贞妃只好被迫殉葬，成了顺治帝与董鄂妃爱情的牺牲品。

贞妃死后，虽被康熙帝追封为皇考贞妃，埋葬在孝陵东边的妃嫔陵寝里，但也只不过是孝东陵里28位嫔妃中的一个，并没有因为她的殉葬而给自己带来任何一点名分和殊荣。

清　妇女裙子

清代妇女服饰中，裙子除朝裙外，对一般妇女的裙子没有什么规定。此裙特殊之处在于裙上镶有金丝，绣有龙纹，所以成为身份的象征。

乾隆帝两个皇后的悲惨结局

乾隆皇帝在位60年，又做了4年的太上皇，是整个封建王朝在位时间第二长的皇帝。他在位期间，曾六次下江南，留下了不少风流韵事，也多了很多坊间野史趣谈。他的两位皇后先后在他南巡过程中，一个病死，一个被废。于是人们就猜想，这两位皇后的遭遇肯定都与乾隆帝风流有关，那真实情况是怎么样的呢？

乾隆帝一共有过两位皇后。第一位皇后富察氏，是他还是宝亲王时的嫡福晋，于乾隆二年（1737年）被册封为皇后。富察氏温情脉脉，为人恭谨简朴，得到太后赏识与后宫嫔妃的敬重，乾隆皇帝也对她恭敬有加。帝后二人心心相印，非常恩爱。

有一年，乾隆帝下令将畅春园、长春馆以及圆明园三处并为一处。当园工告成后，乾隆帝非常高兴，命皇后率六宫妃嫔、宗室命妇、公主福晋等随同入园玩赏。在美女如云的人群里，有一个贵妇格外出众，与她比较起来，六宫粉黛皆无颜色，乾隆帝不禁为之心动。经过询问，此女乃皇后的亲嫂子，内务府大臣傅恒的妻子。此后几天乾隆帝都心不在焉，心里时时想起那个傅夫人。过了一段时间，恰逢皇后生辰，傅夫人进宫贺寿。酒过几巡后，傅夫人就醉了，乾隆帝借机让宫女将傅夫人扶到别宫休息，自己也偷偷跟了过来。宴席中突然不见皇帝，皇后忙命人去找。宫女回报，傅夫人所住宫殿宫门紧闭，不便入内。皇后就明白了八九分。第二天，傅夫人去慈宁宫向皇后辞行，皇后意味深长地说了一句："恭喜嫂嫂！"傅夫人顿时脸红，很羞愧地匆匆离去。

从那以后，皇后对皇帝似乎有了心结，整天闷闷不乐。乾隆帝自知理亏，也就没说什么。过了几年，皇后生了一个儿子，但不久就得天花死了，皇后心

清　佚名　清高宗孝贤纯皇后像

乾隆十三年（1748年），随乾隆帝东巡，薨于德州舟次，乾隆帝深为哀恸，为其亲定谥号「孝贤」，作《述悲赋》悼之。

情更是糟糕，整天以泪洗面。乾隆十三年（1748年），为了替皇后分愁解忧，乾隆帝借东巡之名，带她出去散心。一路上游览江山美景，皇后富察氏仍然无法释怀，不久就受了风寒，乾隆帝顿时慌了手脚，下令马上回京，可刚走到德州，皇后就不行了，终年37岁。富察氏皇后临死前只留给乾隆帝一个幽怨的目光，这个目光让乾隆帝愧疚了一生。乾隆帝后来为了纪念富察氏皇后，为她写了一篇情真意切的《述悲赋》。大意是，我是多么悲痛啊，这样生死离别，失去贤惠内助，今后谁来陪伴我呢？

富察氏皇后去世后，六宫不能一日无主。在太后的提议下，将娴妃乌喇那拉氏封为皇贵妃，暂时代行皇后之职，统领六宫。乌喇那拉氏是左领那尔布之女，乾隆帝为宝亲王时的侧福晋。乾隆帝对乌喇那拉氏感情一般，因后宫没有太合适的人选，就同意了太后的提议。乾隆十五年（1750年），富察氏去世3年后，乌喇那拉氏被正式册封为皇后。

乾隆三十年（1765年），乾隆帝生了一场大病，两个皇子永璐、永琪也接连病逝，使他愁怀难解。大臣和珅建议他去江南巡幸散心，太后建议将皇后乌喇那拉氏也一起带上，毕竟她已经做了这么多年的正牌皇后了。母命难违，乾隆帝只好答应。

上次游览因富察氏皇后病逝，没能尽兴。这次，乾隆帝可要游遍名山大川。到了杭州，听说登上秦淮河上的画舫游览一周，其味无穷。在和珅的撺掇下，君臣二人一拍即合，便换上便服，登上一艘大船。船上都是江南名妓，歌舞升平，饮酒谈笑，乾隆帝乐不思蜀。后来，几名太监奉太后命摇船来找他，乾隆帝才登岸回宫。这件事让乌喇那拉氏皇后很不高兴，自从她被册封后，皇帝对她一直很冷淡，想到自己在皇上心目中还不如那些名妓，气就不打一处来，忍不住与乾隆帝争吵了起来。据说她当时大哭大闹，不依不饶，竟然发脾气把自己的头发给剪了。按照大清国俗，只有在皇太后和皇帝驾崩的时候皇后才能剪头发。皇后的行为触怒了龙颜，被命提前回京了。此后几天乾隆帝仍余怒未消，也匆匆赶回京城，将乌喇那拉氏打入冷宫。对于乌喇那拉氏被打入冷宫一事，《东华续录》是这样记载的："皇后自册立以来尚无失德，去年春，朕恭奉皇太后巡幸江浙，正承欢恰庆之时，皇后性忽改常，于皇太后前不能恪守孝道，比至杭州，则举动尤乖正理，迹类疯迷，因令先回京，在宫调摄。"意思是说，皇后自打嫁过门后并没有什么错，直到去年春天，我陪着皇太后巡幸江浙一带，正玩得高兴之时，皇后突然转了性子，对皇太后大不敬，到了杭州就更加过分了，疑似精神疾病，因此我让她先回宫，好好调养。这话说得婉转，其实就是把皇后打入冷宫了。如果按照《东华续录》上所说，是因为皇后对太后不能恪守孝道，这个理由相信很多人都能理解，但是关于真相，民间还流传着另一版本，就是在乌喇那拉氏皇后身上说事了，简而言之，皇后一切不贤不惠的罪名，都是乾隆帝的借口，为的是遮盖他的风流韵事。

被打入冷宫的乌喇那拉氏皇后积郁成疾，第二年就病逝了。据说当时乾隆皇帝正在木兰围场打猎，他听到皇后的死讯后竟然无动于衷，并下令丧礼只能按皇贵妃的礼仪入葬，就葬在纯惠皇贵妃那里，不给她单独的陵寝，自己百年之后也不让她陪葬在身边。

就这样，去世后的乌喇那拉氏不但没有资格陪葬在乾隆帝身边，甚至在妃子的园寝里都没有落脚之地，只能葬在纯惠皇贵妃的旁边。两个皇后两种结局，她们用自己的一生把后宫佳丽的幸与不幸诠释得淋漓尽致，至今耐人寻味。

香妃天生异香吗

在新疆喀什市东郊5千米处的浩罕村有一座香妃墓，据说乾隆时期的香妃葬在那儿，所以很多人慕名而来。清末以后，在各种民间故事和稗官野史中流传着越来越多关于香妃的传说。据传香妃玉容未近，就芳香袭人，既不是花香也不是粉香，而是别有一种奇芳异馥，沁人心脾。琼瑶的《还珠格格》中，更是将香妃化名含香，她和麦尔丹对爱情忠贞不渝，最终有情人终成眷属，乾隆帝也只好以香妃变成蝴蝶为名，来堵住悠悠众口。香妃到底是何许人也？真的天生异香吗？

乾隆皇帝的40多个后妃中只有一个妃子是维吾尔族女子，叫伊帕尔罕（意为"香妃"），被封为容妃，她是否天生体香无从考证。雍正十二年（1734年）九月十五日，容妃生于新疆维吾尔和卓族的一个大家庭里，父亲是艾力和卓，其兄是第二十九世回部台吉（贵族首领）图尔都。因清军进攻伊犁，平定准噶尔叛乱，图尔都有功，被封为一等台吉。同年，他和27岁的妹妹伊帕尔罕一起进了皇宫，也就是后来的容妃。容妃入宫之初被封为和贵人，后被封为容嫔、容妃。

如果真有香妃其人，来自维吾尔族，那么容妃的可能性最大，因为乾隆帝只有一个维吾尔族的妃子。容妃一直受到乾隆帝的宠爱，在后宫的地位也举足轻重。乾隆五十三年（1788年）四月十九日，容妃离世，享年55岁。容妃去世时，她的金棺暂时安放在畅春园西侧的西花园，四月二十七日才从西花园奉移到北京东北郊的静安庄殡宫暂安。九月十七日，乾隆帝命皇八子仪郡王永璇护送容妃金棺奉移东陵。九月二十五日，容妃被葬于河北清东陵裕妃园寝内。如果说容妃就是香妃，那新疆的香妃墓葬的又是谁呢？有人说，香妃的兄长用了三年半时间，从北京带回香妃的遗物，葬在陵殿的东北角，所以香妃墓内葬的只是

清　佚名　油画香妃像

画中的女子头戴西洋头盔，身披盔甲。两手叉腰，一手握着倭刀，英姿飒爽，有人认为此像为香妃像。

香妃的衣冠，并不是香妃本人。

还有种说法是，容妃并不是香妃，香妃本名伊帕尔罕，原是小和卓霍集占的妃妾（还有的说是他的女儿）。乾隆三十五年（1770年），清军大将兆惠领军和霍集占决战，霍集占败逃，兆惠把香妃掳走，送给乾隆帝（有的说霍集占败，主动将香妃送给乾隆帝和亲）。

香妃入宫后，因其国色天香，兼有异域风情，浑身散发着香味，受到乾隆帝宠爱。香妃虽接受"妃子"封号，却死活不肯顺从乾隆帝的临幸，甚至想一死了之。乾隆帝无奈，又不忍伤她，只好想办法讨她欢心。乾隆帝特在西苑建造一座宝月楼，供其居住，还特许香妃在宫里穿回装。

香妃上述种种的不守规矩最终让皇太后钮祜禄氏知道了，太后便让乾隆帝把香妃赐死，以免辱没皇家的颜面。乾隆帝却是杀了舍不得，不杀又不甘心，这件事就暂时搁置起来了，慢慢地也就不了了之。

几年后，乾隆帝到天坛去举行大祀。皇太后就趁着这个机会，命人赐香妃白绸一条，令她自尽。香妃死后，乾隆帝悲痛欲绝，把她葬在北京的陶然亭东北角。当然，琼瑶小说中有另一个版本，含香（即香妃）被太后赐毒酒后没有死，只是身上的香味没了，含香最终逃出了皇宫，和她的心上人过平凡的日子去了。

据说清东陵里原有四幅香妃画像，朝服像是香妃真正的画像，但是被一个清朝守陵墓的官员盗走，至今不知所终，香妃仍然是一个不解的谜团。

慈禧的神秘身世

　　一个在男权社会统治中国长达半个世纪之久的女人，曾两次成功发动宫廷政变，四次垂帘听政，虽然没有称帝，却掌握整个江山，而且她死后葬礼的规模和陪葬财富之巨，就连清朝十二帝都望尘莫及，这就是在清史里不得不让人注目的慈禧太后。像她这样一个赫赫有名的人物，在历史上应该有很详细的记载。但恰恰相反，清宫档案和国朝正史里对她的出身记载却是只言片语，让人不禁怀疑她真实的身份。

　　慈禧是一个历史影响巨大，身上又有很多谜团的人。据《清宫档案》记载：慈禧，姓叶赫那拉氏，满洲镶黄旗人。生于道光十五年（1835年），死于光绪三十四年（1908年），安徽宁池太广道惠征之女。咸丰元年（1851年）大选秀女的时候，被选入后宫，封为兰贵人。因得宠于咸丰帝，四年后又被封为懿嫔。咸丰六年（1856年）三月二十三日未时，叶赫那拉氏生了同治帝载淳。母因子贵，叶赫那拉氏也因此被晋封为懿妃。咸丰七年（1857年）正月，又被加封为懿贵妃。咸丰十一年（1861年），咸丰帝驾崩承德行宫，同治帝继位，尊封她为圣母皇太后，徽号慈禧。光绪三十四年十月二十二日，慈禧因病去世，卒年74岁。

　　《清宫档案》中提到慈禧的父亲惠征。《清朝的皇帝》一书中记述："慈禧的父亲惠征，官至安徽宁池太广道，时当道光末年，洪杨起事，惠征守土无方，革职留任，旋即病殁，遗妻一、子女各二，慈禧居长。"看来惠征

慈禧不仅善弄权术、热衷政治，在生活之余也爱附庸风雅，用书画方面的艺术才华来装点自己。

美　胡博·华士　慈禧油画像

胡博·华士回国后，完成了自己手里保留的小样，就是这幅较强写实的慈禧画像，被普遍认为是慈禧的真实模样。

是慈禧的父亲应该没错。不过有野史传说他只是慈禧的养父，慈禧并非满人而是汉女宋龄娥，她曾是惠征家的侍女。有一次，宋龄娥伺候惠征的夫人洗脚，夫人提醒她说："我这只脚底下有一个瘊子，你不要使劲抠它。都说'脚心瘊，住高楼'，这是大富大贵的标志。"谁知宋龄娥不经意间说了一句令夫人大吃一惊的话，"我两个脚心都有瘊子"。说者无意，听者有心，夫人心里想，这个丫头以后绝不是等闲之辈，日后必有重用。那时惠征有个女儿已经10岁了，按照当时的规定，她已经到选秀的年龄。凡是参加选秀的人，只有被淘汰下来才能嫁人。天下有哪家父母不心疼自己的女儿，哪忍受得了亲骨肉被送到宫里受罪。于是惠征夫人就想到让宋龄娥代替她的女儿去选秀（当时宋龄娥和惠征女儿年纪相当）。惠征夫妇商量后，决定收养宋娥龄为义女，让她改姓叶赫那拉，更名玉兰，和自己的女儿一起在潞安府西花厅设立书房学习。直到咸丰二年（1852年），17岁的慈禧代替惠征的女儿应选入宫。

这个故事的真实性有待商榷，不过有一个曾经服侍过慈禧的御前女官裕容龄，在她1957年出版的《清宫琐记》中写道："慈禧，道光十五年十月初十日，生于潞安府衙西花厅……"而在曾为慈禧画过像的美国画家卡尔著的《慈禧写照记》中，有这样一句话："外间传述，谓慈禧太后家世极为微贱，初仅为他家使女，厥后始选入大内，登宝位焉……"这两段文字与上述故事不谋而合。

另外，对于慈禧是汉女而非满人的说法还有一个佐证。裕德龄在她的《御香缥缈录》中曾写道："有一点是很诧异的，老佛爷对于满文，实在认识得很少，少到差不多可以说完全不认识。"慈禧身为清朝皇太后，却不懂满文，这实在令人难以理解。

对于慈禧出生于山西长治，也有民间传说，道光年间，西坡村王曾昌夫妇生有一女，取名小谦。由于妻子早亡，家庭贫困，王曾昌就把女儿卖给了秦村宋四元家，改名宋龄娥。没想到因遇天灾家破人亡，宋龄娥又被卖到潞安府知府惠征家做侍女。然后就是宋龄娥被收为义女，入宫。

这些说法也只是推断，没有更确凿的证据。对于慈禧的身世，有人说她出生在安徽；有人说她出生在呼和浩特；还有人说她就是出生在北京。"北京之说"得到部分史学家的认同，也有很多佐证。不过这些说法与"山西长治说"一样缺乏强有力的证据，只是一种推测，等待着人们去挖掘。

慈安与慈禧的较量

在各种影视剧中，导演往往把慈安刻画成忠厚老实、缺乏政治才能的形象；而慈禧则工于心计，心狠手辣，令人生厌。把这两个人放在一起就成了正与邪的代名词。人们在憎恶慈禧独断专权，成国家罪人的同时，不免对懦弱、老实的慈安心存不满。"哀其不幸，怒其不争"，成了人们对慈安最直接的心情表露。其实，这些印象都是以慈禧为参照定义的，不免失之偏颇。历史上，慈安到底是什么样子的？她的暴死与慈禧有没有直接关系呢？

慈安出生于世代官宦之家，从小受到过良好的教育，她于咸丰二年（1852年）被选秀入宫为嫔，后封为贞妃、贞贵妃，被立为皇后时年仅16岁，且尚无一子。慈安的父亲是广西右江道三等承恩公穆扬阿，她的家族也没有多少显赫。在后宫，拥有超凡容貌的嫔妃不在少数，她无子却能入主中宫足以说明她不是一个简单人物。

咸丰死后，因皇后无子，便立懿贵妃6岁的儿子载淳继承皇位，尊皇后为母后皇太后，徽号"慈安"，也就是东太后；尊其生母懿贵妃为圣母皇太后，徽号"慈禧"，也就是西太后。咸丰临终遗命，授予皇后钮祜禄氏"御赏"印章，授予皇子载淳"同道堂"印章，顾命大臣拟旨后要两枚印章同时盖章方能生效。咸丰此举是为了让八大臣和后宫两个太后之间的权力互相制约，没想到后来有人竟利用这种做法带来的弊端一手遮天。

载淳年幼，"同道堂"的印章就由他的生母慈禧掌管，而慈禧又是个政治野心非常强的人，她并不甘于只掌握一枚印章。她想尽一切办法，要么拉拢慈安，要么让慈安那枚印章为己所用。这时她们的较量才刚刚开始。

慈安心存佛念，与世无争，崇尚以德治天下，她虽贵为后宫一把手，然而

清　佚名　孝贞显皇后像

此图有同治皇帝御题「璇闱日永」。图绘年轻漂亮的孝贞显（慈安）皇后静坐在庭院之中的情景。

璇
闱
日
永

清　佚名　孝贞显皇后像

同治帝载淳继位后，以嫡母身份被尊为母后皇太后，徽号「慈安」。旋即与慈禧太后、恭亲王奕䜣发动辛酉政变，诛顾命八大臣，夺取政权，形成「二宫垂帘，亲王议政」的格局，人称「东太后」。

清　青玉交龙纽"慈安端裕皇太后之宝"

此宝宝文为满文和汉文篆书"慈安端裕皇太后之宝"，为同治帝给慈安皇太后上
徽号时所制作的徽号宝。

对权力并没有太多贪念。不知道这是她的优点还是她的缺点，总之她被慈禧利
用了。"辛酉政变"处死了肃顺等辅政八大臣就是一个最好的证明。虽说这是
慈禧与恭亲王奕䜣设计的，但拥有绝对否决权的慈安不可能没有参与，否则，
历史将重写。"辛酉政变"后，开始了两宫太后同台垂帘听政的时期。

慈安善用人才，在处理国家政务上还是比较有能力的。除了日常的一些事
情由慈禧处理外，重大事情还是由慈安做最后决定。在两宫太后共同听政时期，
出现了短暂的"同治中兴"局面。1914年出版的《清朝全史》记载，"东宫（指
慈安）则自军政、吏治、黜陟、赏罚，无不咨询文正而用其言"，后来就有"至
军国大计所关，及用人之尤重大者，东宫偶行一事，天下莫不额手称颂"之说。
在一些重要问题上，慈安并不像人们印象中的那么软弱，反而是很果断的。
不过，决策者的果断往往会触犯一些人的利益，导致积怨加深，她和慈禧就是
这样。

慈禧有一个心腹太监叫安德海，安德海倚仗慈禧的宠信胡作非为，引起朝
中大臣不满，大家迫于慈禧的淫威也就不敢把他怎么样。一次，安德海被慈禧
派到江南置办龙衣，他竟然一路为非作歹，不知收敛，后被山东巡抚丁宝桢查
办。慈安就以清朝制度"太监不得出都门，犯者杀无赦"为由下令将安德海就

地正法。亲信被杀，慈禧非常不满，她与慈安之间的矛盾加深。

在同治帝立后的问题上，慈安和慈禧又出现了很大的分歧。慈安看中了容德俱佳的崇绮之女阿鲁特氏，而慈禧则看中了年轻俏丽的凤秀之女富察氏。两人各持己见，互不妥协，最后没办法，在这二人中，让同治帝自己选一个皇后。慈安虽不是同治帝的生母，但对同治视如己出，非常疼爱。而慈禧虽是同治帝生母，但她对同治只有威严，没有母子亲情，所以同治帝更倾向于慈安所看重的阿鲁特氏，于是阿鲁特氏被立为皇后。在这件事上，自己的亲生儿子和外人联合起来赢了自己，让慈禧郁闷至极，她对慈安更是怀恨在心。

另外，据野史记载，慈安和慈禧公开闹翻，是因为慈禧手下的太监李莲英。有一天，慈安乘辇车经过某个宫殿，李莲英与小太监正在比力气，他们对经过的慈安置若罔闻，慈安大怒，杖责了他们，后来她又到慈禧那儿教训了慈禧一顿。慈禧不服，两人公开闹翻。更有传说，慈禧和当时京城有位唱戏的武生杨月楼之间有不轨的行为。杨月楼得到慈禧的专宠，可以随意出入宫禁。有一天，慈安有事去找慈禧，慈禧不在，却看见杨月楼躺在慈禧的床上，慈安大惊，不叫外人声张，后来因为此事想废掉慈禧的太后之衔，但没多久慈安就暴死了。这件事事发突然，慈禧免不了成为杀害慈安的嫌疑对象。不过这只是嫌疑，并没有明确的证据。

有人说"密诏"事件后，慈禧对慈安就已经有了歹意。事情源于咸丰临死前曾交给慈安一份密诏，为的是提防叶赫那拉氏有不轨之心。有一次慈安患病，久治不愈，后来有一天竟突然好了，后来慈安听说慈禧将左臂膀上的肉割下来一块给自己做药引子，不胜感激，就将密诏的事告知慈禧，并当着她的面，把密诏烧为灰烬。密诏已毁，慈禧开始变得肆无忌惮了，再也不把慈安放在眼里，她开始一人独揽大权。慈安后来又病，慈禧甚至密命太医给她用不对症之药，最终慈安暴死。

慈安在居住的钟粹宫由生病到死亡不到 24 小时确实蹊跷，不过在史料上却找不到慈安被害死的证据。假如她真是被害，也只有慈禧有这个动机和条件，史料上的记载也完全有可能被当时已成为最高统治者的慈禧篡改了，那些敢将矛头指向慈禧的证据也只能在野史和传说当中寻找了。一个赢得了天下，一个赢得了民心，这两个太后的较量，在后世不断的发掘中还将继续。

慈禧把珍妃投入井里了吗

在紫禁城贞顺门内敬事房东边有一眼井，名叫"珍妃井"。八国联军占北京时，慈禧太后带着光绪帝出逃，临行前，她命太监把珍妃推落井内淹死。后来，人们为了纪念珍妃，就把这口井叫作"珍妃井"。据说，从此以后每到夜里，趴在井边，还能听见里边的哭声。

珍妃姓他他拉氏，满洲镶红旗人，是清朝光绪皇帝的侧妃，也是他最爱的妃子，生于光绪二年（1876年）二月初三，为礼部右侍郎长叙之女，光绪十五年（1889年）进宫，光绪二十六年（1900年）死于宫中，年仅25岁，她在宫中只生活了11年。死后，尸体在井里泡了一年多，直到第二年，她姐姐瑾妃到处求情，才打捞上来，被浅葬于西直门外田村，后来被移葬到崇陵妃园寝。民间一直流传珍妃被慈禧害死的故事，加上各种传说又给珍妃之死披上了一层神秘的外衣，那么当时的情况是怎么样的呢？

据一个伺候过慈禧8年的宫女回忆，在光绪二十六年，也就是俗话说的闹义和团的那一年，庚子年七月二十日（1900年8月14日）下午，珍妃被推到井里。那天中午，慈禧没什么异常，像往常一样睡午觉。午睡过后，自己一个人去了颐和轩，也不让奴才伺候。大约半个多时辰后回来的，回来时老太后铁青着脸，一句话也不说。晚上便有人偷偷地传说珍妃被推到颐和轩后边的井里去了。这个宫女伺候了慈禧8年，是慈禧携光绪帝出逃时带的两名宫女之一，她的话应该有很高的可信度。

在金易编著的《宫女谈往录》中写道，据把珍妃投井的直接执行者——太监崔玉贵描述，当时慈禧命他去冷宫传珍妃在未正时刻到颐和轩候驾。由于单独一个人不能领妃子出宫是宫廷的规矩，所以崔玉贵就私自约请颐和轩管事的太监王德环一起将珍妃带到颐和轩。他们到颐和轩时，老太后已经在那儿了，奇怪的是只有她一个人，身边一个侍女也没有。老太后直截了当地说："洋人要打进城里来了，外头乱糟糟，谁也保不定怎么样，万一受到了污辱，那就丢尽了皇家的脸，也对不起列祖列宗，你应当明白。"珍妃愣了一下，说："我明白，不曾给祖宗丢人。"太后说："你年轻，容易惹事！我们要避一避，带你走不方便。"珍妃说："您可以避一避，可以留皇上坐镇京师，维持大局。"就这几句话戳了老太后的心窝子，老太后马上把脸一翻，大声呵斥说："你死

清　拉里贝的中国影像记录　慈禧像

此影像集记录了清末中国的各种人物、家具、服饰、戏剧、建筑、街道、佛像石刻等。

到临头，还敢胡说。"珍妃说："我没有应死的罪！"老太后说："不管你有罪没罪，都得死！"珍妃说："我要见皇上一面，皇上没让我死！"太后说："皇上也救不了你，把她扔到井里头去。来人哪！"就这样，崔玉贵和王德环一起连揪带推，把珍妃推到了贞顺门内的井里。珍妃自始至终嚷着要见皇上，最后大声喊："皇上，来世再报恩啦！"

从种种迹象来看，珍妃之死是慈禧精心策划的。慈禧为什么那么恨珍妃，非要置她于死地呢？最初珍妃能被封为妃应该是受到慈禧赏识的，何以最后却恨之入骨？

事情的开端，应该是从珍妃揭发宫里的太监勒索，扰害宫眷，触怒慈禧开始。那些太监是仗着慈禧的默许和纵容才胆大妄为的，珍妃揭发，就相当于间接指责慈禧，慈禧岂能善罢甘休。

还有，光绪帝独宠珍妃，慈禧的亲侄女裕隆皇后难免嫉妒，在慈禧面前告珍妃的黑状，慈禧当然偏向自己的侄女，对珍妃渐渐开始反感。另外，珍妃活泼，爱穿时新衣服，更喜穿男装，甚至与光绪帝互换着装，这些都为慈禧所不容。再有，珍妃喜爱照相，而慈禧却认为照相会把人的魂照走，坚决抵制（后来慈禧也喜欢上了照相，这是后话），对珍妃很不满。然而，这些都是次要的，最主要的是珍妃很有主见和想法，与光绪帝一拍即合，支持维新变法，这是慈禧所不能容的。任何人都不能挑战她的权威，与其说珍妃是因为得罪慈禧而死，还不如说珍妃是维新与守旧较量的牺牲品。

还有一种说法是，珍妃曾经由妃降为嫔，起因就是她利用光绪帝对她的宠爱卖官受贿。当时妃子一年的俸禄仅 300 两，并不够宫中日常开销，珍妃就铤而走险，后来事情败露，珍妃被降为嫔，涉及此案的所有人员都受到了处分。因为这件事，慈禧对珍妃一直有看法。当然，史料上对后宫之事的记载并不多，珍妃到底是一个什么样的人，还有待考证，她的死因，还等待着人们去发掘。

丽妃成"人彘"属实吗

咸丰年间有位丽妃，她在野史中也是一个小有名气的人物。在各种影视剧的演绎中，往往把她和那个日后比她更有名的慈禧当成两种爱憎的代表。只要她们同时出现，就是一对水火不容的冤家对头。甚至丽妃的死也被描写成是慈禧效仿汉代吕雉迫害戚夫人的方法，将她手脚砍断，放入酒罐之内迫害致死。历史上真实的丽妃是一个什么样的人物呢？真像影视剧中所描绘的那样吗？

据清朝史书和清宫档案记载，咸丰皇帝前后共有皇后和妃嫔 19 个，丽妃（1837 年—1890 年）他他拉氏就是其中一个。她是主事庆海之女，生于道光十七年（1837 年）二月二十七日，比咸丰帝小 6 岁，比慈禧小 2 岁，与慈安同岁。死后被两次追封为丽皇贵太妃、庄静皇贵太妃。

咸丰元年（1851 年）选秀女，丽妃和那拉氏（慈禧）一起被选中，封为贵人。丽妃姿色出众，很受咸丰帝的喜欢。咸丰四年（1854 年），丽贵人怀有身孕后被封为丽嫔，同时兰贵人那拉氏被封为懿嫔。从封嫔记载的日期上看，丽嫔的封嫔典礼比懿嫔要晚差不多一个月，史料上没有说明何故，至今也不得而知。咸丰五年（1855 年）五月初七，丽嫔为咸丰帝产下了皇长女，三天后她就晋封为丽妃，并举行了隆重的封妃大典。咸丰六年（1856 年）三月二十三日，懿嫔生下了皇长子载淳，即后来的同治帝，她当天就晋升为懿妃。这两个人的地位几乎是一前一后升迁的，最终还是平起平坐。

不过作为后宫的妃子，争宠是难免的事。丽妃和懿妃同是皇帝的妃子，为了争宠，她们之间肯定会有矛盾，这种矛盾究竟到什么程度不得而知。据史料上记载，在兰贵人叶赫那拉氏和丽贵人他他拉氏分别晋升为"懿嫔""丽嫔"时，还有婉嫔也被晋升，也就是说，争宠不会只是这两个人的斗争。不过从一些迹象来看，最初丽妃是比较占先机的。一是她比别的妃子先怀孕，她是这些嫔中最先晋升为妃的；二是懿嫔一直住在较远的储秀宫，而咸丰帝唯独把丽妃接到咸福宫后楹的同道堂和他一起住。这样看来，那时咸丰帝对丽妃的宠爱还是多于其他妃子的。不过，老天不会总眷顾一个人，丽妃诞下女儿的同时懿妃也怀孕了，她诞下的却是皇长子，母凭子贵。几个回合下来，丽妃和懿妃只打了个平手，她们的身份也没有什么悬殊。

咸丰七年（1857年），懿妃再晋封懿贵妃，之后，她的地位略高于丽妃一等。每逢宫中大宴，东边第一桌是皇后钮祜禄氏，第二桌是丽妃和琪嫔；西边第一桌是懿贵妃和婉嫔。懿贵妃坐上了后宫中仅次于皇后的第二把交椅。

这时的丽妃体弱多病，对懿贵妃已构不成威胁，叶赫那拉氏更犯不上把她

清　拉里贝的中国影像记录　慈禧与光绪帝后妃的合影

清　女性礼袍

礼服在民间指的是吉服或丧服，婚丧嫁娶及寿日的衣服，宫廷中是按命妇的品级规定的。

视为眼中钉了。

　　光绪十六年（1890年）（此时慈禧已经掌权）十一月十五日，丽妃病逝，享年54岁，后被葬入清东陵的定陵妃园寝。光绪帝亲自拜祭，并追封。这座妃园寝的后院建有15座宝顶，共分三排。丽妃的宝顶位于第一排的正中，处于这座园寝最尊贵的位置，看来慈禧对她还是不错的。另外丽妃所生的皇长女是咸丰帝唯一的女儿，也深受两宫太后的喜爱，慈禧封她为"荣安固伦公主"。要知道妃嫔所生的女儿只能封为和硕公主，只有皇后所生之女才能封为固伦公主，由此可见慈禧对丽妃的女儿也不薄。对于野史中传说丽妃被慈禧所害实在是找不出更可靠的证据，丽妃也因此而继续被人们所关注。

慈禧豪华葬后遭盗掘之劫

慈禧在政治上飞扬跋扈，一手遮天，统治中国长达48年，成为实际上的最高统治者。在经济上，她一生极尽奢靡，疯狂敛财，并为自己修建了一个超豪华的陵寝，期盼到了阴间仍能继续过骄奢淫逸的帝王生活。可结果，她为豪华之葬付出的代价却是被毁棺抛尸，成为历史上的一个笑谈。

慈禧一向好胜，不想屈居人下，就连对自己陵寝的修建问题上也想独树一帜。按照清制，慈安和慈禧两位皇后的陵墓只可在咸丰帝的定陵附近选址，并只能建一座皇后陵，棺椁并排奉安。慈禧对此不悦，提出一人建一陵。慈安死后，慈禧就抓紧加修她的死后天堂。工程浩大，所用金银更是不计其数。据记载，仅三殿用叶子金就超过4000多两，极尽奢华。

与豪华的陵寝相比，人们对陵寝更感兴趣的是里面的陪葬品，充满着神秘和诱惑。不过人们对慈禧定东陵里的陪葬品数目和种类一直都存有争议。

据曾亲自参加了慈禧棺中葬宝仪式的太监李莲英所述，和他侄子所著的《爱月轩笔记》记载：慈禧尸体入棺前，先在棺底铺三层金丝串珠锦褥和一层珍珠，共厚一尺。头部上首为翠荷叶，脚下置粉红碧玺莲花。头戴珍珠凤冠，冠上最大一颗珍珠大如鸡卵，价值1000万两白银。身旁放金、宝石、玉、翠雕佛爷27尊。脚下两边各放翡翠西瓜、甜瓜、白菜，还有宝石制成的桃、李、杏、枣200多枚。身左放玉石莲花，身右放玉雕珊瑚树。另外，玉石骏马8尊，玉石十八罗汉，共计700多件。葬殓完毕，又倒入4升珍珠，宝石2200块填棺。《爱月轩笔记》毕竟是私人笔记，真实性还有待商榷。不过话又说回来，李莲英是慈禧最亲信的太监，慈禧安葬之时，他肯定在场目睹了安葬的全过程，对其中的陪葬物品也应非常清楚。

清　佚名　慈禧太后油画像

在清宫档案《内务府簿册》中对慈禧的随葬品有明确记载，因内容过多，不便赘述。但里面记载的内容与《爱月轩笔记》中记载的内容有很大出入。后因陵寝屡次被盗，慈禧的随葬品之谜更无法解开了。

慈禧定东陵内陪葬品之巨早已让一些贪婪之人垂涎三尺，他们不惜铤而走险，于是定东陵成为盗墓者的首选目标。震惊国内外的炸陵盗宝案从定东陵开始了。民国时期在河北遵化一带驻扎着一个国民党的杂牌军，领头的叫孙殿英，那时他们驻扎的地方与清东陵仅隔一座山。孙殿英部粮饷被长期拖欠、克扣，军心动摇。这时，有一伙由马福田和王绍义带领的土匪正企图盗宝。正为粮饷发愁的孙殿英灵机一动，以"剿匪"的名义将马福田和王绍义等人消灭，并借此机会进入地宫。地宫入口很隐秘，找了几天也没找到。到嘴的肥肉不能丢了，孙殿英就派人抓了几个老旗人，逼他们说出入口在哪儿。这几个老旗人中有一个姜姓石匠是当年修慈禧地宫时幸存下来的人，禁不住严刑拷打，就招出了地宫入口的秘密。在姜石匠的引导和炸药的千钧威力下，硝烟弥漫中，一向被视为坚不可摧的定东陵就这样敞开在这群匪兵面前，统治中国半个世纪之久的慈禧的神秘陵寝大难临头。

在不计其数的珍宝面前，那些士兵都傻了眼，每个人都像发疯了一样，只顾拼命私藏。后来孙殿英开枪杀死很多人，才制止了这场混乱的局面。慈禧的棺木也被劈开，里面的各种宝物被孙殿英命士兵尽数取走。

经过七天七夜的盗掘，清东陵里数不尽的珍宝几乎全都被盗，带不走的也被毁坏了。慈禧这个曾经叱咤风云的老佛爷最终却得到了这样一个下场。顺治帝的陵寝因随葬物品不多，没有被盗，成为唯一一个可以安心长眠的帝王，与他相比，不知慈禧老佛爷会做何感想呢？

溥仪身边的五位女人

溥仪是清朝入关后的第十位皇帝，也是我国封建社会最后一位皇帝，他的退位宣告了我国封建社会的结束，统治中国长达近 300 年的清王朝土崩瓦解了。作为清王朝最后一位皇帝，溥仪的感情生活与历代皇帝相比，蕴含了太多新旧变革带来的历史烙印，他的嫔妃也承受了没落皇权带来的更多的心理落差。

溥仪为清宣统皇帝，也被尊为清逊帝，号浩然，取自孟子"吾善养吾浩然之气"之意。他是道光皇帝曾孙，光绪皇帝胞弟载沣的长子，光绪死后继位。辛亥革命爆发后，1912 年 2 月 12 日，隆裕太后被迫代溥仪颁布了《退位诏书》，宣告了清王朝的灭亡和延续了两千多年的封建帝制的结束。

溥仪虽然退位，但根据优待条件"皇帝"尊号仍存不废，仍在紫禁城过着小朝廷生活。他的婚姻也随着小朝廷生活千回百转，体验不一样的人生情感。

1923 年，溥仪大婚。他娶了一后一妃，皇后婉容，妃子文绣。据传溥仪选妃时，他一共看了四个人的照片，觉得"每位都有个像纸糊的筒子似的身段……实在也分不出俊丑来"。后来端康太妃和溥仪的父亲、叔叔都认为婉容家境富有，相貌、血统都比另一位皇后候选人文绣好。那时的婉容才 17 岁，比溥仪大 3 个月，却是琴棋书画无所不通，长得又端庄漂亮。所以在大家的推荐下，婉容被选为皇后，文绣为妃子。大婚后，婉容和文绣在宫中相处得还算融洽，溥仪对婉容也视同知己。那时婉容与民国时代的其他大家闺秀一样崇尚自由，爱时髦，爱看电影，爱吃西餐，喜欢骑自行车，还略通英语，这些都让从小在宫里长大的溥仪感到非常新鲜，他还专门给婉容请了美国教师教她英语，此后，婉容经常用英语给溥仪写信，并且用那个与英国女王同名的"伊丽莎白"落款。两人相处得其乐融融。

文绣是那种从小在三从四德的封建教育下长大的，性格温和。起初，溥仪对这一后一妃还能一视同仁，很多时候都让文绣和他们一同出席一些社交场合。可时间久了婉容不高兴了。她自恃为皇后，一国之母，怎么能和妃子平起平坐，就开始想方设法压制文绣。据传有一天，文绣独自外出，回来后在院子里吐了一口唾沫，凑巧婉容就在旁边，便生了疑心，要求皇帝当面斥责文绣。文绣蒙受此不白之冤，感到十分委屈。从此，婉容和文绣之间的疙瘩越来越大。在这种不公正，甚至没有爱可言的婚姻状态下，文绣做了一个大胆的决定，她要为自己的幸福负责。1931年，文绣在胞妹文珊的陪同下，走到国民饭店，委托律师起诉溥仪，要求离婚。一石激起千层浪，离婚这件事对溥仪来说无疑是一枚重磅炸弹，简直是爱新觉罗氏的耻辱。这件丑事不能宣扬出去，溥仪决定和解。可文绣已经铁了心，在万般无奈下，溥仪同意离婚，并支付5.5万元的生活费，但前提是文绣不能再嫁，双方不得毁坏彼此的名誉。

就这样，文绣在溥仪的生活中消失了，婉容可以独自拥有一个夫君了。但是溥仪那个时候一门心思想着复辟，他们之间更存在夫妻生活上的问题，宫内枯燥的生活加上她的寂寞，婉容郁郁寡

溥仪和婉容

伪满洲国时期的溥仪

晚清　后妃饰品

此发簪采用点翠烧蓝的工艺，金饰上装点珍珠和玛瑙，整体造型繁复、精致、绝美。

欢，出现了神经衰弱。征得溥仪同意后，婉容开始用鸦片治病，后来竟成为瘾君子。慢慢地，婉容精神上也呈现出病态。1934年日本占领东北三省后，溥仪登上了"伪满洲国皇帝"的宝座，为了皇后那份虚荣，婉容也义无反顾地跟随溥仪去了长春，没想到等待自己的却是冷落和蔑视。溥仪因为文绣的事一直对婉容耿耿于怀，对她也越来越疏远。在这种被丈夫冷落，被日本人蔑视的情况下，婉容的神经衰弱发展到精神失常的地步，发作起来常把屋里的摆设摔得粉碎。

1935年，婉容在极度空虚的情况下投入了溥仪的侍卫的怀抱，并怀孕。这件事让溥仪与婉容的关系彻底决裂，那个私生下来的孩子也被投进火炉烧死了，此后婉容被关在屋子里与世隔绝。昔日那个如花似玉的女子整天蓬头垢面，成了一个彻底的疯子。

婉容精神失常后，溥仪娶了他的第三位妻子，一个年仅 17 岁的在北京中学堂念书的学生，叫谭玉龄。谭玉龄被封为"祥贵人"，属于皇帝的第六等妻子。据说溥仪很喜欢摄影，从清宫档案散落的一些照片来看，皇后婉容露脸的只有 8 张，而谭玉龄的达 33 张之多。溥仪成为普通公民后，他经常把谭玉龄的照片贴身携带，可见谭玉龄在末代皇帝溥仪的心里是有一定分量的。在东三省时，溥仪常受到日本人的威胁，心情烦躁不堪，此时常得到谭玉龄宽容的劝解，让溥仪度过了一段难忘的美好时光。可是好景不长，在陪溥仪走过了 7 年之后，23 岁的谭玉龄一命呜呼，据说是因为日本人不满她"不够听话"，所以下此毒手。不过到现在她的死都是一个谜。

　　谭玉龄死后，日本人又提议溥仪再娶，并给他找了很多日本女人的照片。溥仪在政治上没有自由，在私生活上不想再受控制，他为了不想让后代有日本人的血统，就在一些伪满中学生的照片中，选中了一个看上去稚气未脱的 15 岁学生李玉琴，册封为"福贵人"。李玉琴出身贫寒，又生活在没落的皇族，常被别人看不起。新中国成立后，溥仪在抚顺接受改造时，李玉琴与溥仪离婚。

　　1962 年，溥仪娶了他的第五任妻子李淑贤，过上了特赦后真正的家庭生活。1967 年，溥仪因患肾癌去世后，李淑贤也从公众视野中消失。

　　这五个人陪伴溥仪走过了一生，她们不同的人生际遇是在那个新旧交替而又动荡的年代，社会意识觉醒过程中不同阶段的真实写照，她们的命运注定会打上爱新觉罗的印记，亲历那段翻天覆地的历史巨变。

藏在古画里的大清史

第三章

皇子公主：皇室血脉龙凤斗

在中国古代，历朝历代都是这样的：作为皇帝的儿子，是要继承帝位的，可皇帝的儿子总是有很多，于是就出现了皇子争位。皇子争位是很残酷的，不是你死就是我活，比如中国第一个皇帝秦始皇的儿子们就是如此，皇子中胜出的秦二世胡亥一气杀死了哥哥姐姐十多个，几乎杀尽。而到了清朝也不例外，康熙时的皇子争位，被习惯称为"九龙夺嫡"，结果除一人做了皇帝，其他的则或被杀或被关，下场凄惨。

仪态高贵的公主是最令人羡慕的，可是，大清的公主们却并不如人们想象的那样幸福。

爱新觉罗·褚英是清太祖努尔哈赤的长子，他勇武善战，军功累累。努尔哈赤的胞弟舒尔哈齐死后，努尔哈赤开始逐渐让褚英带兵并主持一部分军政事务。本来，以褚英的长子地位，加上他的军功，他完全可以继承努尔哈赤的事业，可是，到头来竟被努尔哈赤所杀。这是为什么呢？

褚英是努尔哈赤第一个大福晋佟佳氏所生的长子，他勇武善战，军功累累，为努尔哈赤完成女真诸部统一大业做出了重要贡献，可称得上是建立后金汗国的卓越功臣，因而努尔哈赤对他屡有封赐。

褚英19岁时，即明万历二十六年（1598年）正月，努尔哈赤命他领兵一千征讨东海女真安楚拉库。褚英不畏险阻，领兵连夜飞速前进，攻取屯寨20处，又招服了其余全部的屯寨，获人畜万余，可谓大获全胜。这次出征，在努尔哈赤创业建国的过程中，是一个重要的里程碑。因此，努尔哈赤对这个长子大加赞赏，并赐以"洪巴图鲁"的美号，意思是勇武善战的勇士。

万历三十五年（1607年）三月，舒尔哈齐和褚英等人率兵三千，与乌拉的一万兵马交战。在这次关系到努尔哈赤盛衰的重要大战中，褚英奋勇当先，斩3000首级、获马5000匹、甲3000副，终获大胜。努尔哈赤赐之以"阿尔哈图图门"尊号。阿尔哈的意思是计谋，图图门的意思是万计，也就是足智多谋的意思。清人称褚英为"广略贝勒"，就是说他多谋善断，英勇顽强。

但是，令人奇怪的是，正值褚英头角崭露、顾盼自雄之时，努尔哈赤却把他幽禁于高墙之内，并于万历四十三年（1615年）八月二十二日，被努尔哈赤下令处死，终年36岁。

关于褚英的死因，努尔哈赤并没有明确说明，官书史籍也大多避而不谈，

清　佚名　褚英像　褚英是清朝宗室大臣，清太祖努尔哈赤嫡长子，母为元妃佟佳·哈哈纳扎青。

时人对此都很迷惑。

直到35年以后，《清世祖实录》才透露出一点"太祖长子，亦曾似此悖乱，置于国法"。此后，康熙帝说道："昔我太祖高皇帝时，因诸贝勒大臣讦告一案，置阿尔哈图图门贝勒褚燕于法。"再后来，《清史列传》卷三《褚英传》也写了一点："乙卯闰八月，褚英以罪伏诛，爵除。"

由此可知，褚英是因为"悖乱"和"讦告"被杀的。然而，褚英"悖乱"了什么？又被"讦告"了什么？各种资料却又讳而不述，令人迷惑。

直到很久以后的《满文老档·太祖》才揭开了真相："聪睿恭敬汗承天眷佑，聚为大国，执掌金政。聪睿恭敬汗思曰：若无诸子，吾有何言，吾今欲令诸子执政。若令长子执政，长子自幼褊狭，无宽宏恤众之心。如委政于弟，置兄不顾，未免僭越，为何使弟执政。吾若举用长子，专主大国，执掌大政，彼将弃其褊心，为心大公乎！遂命长子阿尔哈图图门执政。

"然此秉政长子，毫无均平治理汗父委付大国之公心，离间汗父亲自举用恩养之五大臣，使其苦恼。并折磨聪睿恭敬汗爱如心肝之四子，谓曰：诸弟，若不拒吾兄之言，不将吾之一切言语告与汗父，尔等须誓之。令于夜中誓之。又曰：汗父曾赐与尔等佳帛良马，汗父若死，则不赐赉尔等财帛马匹矣。又曰：吾即汗位后，将杀与吾为恶之诸弟、诸大臣。

"如此折磨，四弟、五大臣遭受这样苦难，聪睿恭敬汗并不知悉。四弟、五大臣相议曰：汗不知吾等如此苦难，若告汗，畏执政之阿尔哈图图门。若因畏惧执政之主而不告，吾等生存之本意何在矣。彼云，汗若死后不养吾等，吾等生计断矣，即死，亦将此苦难告汗。

"汗曰：尔等若以此言口头告吾，吾焉能记，可书写呈来。四弟、五大臣各自书写彼等苦难，呈奏于汗。汗持其书，谓长子曰：此系汝四弟、五大臣劾汝过恶之书也，汝阅之。长子，汝若有何正确之言，汝回书辩之。长子答曰：吾无辩言。"

什么意思呢？

意思是说褚英个性褊狭，虐待四大贝勒和五大臣，因为褚英奉父之命执政，本身又是大福晋所生的"皇长子"和汗位的继承人，所以他有这个权力"折磨"四大贝勒和五大臣，"使其苦恼"。然而，褚英只是奉命执政，还只是继承汗位的嗣子，而不是真正的女真国汗，没有汗父努尔哈赤那样大的权力，所以，四大贝勒和五大臣很难心服。褚英很不高兴，就说等汗父死后，将不赐赉财帛、马匹与弟弟，并声称："凡与我不友善的弟弟们，以及对我不好的大臣们，待我坐上汗位以后，均将之处死。"

四大贝勒和五大臣当然不愿坐以待毙，于是联合上告努尔哈赤，而年过花甲、老谋深算的聪睿恭敬汗努尔哈赤十分生气，对褚英厉声斥责道："你对四个弟弟以及父亲任用的五大臣，如此不睦，并使之困苦，怎么能让你执政呢？即使日后我不能打仗，不能断理国事，年纪大了，也不把国家大政移交给你。"并解除了他的兵权。

褚英感到将来难继汗位，大祸将至，不满之情溢于言表，并作表焚天诅咒汗父、四大贝勒、五大臣，因此再一次被告状。结果，这位骁勇善战的广略贝勒在被幽禁两年后，被努尔哈赤斩杀，带着满腔的不满离开了人世。

代善让位给皇太极

努尔哈赤病死后，按照长子继嗣的规定，作为大贝勒的代善毫无疑问要继承汗位，可是，代善却首先提出皇位由皇太极继承。这令人有些不解，但这是有原因的。

努尔哈赤共有十六子，代善是努尔哈赤的第二个儿子，可是，长子褚英早年即被努尔哈赤处死，代善可以说就是长子了。他少年时代就跟随其父驰骋疆场，并以杰出的军事才能在统一女真各部、进取辽沈、征讨蒙古等一系列战争中发挥了重大作用。

明万历四十一年（1613年），努尔哈赤立代善为嗣子（皇太子）。可后来代善与努尔哈赤越来越不和，努尔哈赤又废掉了代善的太子位。

天命七年（1622年）三月初三，努尔哈赤谕诸子侄，决定不再立继承人。

在努尔哈赤时代的天命六年（1621年）二月，努尔哈赤正式命代善、阿敏、莽古尔泰、皇太极四大贝勒分月轮流执政，而代善便居四贝勒之首，享有军、政、财、刑各方面大权，每月五日聚会一次，同努尔哈赤商议裁决一切军国大事，成为最高决策集团。

天命十一年（1626年）八月十一日，努尔哈赤病死，代善首先提出皇位由皇太极继承。这令人有些不解，因为如果按照长子继嗣的规定，大贝勒代善毫无疑问要继承汗位，在四大贝勒分月轮流执政中，代善不仅以大阿哥的身份位列第一，而且对部下宽厚仁义，在民众中威望很高，大家都认为"贵永介必代其父"，似乎继承努尔哈赤之位者非他莫属。

当时，努尔哈赤死后，在众多的子侄中，十四子多尔衮、五子莽古尔泰、七子阿巴泰及二贝勒阿敏都有条件继位，但最有希望的人选是"四大贝勒"，

清　佚名　代善像　终皇太极一朝，因代善年长位尊而遭到压制。崇德八年（1643年）皇太极逝世后，为消弭内争，代善拥戴皇太极第九子福临即位。

而44岁的代善居四大贝勒之首，所以代善不争，别人就没法争，好像用不着去争，这个位子就是代善的。

而且，如果代善不争，愿意让位，也应该让给40岁的莽古尔泰，因为他自幼随父兄出征，是独当一面的将领和统帅，在四大贝勒中的地位仅次于代善，在四贝勒皇太极之上。可奇怪的是，代善却同莽古尔泰一起联合诸兄弟子侄，请求35岁的四贝勒皇太极继承汗位，二人甘居人下，其原因何在呢？

其实，代善不争也有他的苦衷，说穿了，不是不想争，是他争不过，便明智地选择了让位。

有人说，代善之所以让位于皇太极，是他自知能力不如皇太极，就主动让了位。其实这不是主要的，主要的是代善同努尔哈赤之间的矛盾日益加深，使代善失去了继嗣的特权。

努尔哈赤的基本思想是以征战平天下、以武力治国家，代善的思想却是主和、弃战，而且屡次力劝和谏阻努尔哈赤，惹得努尔哈赤很不高兴。父子之间处事多有不合，努尔哈赤对代善越看越不顺眼。

更要命的是，天命五年（1620年），代善同努尔哈赤之间发生了一件极不愉快的事情，那就是代善竟同努尔哈赤的后妃发生了一些不尴不尬的事。

努尔哈赤的五个后妃中，大福晋富察

氏是个极风骚的女人，已经做了母亲却极不安分。富察氏看上了比她小几乎20岁的代善，她经常趁努尔哈赤不备，深夜去代善府中，送一些好吃的东西给代善，代善受而食之。而且，她还把三包金银托代善保管。有一回，努尔哈赤举行庆功宴，众妃嫔都出来侑酒，富察氏精心打扮，故意在代善面前卖弄风骚，最后，竟站在代善的身后，不劝别人，单单把好酒来劝代善。诸贝勒、大臣对此虽内心不满，却因惧怕大贝勒和大福晋的权势而不敢揭发。

努尔哈赤对大贝勒代善同大福晋富察氏的暧昧关系极为愤怒，虽然他曾对代善说过，他死后将把妃子和儿子都托付给代善，但眼下他还"春秋鼎盛"。因此，一怒之下，赐死了富察氏，暗中下决心重新立储，以深受他偏爱的皇太极代替代善而为汗位继承人。

天命六年（1621年）二月，努尔哈赤下令四大贝勒按月分值，轮流执政，否定了大贝勒代善原有的一人执政的地位。不久，努尔哈赤又发布了实行八贝勒共执国政的诏谕，将权力八分，大贝勒代善的继嗣优先权基本上被削弱了。

皇太极不仅受到努尔哈赤的偏爱，而且才智超群，又善于运用权术，处处都想胜大贝勒代善一筹，并欲找机会置代善于死地。像代善与大福晋之间的暧昧关系，就是皇太极指使小福晋德恩泽告发的，并密谋要暗杀代善。代善知道这事后，害怕不已，在努尔哈赤去世之前，就开始保持低调，做出一副不与皇太极争位的姿态。

因此，天命十一年（1626年）九月初一，皇太极接受代善、莽古尔泰的推举，做了清太宗。而代善就凭这让位之功，最受皇太极尊敬，于是，皇太极即位后的第一道诏书，便是封代善为和硕礼亲王，这样就成了一个皆大欢喜的结局。

天花造就的康熙大帝

作为一个皇位的继承者，总是有种种的理由。爱新觉罗·玄烨成为皇位继承者的理由，却是因为生了一场病！确切地说，玄烨战胜了天花，这是一件意料之外的事，因为天花在当时基本上是一种不治之症，而玄烨之所以能继承帝位，一个很重要的原因就是他出过天花，并战胜了它！

清顺治十一年三月十八日（1654年5月4日），一个男婴在北京紫禁城内的景仁宫呱呱坠地了。这个男婴名叫爱新觉罗·玄烨，就是后来的康熙帝。

那么，玄烨是怎么当上皇帝的呢？

据《清圣祖实录》载，康熙帝曾说："朕自幼强健，筋力颇佳，能挽十五力弓，发十三握箭，用兵临戎之事，皆所优为。"说明他自幼身体强健。康熙帝正是由于"自幼身体强健"而幸运地当上了皇帝。

这里有一个故事：

玄烨出生前后的连续三年，京城正流行天花，而世居山林和草原的满洲人、蒙古人来到中原后，容易感染天花。天花对于满洲人、蒙古人来说基本上是一种不治之症，因为当时对这种病没有特效药，死亡率高，摄政王多尔衮的弟弟多铎是得天花死的，顺治皇帝也是得天花死的。而且，这种病传染性极强，稍不注意就会被传染上。

所以当时京城谈"痘"色变，宫廷里也不例外。为了避痘，玄烨被从皇宫里搬出，住到紫禁城外的一座宅院里。身边只有两个保姆看护着襁褓中的玄烨，长期不能同父母相见。

不幸的是，玄烨4岁时还是染上了致命的天花。身体强壮的大人染上了这种病也基本上只有死路一条，何况是一个小孩子呢？大家以为，玄烨也不可能

清 佚名 康熙半身像

生还了，应早早准备后事。但玄烨身边的两个保姆却抱着希望，精心地照料。

奇迹竟然出现：玄烨抵抗住了天花病毒的袭击，终于战胜了天花，健健康康地活下来了。

玄烨战胜了天花，这是一件意料之外的事，而更让人意料不到的是：玄烨之所以能继承帝位，一个很重要的原因就是他出过天花！

顺治十八年（1661 年）正月初二，玄烨的父皇顺治帝染上了可怕的天花，并且到了危在旦夕的地步。这时候，24 岁的顺治帝确定储君就成了燃眉之急。可是，在众多皇子中选谁继承帝位，却让他很是为难。

顺治帝的众多皇子中，年龄都太小，顺治皇帝出于对幼主临朝、亲王辅政、大权旁落的忧虑，曾经召见汤若望，说他想把皇位传给自己的堂兄安亲王岳乐。汤若望却认为，幼主临朝固然会影响政局，但帝系的转移也会引发新的危机，所以汤若望力劝顺治皇帝把储君之位仍然留给自己的儿子。

这个时候顺治皇帝想立二皇子福全为储君，因为他的年龄稍大一点，但福全才智平庸，本人也无意继承帝位。在顺治帝犹豫不决的情况下，孝庄皇太后主张立第三子玄烨为太子，理由是玄烨出过天花，对这种可怕的疾病有了终身免疫力。顺治皇帝再度派人去征询汤若望的意见，汤若望也力主立玄烨为储君，理由同孝庄皇太后的一样。因为顺治帝本身正在面临着天花的致命威胁，这样的理由就最有说服力了。

于是，顺治皇帝遗命，年仅8岁的玄烨被立为太子，由此开创了中国封建社会最后一个盛世时期——康乾盛世。

玄烨能够战胜可怕的天花，自然是因为他"自幼身体强健"，有着强大的生命力，这既是他个人的幸运，也是清王朝的幸运。

圖 皮 蛇

圖 錢 疊

清代医学插图　生天花的孩子们

胤禩与雍正帝争位失败

清朝的皇位继承，没有采取汉族的嫡长子继承制，而是以能者居之。因此，作为康熙帝的第八个儿子胤禩，自以为在争夺储位的诸皇子中，他是最强的，于是，他就当仁不让地争起来。

胤禩，康熙帝的第八个儿子，封贝子，世称八阿哥。在争夺储位的诸皇子中，以八阿哥胤禩声势最为盛大，除了皇子胤禟、胤裪等外，满大臣有佟国维、马齐、鄂伦岱、纳兰揆叙等，汉大臣有王鸿绪等，都是他的支持者。

八阿哥很有笼络能力。康熙帝在的时候就说："乃若八阿哥之为人，诸臣奏称其贤。裕亲王存日，亦曾奏言：八阿哥心性好，不务矜夸。"意思就是八阿哥的为人，大臣们都称赞。裕亲王（康熙帝之兄）也曾经说："八阿哥心性好，不务矜夸。"

八阿哥掌握着当朝诸多官员的隐私，本身也有一定的经济实力，他指使手下从事不法行当，培养恶势力，收集的官员隐私达数箱之多。在银票的引诱和隐私的威胁下，哪个官员敢不听命于他？同时，他处处揣度圣意，然后因势利导，将情况朝有利于自己的方向引导。

确实，八阿哥胤禩声势最为盛大，好像他就是康熙帝之后下一个皇位的继承者。果然，在八阿哥党步步紧逼、事事刁难下，皇帝看着长大的，对其期望最高，感情最深的太子胤礽，最后落到被圈禁的地步。太子胤礽第一次被废黜后，胤禩便以为自己就要当太子了，于是妄自尊大，以东宫自居，更是广结党羽，收纳九流术士，藏于家中的密室。

这一行为引起康熙帝的憎恶，就说："朕与胤禩父子之恩绝矣！"又说，"此人之险，实百倍于二阿哥（胤礽）也。"康熙帝既然如此看他，他的幸进之路自然

清 佚名 胤礽像

被堵死。

结果，雍正帝坐收鹬蚌相争的渔翁之利，也就是夺嫡（嫡指胤礽）之谋，实出于胤禵，弄了个两败俱伤，雍正帝登位，坐收了渔翁之利。《清史稿·胤禵传》说道："皇太子允礽之废也，允禵谋继立，世宗深憾之。允禵亦知世宗憾之深也，居常怏怏。"

雍正帝即位后，脚跟没有站稳，不愿树敌过多，依然封胤禵为亲王。八阿哥胤禩深知雍正帝的为人，也知道自己的处境，就对致贺者说："有什么可喜的？不知道哪一天死呢！"

果不出所料，雍正四年（1726年）正月，雍正帝在西暖阁，召诸王大臣宣布胤禩的罪状，大意是：圣祖在世时，胤禩竟将圣祖御批烧毁，散布谣言："十月作乱，八佛被囚，军民怨新主""内云灾祸下降，不信者即被瘟疫吐血而死等语"。

《永宪录》记载："及看守之日，向太监云：我向来每餐止饭一碗，今加二碗，我所断不愿全尸，必见杀而后已。"这说明胤禩已被拘禁，他自己也知道不可能"全尸"而终。

最后，上谕革去胤禩黄带子（清代宗室皆系金黄带）改为民王（即非宗室的王），后又削去王爵，交宗人府圈禁高墙。据《永宪录》载，圈禁分数种："有以地圈者，高墙固之。有以屋圈者，一室之外，不能移步。有坐圈者，接膝而坐，莫能举足。有立圈者，四围并肩而立，更番迭换，罪人居中，不数日委顿不支矣。"

如此，也不解雍正帝的心头之恨，又更胤禩名为"阿其那"（满语，猪），其子弘旺为"菩萨保"（满语，狗）。

雍正四年（1726年）九月，八阿哥胤禩死在保定一带，前人已猜测非良死，可能是被雍正帝害死的。

胤禟为何被雍正帝杀死

康熙帝第九子胤禟，他只想过奢靡安逸的大少爷生活，不想做皇帝，或自认为做不了。因此，在争夺储位的诸皇子中，他不争，但他以为八阿哥胤禩将来能做皇帝，就处处跟着他，梦想一旦胤禩将来做了皇帝，他就能过上更奢靡安逸的大少爷生活了。但是胤禟最终的结局，却是他万万没有料想到的。

胤禟，康熙帝第九子，封贝子，世称九阿哥。胤禟与八阿哥胤禩和十四阿哥结为党援，纵容属下肆行无忌。

胤禟曾因康熙帝只封他贝子很不满，就长时间地装病，说自己风瘫了。可他又红光满面，友人看出他不是真病，他就说："外面的人都说我和八爷、十四爷三个人里头，有一个将立为皇太子，都以为我的希望更大一些，可我不想当皇帝，就当一个废人算了。"

胤禟对朋友及下人好施大度、重情重义，但他很好财，到处敲诈勒索，连自己老婆的娘家也不放过。有一次勒索河南知府李廷臣，人家又和他没有多大关系，勒索银120两，也不嫌少，反正再少也是银子。通过这样的敲诈勒索，他变得很是富有，拥有银40余万两，田产房屋值30余万两。

胤禟的手下也胆大妄为，他的手下何玉柱第一次到江南，在苏州买一女子进贡给他；第二次到江南时，何玉柱就带了十多个女子进贡给他。而这些女子多是何玉柱假扮新郎骗取的良家女子。

雍正元年（1723年），雍正帝把胤禟派往西宁。胤禟到了以后，扰乱生事，雍正帝特遣都统楚宗前往约束。楚宗宣读圣旨时，胤禟安居卧室，不去迎接跪听，只是说："皇帝责备的都对，我没什么话要说，我这就出家当和尚去！"

胤禟不思悔改，以金钱收买人心，在地方上人都称他为九王爷。雍正帝行

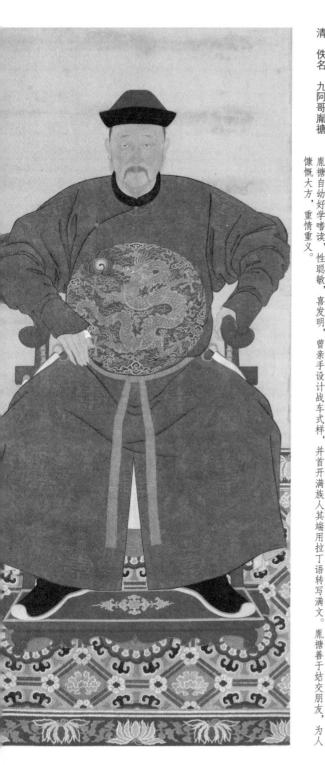

胤禟自幼好学嗜读，性聪敏，喜发明，曾亲手设计战车式样，并首开满族人其端用拉丁语转写满文。胤禟善于结交朋友，为人慷慨大方，重情重义。

文给陕西督抚，不让胤禟再称九王爷，否则将从重治罪。陕西督抚转达给胤禟，胤禟不听，照样我行我素。

雍正三年（1725年），雍正帝召集王大臣等，先谕示胤禩、胤禟等的罪状，但因他居心"宽大"，务欲保全骨肉。

雍正四年（1726年）正月，上谕以"僭妄非礼"，革去他的黄带子，不可再留于宗室之内，改为民王，后又削去王爵，逮还京师。八月，雍正帝定胤禟罪状28条，送往保定，加以械锁，并把他的名字改为"塞思黑"（过去多认为是"狗"的意思，近来有学者也解释为"不要脸"）。同年，胤禟"腹疾卒于幽所"，终年44岁，也有人认为他是被雍正帝杀死的。

雍正帝杀弘时的动机

弘时是雍正帝的第三个儿子，而前面的两个早已死去，他其实就是长子了。可是，作为长子并且有可能继承帝位的弘时，为什么要反对其父雍正帝呢？雍正帝一怒之下，是否把弘时杀掉了呢？

雍正帝有两个嫡传儿子，分别是弘时和弘历，弘历也就是后来的乾隆帝，弘时是乾隆帝的哥哥。

曾任清史馆协修的唐邦治先生认为，弘时因谋害雍正帝及弘历等原因被精明冷峻的雍正帝察觉，赐其自尽而死，他在《清皇室四谱》中记载："皇三子弘时，其初行次为第四。康熙四十三年甲申二月十三日子时生，藩邸侧妃李氏即齐妃出。雍正五年丁未八月初六日申刻，以年少放纵，行事不谨，削宗籍死，年二十四。十三年十月高宗即位，追复宗籍。"

清史学家孟森先生也认为弘时是被雍正帝赐死的，他在《海宁陈家》里说道："弘时长大，且已有子，忽于雍正五年八月初六日申刻，以'年少放纵，行事不谨'，削宗籍死。时弘时年二十四，高宗亦十七龄矣。夫'年少放纵，行事不谨'，语颇浑沦，何至处死，并削宗籍？以前不闻训戒，是日上午，犹御经筵如常，突有此非常之举，世遂颇疑中有他故。盖世宗处兄弟之酷，诸子皆不谓然。弘时不谨而有所流露，高宗谨而待时始发也。以此推论，不中不远。"

然而，也有学者认为弘时并没有被雍正帝处死，只是受到了极为严厉的惩罚。

雍正十三年（1735年）十月，乾隆帝颁谕："从前三阿哥年少无知，性情放纵，行事不谨，皇考特加严惩，以教导朕兄弟等，使知儆戒。今三阿哥已故多年，朕念兄弟之谊，似应仍收入谱牒之内。著总理事务王大臣酌议具奏。"

清 雍正 珐琅彩洋红地梅花碟

此碟器内壁胎釉莹白，朴素无纹。外壁施珐琅彩，于红地上彩绘折枝梅花图案，白梅红釉相得益彰。

乾隆帝的这些话，是说弘时是因行为放纵而被削宗籍而已。而庄亲王胤禄等人关于恢复弘时宗籍的奏折，也说明弘时并没有被赐死："查，雍正四年二月十八日奉旨：弘时为人，断不可留于宫庭（廷），是以令为胤禩之子。今胤禩缘罪撤去黄带，玉牒内已除其名，弘时岂可不撤黄带。着即撤其黄带，交与胤祹，令其约束养赡。钦此。

"臣等查三阿哥从前原因阿其那获罪株连，与本身获罪撤去黄带者不同，今已故多年，蒙皇上笃念兄弟之谊，欲仍收入谱牒，于情理允宜。应钦遵谕旨，将三阿哥仍载入玉牒。俟命下之日，交与宗人府办理可也。谨奏请旨。依议。"

胤禄等人的奏折说明雍正帝把弘时逐出了紫禁城，勒令他去做胤禩之子，而弘时受到上述严惩后，不思悔改，雍正帝对弘时加重了惩治，撤去弘时的黄带，从玉牒除名，由其皇叔胤祹约束养赡。这就证明雍正帝并未杀子。

再说弘时只是一位普通皇子，没有什么爵位，没有什么军功，也没有参过政，被除去宗籍，由叔父"约束养赡"后，对雍正帝根本没有了什么威胁，雍正帝并无必要将他处死。

清朝的公主册封程序

中国封建社会帝王的女儿是什么时候被称为公主的？又有什么样的规定？俗话说，家有家规，国有国法，公主的等级与册封自然也有一定的规定。在这里，我们看一看，公主有什么样的等级，又是怎样册封的。

中国封建社会帝王的女儿从战国开始都称公主，以后历朝相沿。清朝未入关前的后金初年，大汗和贝勒的女儿均称"格格"，没有定制。比如清太祖努尔哈赤的长女称"东果格格"，次女称"嫩哲格格"。而清太宗皇太极即位后，开始效仿明制，皇帝的女儿开始称为"公主"。"格格"就成为王公贵胄之女的专称。

顺治十七年（1660年）开始把"格格"分为五等：

第一等：亲王的女儿，称"和硕格格"，汉名"郡主"；

第二等：世子及郡王的女儿，称"多罗格格"，汉名"县主"；

第三等：多罗贝勒的女儿，亦称"多罗格格"，汉名"郡君"；

第四等：贝子的女儿，称"固山格格"，汉名"县君"；

第五等：镇国公和辅国公的女儿，只称"格格"，汉名"乡君"。

到康熙时期，后宫定制，皇室所生子女，依照其母亲的品阶不同，封为固伦公主、和硕公主。用"格格"称呼后宫嫔妃的情况已消失，但王府仍在沿用，用来称呼王府中没名分的小妾。

固伦公主和和硕公主的区别较大。固伦公主一般为皇后所生之女，品阶相当于和硕亲王品阶，固伦在满语中的意思是国家；而和硕公主一般只是妃嫔所生之女，品阶相当于和硕亲王世子品阶，和硕的意思是地方。朝服装饰也不一样，固伦公主一般地位较尊贵，其冠服同亲王福晋；而和硕公主冠服同亲王

清　荣寿固伦公主照片

清　佚名　固伦和敬公主像

清　佚名　寿恩固伦公主像

清　佚名　寿安固伦公主像

世子福晋。固伦公主之朝冠，顶镂金三层，饰东珠十，每孔雀饰东珠七、珍珠三十九；和硕公主之朝冠，顶镂金二层，饰东珠九，每孔雀饰东珠六，显示出固伦公主的朝服装饰比和硕公主的装饰更加贵气。

清朝公主是如何册封的呢？册封公主册用金质，以内大臣、散秩大臣充正使；礼部侍郎、内阁学士、翰林院学士充副使。册封前，行知公主府及各有关衙门。府属官预设节案于公主府堂内正中，前设香案，左设册案，设乐于仪门内，设仪卫于庭前。册封之日，正、副使及执事官自太和殿至公主府，将及府门下马，额驸朝服率族属人员跪迎于大门外道右。正使先持节入门，副使捧册及采亭随入，然后额驸起身。

《清史稿》记载："册封公主，封使至，公主率侍女迎仪门右，使者奉制册入，陈门前黄案上，移置堂前幄内。公主升西阶，六肃三跪三叩，宣讫，授侍女，公主跪受，行礼如初。使者复命，仍送仪门外。是日帝升殿，公主至御前，次入后宫，并六肃三跪三叩。又次诣诸妃前，各四肃二跪二叩，还府，府属庆贺，馀如封亲王仪。"

这里，我们举一个公主册封圣旨的例子。

固伦恪靖公主册文：

典崇釐降，帝女戒以钦哉，诗美肃雍，王姬咏其礼矣。既娴内治，宜被殊荣，咨尔和硕公主，乃朕之女，敬慎居心柔嘉维则，母仪克奉，教凤禀于在宫，妇德无违，誉尤彰于筑馆，出银潢之贵派，作配高阍，备玉牒之懿亲，共襄宗国凤古允协，象服攸宜，是用封尔为恪靖公主，锡（赐）之金册，谦以持盈，益笃兴门之祜，贵而能俭，永垂宜室之声，勿替令仪，尚缓厚禄，钦此。

那么，公主对人对己是怎么称呼的呢？公主对于皇上、皇后、嫔以上的人自称"儿臣"，称皇后为"皇额娘"，称自己的生母为"额娘"，称其他妃嫔为"姨娘"，称王爷为"皇叔"。公主不管是出嫁或未嫁严禁自称闺名，公主只有封号，闺名除亲生父母和姐妹兄长及丈夫知道外，一律不得与外人所知所称，公主只是自称为"本宫"。

公主出嫁之前怎样"试婚"

中国历代皇室都高度重视其子嗣，几乎所有皇帝、太子在正式结婚之前均已临御过女人，但明文规定实行皇帝"试婚"制度的，唯有大清一朝。那么，大清朝的皇帝、太子是怎样"试婚"的呢？

在长期封建礼教的束缚下，旧时神州大地的人们对于性生活知识，讳莫如深，闺房之乐，概不言传。但在民间，结婚之前，本家姑姑、嫂嫂要陪新娘同床睡一宵，传授房事时的各种事宜，或家中亲人如母亲或嫂嫂，偷偷将"春宫图"数帧放在新娘首饰匣中，为的是让新娘婚前观瞻一下房事的情景。这都是民间一些简单的性教育罢了。

而清朝皇家更进一步地有了"试婚"制度。清朝宫中明文规定，皇帝在大婚之前，先由宫中挑选八名年龄稍长、容貌端庄的宫女，陪皇帝随寝做"试验品"。这是清朝皇室实行的"试婚"制度，其主要出发点是让小皇帝、小太子在结婚前就懂得男女房事，取得一些经验，以便结婚后面对正宫娘娘或太子妃不至于窘迫慌乱，能够从容不迫，这可算是一种婚前性教育。

由此及彼，清代皇室的公主出嫁前，也需实行这项"试婚"制度，当然，试的是驸马爷，不是公主。理由是，在漫长的封建社会，女子是"从一而终"的，公主是金枝玉叶，为了防止公主撞上一个不堪做丈夫的男人，成为终身囚徒，清朝皇帝特为自己的女儿，将要出嫁的公主制定了试婚制度，这样，公主就可以嫁到才貌双全的如意郎君了。

公主下嫁，一般都是皇太后或皇帝、皇后在满朝大臣的儿子里选择，而且要相貌英俊，身材魁梧，能文能武，年龄又相当，看中之后就指婚。可是，对方的脾气性格和床第功夫却不知，甚至对方是否有生理缺陷也不知，怎么办呢？

因此就有了"试婚"制度。

怎样"试婚"呢？过程是，皇太后或皇后挑选一名聪明貌美的宫女，宫女先被派去与驸马同床一晚，第二天她将把驸马的身体状况，有没有生理缺陷，乃至于脾气性格等都细细地向皇后或太后报告。根据宫女的汇报，再正式决定公主与驸马的婚姻。

这里其实存在一些问题，"试婚"的宫女都是第一次与男性同房，而且又仅有一晚，她所获得的床笫知识就是皇后、太后吩咐的悄悄话，所以她提供的情报的准确度大打折扣，自己尚且懵懂，驸马的情况她如何说得清？所以宫女说的不一定完全与实际相符。

再说，公主大婚前，先有一小宫女与她的夫君同房，公主对这件事会不反对、不吃醋？

不管怎么说，"试婚"后的宫女，一旦"试婚"合格，在公主出嫁时就成为驸马的小妾或侍女。

"试婚"礼制，只限于皇帝嗣主、公主，一般王府贵族则不能有"试婚"之举。

清　陈枚　月曼清游图

清　庆宽　载湉大婚典礼全图册（局部）

下嫁的大清公主

仪态高贵的公主乃是人间的骄傲，她们的生活是最令人羡慕的。可谁能想到，到了封建社会后期，大清公主却从"白雪公主"变成了"灰姑娘"，她们的生活并不如人们想象的那样幸福。

在大清朝，皇家公主出嫁被称为"下嫁"或"厘降"。

大清公主出嫁时，皇室规矩，钦赐一座宅子出宫另住，驸马的兄弟姐妹不得和公主同住，而驸马也住在宅子的外院，公主不宣召，不许共枕席。

公主每宣召一次，就得向保姆行贿，因为权力都在保姆手上，所以要花费许多钱才能见面。公主和驸马如果不向保姆行贿，保姆就会找出许多理由阻拦二人见面。公主是不敢得罪保姆的，进宫也不敢向生母诉说委屈。这样就造成了大清的公主生孩子的比例比一般女子低，而且大部分公主因相思而死。

清朝公主像民间一样生下众多子女、夫妇和好的，二百多年中只有道光帝的大公主和她的丈夫符珍。大公主出嫁后，每次宣召驸马就被保姆阻拦，竟然一年多没见驸马的面，大公主压着怒火保持了沉默。

一天，大公主进宫，哭着向道光帝问道："父皇把女儿嫁给了谁？"道光帝感到纳闷："符珍不是你夫君吗？"大公主说："符珍长什么样子我不知道，因为我嫁给他一年多了还没见过他呢。"道光帝奇怪地问："怎么会见不到呢？"大公主说："保姆不让见。"道光帝说："你们夫妻的事，保姆凭什么管？你完全可以自己做主，不要听她的。"

于是，大公主回府后，把道光帝的话对保姆一说，然后又把保姆痛骂了一顿。道光帝的话就是圣旨，保姆当然不敢说什么。从此，大公主召见符珍，保姆不敢再阻拦，结果夫妇伉俪，感情甚笃，生了八个子女，可以称得上有清以来首屈一指。

　　由此可以看到，公主夫妇的分居生活，皇帝并不知情。清朝二百多年来的公主都每每容忍，神伤而死，只有道光帝的大公主厚着脸皮向父亲告状，才争取到了自己的幸福生活。本来，清朝的保姆被宫中授予她们照应公主的权力，是让她们照顾好公主的生活，而保姆却滥用职权，造成了很多公主的婚后生活极为不幸。

外销画册插图　公主与驸马的贵族生活

汉族女子孔四贞

孔四贞，是汉族人，而非清朝女子，却被朝廷封为公主，是清宫唯一的汉族公主。她显然不是一个平凡的女子，她有怎样的传奇经历呢？她又是怎样被封为公主的呢？

大清王朝在建国初年，曾经分封了四位汉族亲王，其中一位封地广西，首府桂林的，称为定南王，名孔有德。孔有德原本是明朝镇守辽阳的一名参将，明末降清，成为清政府镇压各地农民起义和其他抗清力量的主要干将。

顺治九年（1652年）七月初，一直活跃在西南的张献忠农民起义军余部——大西军，北伐抗清，大败孔家军，将孔有德围困在桂林城。史书如此记载了孔有德的事迹："顺治九年六月二十九日，定南王亲率铁骑出兴安，次严关。酉时回省，下令紧闭城门，王邸四门亦闭……王仰天叹息。初四午，武胜门破，王单骑入邸，自焚死……宝南攒甲胄，挟弓矢，身不离鞍，口不咽食，盖六昼夜。力竭扃邸，聚其宝玩，挈其图书，阖室自焚。与王妃白氏相对死。不忍贰乃心，不肯膏人刃，亦伟然烈丈夫哉！"

从中可以看出，孔有德不愧是有胆气、有担当的汉子，他的妻子也算是一位忠贞的女人。孔家军当时是清王朝镇压全国抗清斗争的一支主力军，孔有德前线阵亡，对政权尚未巩固的清政府无疑是一个极大的打击。消息传到京中，顺治帝大为震惊，对于这样一位忠实于清廷的汉族亲王，顺治帝下谕，辍朝"痛悼"，后封谥孔有德为"定南武壮王"。而从定南王府里逃出来的孔氏夫妇唯一的女儿孔四贞，孝庄皇太后因对孔有德夫妇的死深有感触，就收养了这个尚未成年的小四贞，并认为义女，住进皇宫。

顺治十一年（1654年），孔有德的灵柩从广西经北京运往辽阳安葬。据

《清世祖实录》记载，顺治皇帝命："葬车至日，应遣内大臣、礼部官员各一员迎奠。并令和硕亲王以下、梅勒章京以上各官往迎。"又派礼部侍郎恩格德给孔四贞另送去白银二万两，供给她日常生活费用。孔四贞跪受后，启奏称："臣父骸骨，原命归葬东京，但臣兄既陷睐营，臣又身居于此，若将父骸送往东京，孝思莫展，请即于此地营葬，便于守视。"顺治帝允之，并遣官祭孔有德及其同时罹难的白氏和李氏。此后，清廷为孔有德建祠，春秋致祭。

史载孔四贞"美而才"，加之其生于将门，因此从小耳濡目染，毫无小儿女扭捏之态，是个人见人爱的少女，平西王吴三桂即认其为义女。孝庄文皇后也是一见之下，就喜欢上了孔四贞，于是在孝庄文皇后的影响下，清廷遂下旨："定南武壮王孔有德建功颇多，以身殉难，特赐其女食禄，视和硕格格。"即封孔四贞为和硕公主，使之成为清朝唯一的一位汉族公主。

孔四贞 16 岁时，顺治帝称奉圣母皇太后谕，下谕礼部："定南武壮王女孔氏，忠勋嫡裔，淑顺端庄，堪翊壶范，宜立为东宫皇妃。"并命礼部照例备办仪物。然而，面对皇太后的决定，孔四贞却声明，她自幼由父母做主，已许配给其父部将孙龙之子孙延龄。孝庄皇太

清　画珐琅玉堂富贵瓶

瓶颈下垂的蕉叶纹，衬托出瓶身柔美的曲线，瓶腹则以没骨花卉的技法绘饰牡丹、辛夷，娇艳欲滴、妩媚动人。

后不好勉强，只得成全他们完婚，赐第东华门外。这就是吴梅村所咏孔四贞之诗"聘就娥眉未入宫，待年长罢主恩空"两句的由来。

和硕公主孔四贞不做尊贵的皇妃，认定和硕额驸孙延龄就是自己的佳婿。果然，孙延龄确实是个好丈夫。孙延龄时年 26 岁，是位美男子，为人真诚，宽以待人，通晓音律，长于击刺。孔四贞因得封和硕公主，又为太后义女，处处高人一等，孙延龄对公主十分恭谨，处处俯就公主。四贞甚喜，出入宫掖，常常在太后面前夸赞夫婿，使得太后也对孙延龄另眼看待，二人过着幸福的生活。

康熙五年（1666 年），孔四贞因家大人多，费用浩繁，请求举家迁往广西。清廷遂下旨，以额驸孙延龄为镇守广西将军。孔四贞举家南迁，从此一直居住在广西。

康熙十二年（1673 年），吴三桂等三藩打着"反清复明"的旗号发动叛乱。孙延龄以孔四贞为平西王吴三桂义女而起兵反清，杀王永年、严朝纲与戴良臣等人，受封"临江王"。孔四贞对丈夫反叛清廷之举，一直持反对态度，认为不仁不义。因此，她时时规劝丈夫归顺清朝。

归附吴三桂后，孙延龄也与吴三桂因权势之争，彼此不和。孙延龄叛乱不到三年，在孔四贞力劝下，表示要投降清朝。这个消息不慎被吴三桂获悉，他以收复广东为名，遣其孙吴世琮率兵进驻桂林。孙延龄出迎，被杀，和硕公主孔四贞被带往云南。

康熙二十一年（1682 年），三藩之乱平定，孔四贞才回到京城，但今非昔比，夫死子亡的和硕公主，已不复当年英姿飒爽的巾帼形象了。据说孔四贞死后葬在京西即现称为公主坟的地方。

乾隆帝爱女为和珅求全尸

嘉庆四年（1799 年）正月十八，巨贪和珅被嘉庆皇帝赐死。嘉庆皇帝从小就痛恨和珅，又加上和珅罪大恶极，本来，他要对和珅千刀万剐，不然难解他心头之恨！可是，和珅的儿媳十公主最终为和珅求得全尸，而其子丰绅殷德，不但被赦免，还仍旧让他享受伯爵的封号及待遇。那么，这个十公主究竟是个怎样的人呢？

乾隆帝一生共有十个女儿，其中有五个早亡，第十女，也是最小的女儿固伦和孝公主是乾隆帝最宠爱的。乾隆帝老来得女，自是疼爱有加，她刚刚降世，立下大功的惇嫔便被册封为妃。从未嫁即赐乘金机轿便可说明，在《清史稿》中记载："主，高宗少女，素所钟爱，未嫁赐金机轿。"乾隆帝对这个盼望已久的女儿给予的关爱也是超过所有其他子女的。

在乾隆帝五个已存的公主中，固伦和孝公主最受娇惯、宠爱，史载固伦和孝公主"性刚毅，能弯刀弓，少尝男装随上挍猎，射鹿丽黾，上大喜，赏赐优厚"。公主极富英武之气，这在以后的生活中表现得更加充分。

乾隆帝晚年极为宠爱的妃子之一，维吾尔族的容妃和卓氏因病去世，她生前十分喜爱与自己兴趣相投的十公主，将她视作亲生女儿一般地疼爱，临终时，她在留下的遗言里，遗赠最多的，就是她念念不忘的十公主。这个十公主实在遭人疼爱！

这是为什么呢？没有亲生儿女的容妃，热爱草原，也热心皇家狩猎活动，常常追随在乾隆帝身边，一身戎装，因此十分喜爱与自己兴趣相投的十公主。《清朝野史大观》中说："和孝公主，惇妃所生，为高宗最幼女，上甚钟爱……少尝男装，随上较猎，射鹿，上大喜，赏赐优渥。"

乾隆五十四年（1789 年），和孝公主 15 岁下嫁和珅之子丰绅殷德，乾隆

清　佚名　和珅像

和珅门荫入仕，精明强干。通过李侍尧案，巩固身份地位，深得乾隆帝宠信，并将十公主嫁给和珅长子丰绅殷德，促使和珅大权在握，成为皇亲国戚。

帝送给女儿的陪嫁丰厚奢华，特在此年五月初二颁发上谕："凡下嫁外藩固伦公主，例支俸银一千两。如系在京住者，即照下嫁八旗之例支给。从前和敬固伦公主，虽系在京居住，而俸银、缎匹仍照外藩之例支领，年久未便裁减，是以降旨仍许照旧关支。今和孝固伦公主，系朕幼女，且在朕前承欢侍养，孝谨有加。将来下嫁后，所有应支俸禄，亦着一体赏给一千两，以昭平见，而示嘉奖。"显示了乾隆帝对固伦和孝公主的偏爱。乾隆帝爱屋及乌，对丰绅殷德也宠爱有加，下旨道："命固伦公主额驸丰绅殷德在御前行走。"

丰绅殷德与公主同年所生，生于乾隆四十年（1775年）正月十九日，丰绅殷德与其父一样英俊，乾隆帝也非常喜爱丰绅殷德。他们的婚姻无疑是一场政治婚姻，和珅只是要依赖公主的关系来巩固乾隆帝对自己的宠爱。而公主也对和珅非常信赖，据清人姚元之《竹叶亭杂记》记载：公主幼年时"常呼相为丈人，一日，上（乾隆帝）携主（公主）游同乐园之买卖街，和珅时入值在焉。高宗见信估良者有大红呢夹衣裳一领，主悦之。上因语主曰：'可向汝丈人索之。'和亟以二十八金买而进之。主呼和为丈人，未知其故。主少时好衣冠作男子状，或因戏为此称耶。"这是说，有一次公主见到喜欢的衣服，乾隆帝叫公主求和珅为她买，这时乾隆帝已赐婚了，所以公主呼和珅为丈人。

的确，他们的婚姻是一场政治婚姻，可是，丰绅殷德与公主却异常般配，是世间少有的幸福的一对。

固伦和孝公主与丰绅殷德婚后的生活确实很幸福，而且，因为公主比丰绅殷德大半个月，又受乾隆帝宠爱，所以，在家中固伦和孝公主就是丰绅殷德的姐姐，丰绅殷德处处听她的。据《啸亭续录》记载："某个冬天的早晨，天上飘着鹅毛大雪，童心未泯的丰绅殷德不由得童心大盛，情不自禁'偶弄奋作拔雪戏'。和孝公主责备道：'汝年已逾冠，尚作痴童戏耶？'丰绅殷德连忙跪下求饶，公主含笑扶起丰绅殷德，并为其拭汗，道：'汝勿作童戏，与吾共读诗书！'"这说明公主既疼爱丰绅殷德，又对他很严格。

婚后的固伦和孝公主发现和珅贪赃枉法，预感到和珅这样贪财好货不会有好下场，《啸亭续录》记载："公主尝对丰绅殷德言：'汝翁受皇父厚德，毫无报称，惟贿日彰，吾代为汝忧。他日恐身家不保，吾必遭汝累矣！'"

果然，几年后，和珅遭抄斩。固伦公主多次向嘉庆帝求情，嘉庆帝从小就特别疼爱这个小妹妹，但也从小就痛恨和珅。再加上和珅罪大恶极，固伦公主最终为和珅求得全尸，而其夫丰绅殷德，不但被赦免，还让他仍旧享受伯爵的封号及待遇。

经历了从荣华富贵到一无所有，丰绅殷德也深感人生如梦，因此整天纵情声色犬马。可是，在乾隆帝丧期内，丰绅殷德身为额驸竟犯了禁忌，嘉庆帝谕示道："……丰绅殷德之罪状，将侍妾带至坟园，于国服一年内生女，实属丧心无耻，令其闭门思过，如此惩办已是敬幸，其他俱属轻罪不议。"

嘉庆十一年（1806年），嘉庆帝又授予丰绅殷德"头等侍卫，擢副都统，赐伯爵衔"。此后，嘉庆帝派丰绅殷德到乌里雅苏台任职，他"星驰瀚海，日近斗魁，秉公执法"。说是供职，还不如说是在流放他。

丰绅殷德的身体由于过度放纵和自暴自弃的心境，已经是百病缠身了，公主不愿眼睁睁地看着自己的丈夫奔赴黄泉，于是多次向皇兄求情，希望他放自己的丈夫回来养病。嘉庆十五年（1810年）二月，嘉庆帝许可丰绅殷德回京疗伤，可由于旅途劳顿，当年五月，丰绅殷德便去世，年仅36岁。嘉庆帝赏给和孝公主银五千两，俾资料理丧务。

嘉庆帝对妹妹凄凉的处境无能为力，他只能经常给妹妹送来钱物，从经济上帮助她，内务府《奏销档》记载："奴才英和谨奏为请旨事，前蒙恩赏给和孝固伦公主银六千两以佐用度，自应遵旨生息，妥为筹划。奴才再四思维，拟将此项赏银六千两全数发达长芦盐政，按一分生息，遇闰增加，每年所得利银以五月、腊月两次解交内务府广储司，由司拨给公主府为费用之资，较之置地之虞，如蒙俞允，俟命下之日，即行知长芦盐政，委员领取。为此谨奏请旨等因，于嘉庆十九年五月初七日具奏奉旨依议。钦此。"

后来道光皇帝对和孝公主也没有歧视，待遇仍优厚。道光二年（1822年），道光皇帝下谕旨，把"从前查抄和珅西直门外白石桥人官地六顷余亩，附近伊家祖坟，着加恩赏还和孝公主作为祭田"。

固伦和孝公主逝于道光三年（1823年）九月初十，终年49岁。道光帝对姑姑一生的遭遇备感哀伤，亲临她的墓前祭奠。这份破格的优遇，应该算是十公主一生中最后一次盛大的场面了。

藏在古画里的大清史

在中国各个朝代的深宫中，最不幸、最寂寞的就是宦官和宫女，他们整天劳作，又没有家室，宦官是没有妻子的，宫女也是没有丈夫的。然而，也有例外，宦官和宫女可以结成临时伴侣，以慰深宫之寂寞，甚至有的宦官在宫外还有自己的私人住宅，也娶名义上的妻子，生活奢华，与官宦之家完全一样。有的宫女也能成为皇妃，但那种幸运自然只是几百分之一了。

第四章

宦官宫女：深宫后院无人怜

清朝的太监"工资"

太监作为一个劳动者，也是靠出卖劳动来换取报酬，自然是要领取俸禄的，而且，太监是有品级的，领取的俸禄自然也不一样。

在清代，按照规定，太监的俸禄有：月例、月米、公费钱和恩加银。其中恩加银是赏给服役年久而勤劳的太监的。太监不管品级高低，都是要领取俸禄的，只是多少不一样而已。

清朝太监中无官职之太监月食分为三个级别：

一级太监月食（每月俸禄）银三两，米三斗，公费制钱六百；

二级太监月食银二两五钱，米二斗半，公费制钱六百；

三级太监月食银二两，米一斗半，公费制钱六百。

有品级的太监，也分几个级别领取俸禄：

四品宫殿监督领侍月食银八两，米八斗，公费制钱一贯三百；

五品宫殿监正侍月食银七两，米七斗，公费制钱一贯二百；

六品宫殿监副侍月食银五两，米五斗，公费制钱一贯一百；

七品执守侍月食银四两，米四斗，公费制钱一贯；

八品侍监月食银四两，米三斗，公费制钱七百。

除正式俸禄外，每年还有节赏、寿赏、加班赏等多种多样的赏赐。特别是遇到生皇子和皇帝大婚时，赏赐更多。每年所得的赏赐，都会超过所得的俸禄。

例如，宣统时期节寿时的赏赐：

节赏：每年三次，每次赏赐：总管太监银300两，绸缎四卷（每卷50尺）；首领太监银100两，绸缎四卷；回事太监银100两，绸缎二卷；小太监银40两，绸缎一卷半。

清　佚名　清德宗光绪孝定景皇后朝服像

清　肉形石

这块清代的肉形石，是一块天然的石头，色峰纹理全是天然形成的，经人的鬼斧神工，雕成了一块玉东坡肉。

寿赏：每年五次，每次赏赐：总管太监银200两，绸缎四卷；首领太监银100两，绸缎四卷；回事太监银50两，绸缎二卷；小太监银20两，绸缎一卷半。

皇帝的大婚礼，赏赐更多。大总管邵祥禄在宣统大婚时，得赏银250两、绸缎十卷、貂皮十张、水獭皮三张、海龙皮十张、碧玉朝珠一挂、金表一块，合赏银12650两。御前小太监张寿卿得赏银20两，青白坎狐皮一张，白狐皮一张，合赏银1420两。

由于太监不用养家糊口，所以给他们的俸银比较少。因为太监的俸禄少，到了清代中后期，受贿行为已半公开化，乃至大臣觐见皇帝，都要给太监塞"红包"，否则要等很长时间，甚至见不到。对于这样的情况，皇帝只能睁一只眼闭一只眼，因为拿不出更多的钱给太监发工资，太监干活没积极性，皇帝也没办法。

到了慈禧执政以后，太监的地位有所上升，并一定程度地掌握了权势，例如安德海、李莲英、小德张，他们的家产也就随着权势的增强而增多，每一个都坐拥家财万贯，良田万顷。想想便可知，这些当然不可能是俸禄所得。如李莲英临死时，除给隆裕太后贡献珠宝玉器八方盘外，他的四个继子，每人分了珠宝玉器一大口袋，至于银钱那就更多了。就连他的两个继女，每人也分得银钱17万两。

如果这些人只是按月领取朝廷的俸禄，根本无法积攒如此巨大的财富。由此可见，贪污受贿等不法手段是太监们积累财富的方式，他们也不会在意每月领取的微薄的俸银。

除了宫廷中的太监，在各亲王、郡王、贝勒、贝子等外府也有服役的太监，他们的俸禄不是由皇室发，而是由外府自出，数量很少，并且还有大府、小府之分，穷府、阔府之别，俸禄自然也会千差万别，大府就多，小府则少。

清朝选秀女程序

现代的选美，各式各样，名称不一，可谓五光十色。其实，早在中国的古代就有了选美活动，比如清代的选秀女活动，就是选美。只不过和现代的选美不同的是，清代的选秀女是为皇宫选的，服务于皇宫里的人罢了。

清朝宫廷选秀女，是为皇帝充实后宫或为亲王、王子指婚。所选的秀女，首先，必须是血统纯正的官员的女儿，以保持满洲贵族的尊严和特权；其次，必须是八旗满籍少女；再次，必须体形健美，品行端正。

清代有一套独特的选秀女制度，每三年选一次。清廷规定，凡是年龄在13～17岁的八旗满籍少女，都须按年向户部具呈备案，户部上奏皇帝，皇帝批准何日选看秀女后，户部马上再行文各旗都统，各旗造具秀女清册。

各旗选送的秀女，要用骡车提前送到京城。由于众多秀女的家庭背景不一，有的人家尚有车辆，有的人家则没有，乾隆时就规定："引看女子，无论大小官员、兵丁女子，每人赏银一两，以为雇车之需。此项银两管理，由着动用户部库银管理。"

运送秀女的车队到达皇宫的神武门后，候选的秀女们在内监的引领下，进入神武门，穿过门洞，在顺贞门外等候挑选。挑选工作由太监首领主持。一般每天只阅看两个旗，根据各旗参选秀女人数的多少进行搭配。通常是五六人一排，供皇帝或太后选阅，这算是第一次挑选。凡经太监挑选被记名的，须再行选阅。凡不记名者，听本家自行聘嫁。经复选再度被选中的秀女，还有两种命运：一是赐予皇室王公或宗室之家；二是留于皇宫之中，随侍皇帝左右，成为后妃的候选人。

留于皇宫之中的秀女，皇帝会亲自选中留牌子，成为皇帝的妃嫔，不过有

清　女式礼袍

此礼袍主要是清代女子在正式或者重要场合穿戴，仙鹤的绣纹寓意高贵祥和。

森严的等级和人数限制。《国朝宫史》载：皇帝的妃嫔，第一位的是皇后，只许一个，主持后宫事务；皇后下设皇贵妃一人、贵妃二人、妃四人、嫔六人，分住东西六宫；嫔以下设贵人、常在、答应，无定数，随皇贵妃分住东西六宫。慈禧太后就是以秀女的身份进宫，被咸丰帝选中封为贵人，后晋升为嫔，再升为妃。

清朝除了皇帝选美三年一次之外，还有一年一次的选秀女活动，其目的主要为挑选宫女，以服侍内宫各位后妃。虽然宫女也有被选为妃嫔的，但那是极少数，大多数宫女是侍候后妃等各位主人的下人，稍不如意，便鞭打责罚，甚至被逼致死。

清朝宫女的生活

　　宫女，泛指被选入宫中供帝王声色享用的女子，按其职责和地位主要分成两类：一类是在宫中管理君主日常生活事务的人，其地位较高，授予官职者被称为女官；一类是在宫中服劳役而被役使的侍婢、织婢等。那么，这些宫女要在宫里待一辈子吗？

　　在清代，宫女是服侍皇帝、皇后、嫔妃、公主、阿哥的。不同等级的人，宫女的数量也不同，都有严格的规定。除了皇帝，皇太后所配宫女最多，有12名；皇后，宫女10人；皇贵妃，宫女8人；妃嫔，宫女6人，依次递降，到答应这儿就只有2名宫女。

　　宫女进宫后，都由老宫女（宫中称作姑姑）教导，教她们学习宫廷礼仪以及应对、进退，见什么等级的人如何叩头、如何请安等当差的规矩。姑姑的权限是相当大的，可以调遣宫女的工作。因此，宫女不光要伺候主子，还要伺候姑姑。

　　宫女在宫中应差，约束是很多的。比如宫女不能穿大红大绿；站立或走路时，身体不能乱摇乱摆；打扮必须非常朴素，一般都是淡蓝淡绿的衣衫，青鞋白袜；工作时不许随便说话；请安时，身子要直；睡觉时不允许仰面朝天，劈开腿，必须是侧着身，屈着腿，一只手放在身上，一只手平伸，因为传说各殿都有殿神，宫女睡觉得有个样子，以免冲撞了殿神；等等。

　　以上这些要严格遵守，一旦出了差错，会立即遭打受罚，或罚跪或罚充杂役。

　　虽然有不少规矩，但宫女的饮食还是不错的，甚至应该说是非常好的。早点各种粥、小吃、素菜；午饭八个菜，一个砂锅；晚饭是各种面食、点心，夜里还有一顿加餐。

据《宫女谈往录》记载："宫女在宫里吃饭是有严格的季节性的，比如大年初一，一定给宫女吃春盘，也就是春饼、盒子菜。这些春盘有圆有方，数目不等，有12、16、18个不等的珐琅盒子，盒子里放有细丝酱菜、熏菜，如青酱肉、五香小肚、熏肚、熏鸡丝等，甚是丰富。到了五月初一，还有各种馅的粽子吃，中秋也吃月饼，重阳节吃花糕，而从夏至到处暑，宫女每人每天还可以赏一个西瓜吃。

清　陈枚　月曼清游图

《月曼清游图》描绘的是宫廷嫔妃们一年12个月的深宫生活，此图描绘其中的八月琼台赏月的情景。

"从十月十五起每顿饭添锅子，有什锦锅、涮羊肉，东北的习惯爱将酸菜、血肠、白肉、白片鸡、切肚混在一起，也有时吃山鸡锅子，一年里有三个整月吃锅子。正月十六日撤锅子换砂锅。到了清明节，就有豌豆黄、芸豆糕、艾窝窝等；到立夏，有绿豆粥、小豆粥；到夏至，就要吃水晶肉、水晶鸡、水晶肚之类的。暑天，也给凉碗子吃，像甜瓜果藕、莲子洋粉攘丝、杏仁豆腐等，经常吃的是荷叶粥，都是冰镇的。瓜果梨桃按季节按月有份例。清廷吃东西讲究分寸，不当令不吃。"

但是，宫女们从来不敢吃饱，因为如果在皇帝面前打嗝，弄不好是要杀头的，而且宫女们也不敢吃鱼虾、蒜韭，怕粘上杂味。

宫女有闲余时间，就做些女红，自己佩戴，也有托小太监带到街市上换几个零钱用的。

在慈禧跟前当差的宫女是幸运的，围绕慈禧的生活起居，宫女们各有专责，活并不多，待遇高，每月可享受家人探视一次。其他各宫的宫女就不行了，待遇不高，好几年见上家人一面，而下一等的宫女更是没人待见，只有等到出宫以后才能见到家人。

皇帝如果要"临幸"宫女，凭花名册上的名字、年龄，朱笔一点，就算决定"临幸"谁了。"临幸"后，如果怀孕了，就提升为嫔，成为皇帝的一个媳妇。

关于宫女的人数，明亡时，"宫女至九千人，内监至十万人"，清朝的宫女不如明朝多，康熙、乾隆的时候，宫女约为三千多人，叫作"够不够三千六"，说的是大体上三千多个宫女。到光绪时，约为一千九百多人。

清朝的宫女一般要到 25 岁才能出宫。出宫的宫女可嫁给一般旗员，也能过上正常的老百姓生活。有的宫女因种种原因出宫晚，就十分悲惨可怜，因为出宫时已人老珠黄，家中父母早已过世，归家不得，只得嫁给地位低下的人家，或嫁给太监，也有的在宫中当差多年，养成孤僻性格，就不嫁人，独身一人了却残生。

每宫的宦官和宫女人数

在中国古代，历朝历代的宫中，每宫的宦官、宫女的人数都是有限制的。清代每宫的宦官、宫女的人数当然也是有限制的，在这里，就说一下清代每宫的宦官、宫女的人数是怎样规定的。

清代每宫的宦官、宫女的人数都是有限制的。先说宦官。

清在入关以前，没有宦官制度，天命六年（1621年），清太祖努尔哈赤下谕："凡尔诸贝勒家所畜奴厮，宜乘幼时宫之。"并说，"祖宗创业未尝任用中官。"那时候，清宫中虽然有了阉奴，却人数很少，也很分散，并没有形成阶层。

清定都北京后，开始沿用明代的宦官制度。顺治十一年（1654年），废除了明朝的太监机构，改设司礼监、御用监、御马监、内官监、尚衣监、尚膳监、尚宝监、司设监、尚方监、惜薪司、钟鼓司、兵仗局、织染局等十三个衙门。康熙帝即位后又废除了十三衙门，设总管内务府，以领其事。在宫中设敬事房，置总管太监二人，管理宫中一切事务。康熙六十一年（1722年），定敬事房设五品总管一名，五品太监三名，六品太监二名。从此清朝宦官才有了官职。

乾隆七年（1742年），明确太监官职以四品为极限。乾隆十六年（1751年），定太监数额为三千三百名。每个宫中的主要太监如下：

敬事房：设宫殿监督领侍一人，宫殿监正侍两人，均四品，负责宫中太监的升、降、调、补和巡视宫中各门的启闭关防等；

乾清宫：设七品、八品首领各两人，负责供养列祖实录和圣训等；

乾清门：设八品首领两人，负责御门听政之陈设，稽查大小臣工出入等；

交泰殿：设八品首领两人，负责供奉御宝、收存勋臣档案和陈设、洒扫、坐更等；

清　金廷标　乾隆皇帝宫中行乐图

图中官女们以细劲轻利的线条勾描，显现出她们丰姿绰约、楚楚动人的体态，另外也描绘了宦官的活动。

高橋重玄石
逶迤行前行迴
顧後行呼松
年粉東東山
趣蒼作宮中
行樂園小
生溪亭清且
纖侍臣黃護
襛侍峋潤氏
末偽九娸列
較滕明妃出
塞圖戀澗
壺家小逛纖
慇榕何濤清
蹕呼誰是永
冠市洋代舟
青宮戀宮萬
瀑水嘗
圖茵洵仟巖
軒驷虎可招呼
遂寄傲俳
吾事保泰旦
郝悚永園
偽題 嫠末新喜

懋勤殿：设七品首领两人，负责御用文具、书籍、记御前语等；

养心殿内兼吉祥门、如意门：设五品宫殿监副侍总管一人，七品执守侍首领两人，负责陈设、洒扫、坐更等；

四执事和四执事库：各设七品首领一人，分别负责上用冠袍、带履等；

东暖殿兼永祥门、西暖殿兼增瑞门：各设七品执守侍首领一人，八品侍监首领一人，各自负责本处陈设、洒扫、皇后以下的差使等；

景仁等东西十二宫：各设八品侍监首领两人，各自负责本宫的事；

尚乘轿：设八品侍监首领两人，负责承应请轿随侍及御前坐更等事；

御茶房、御膳房、御药房、御书房、古董房等房：各设七或八品首领一人，分别负责有关茶果、膳食、医药、古书字画、古董等事；

鸟枪处：设七品首领一人，兼管弓箭处，两处分别负责上用鸟枪、弓箭；

鹰房、狗房、养牲处等，各设八品首领一或两人，分别负责饲养各种动物；

热火、柴炭、烧炕、造办四处，各设八品首领两人，分别负责有关取暖、柴薪、造办各种物件。

此外，还有太后慈宁宫，皇后坤宁宫，太妃、太嫔、皇子、公主等位下之荣仁宫、永寿宫、承乾宫、翊坤宫、钟粹宫、储秀宫、延禧宫、启祥宫、永和宫、长春宫、咸福宫、斋宫、毓庆宫等十三宫太监各设八品首领一或两人，分别负责本宫的事。

这些部门的职掌品级，有清一代大致沿用不变。

至于清代每宫宫女的人数，也是有限制的。

那么，皇帝需要多少宫女呢？各朝各代都没有定数，像明人谢肇淛《五杂组》中说："唐明皇时，长安大内、大明、兴庆三宫，东都大内、上阳两宫，宫女几四万人。"后来的朝代要少一些，清朝时的宫女最少，按定制在 300 人以下，实际上恐怕也不止此数。

除了皇帝，至于其他宫宫女的人数，《清后宫之制》说："……宫女则各有名额，皇太后 12 人，皇后 10 人，皇贵妃、贵妃 8 人，妃嫔 6 人，贵人 4 人，常在 3 人，答应 2 人，皆挑选世家及拜唐阿（宿卫者）闲散之女充之……"

皇太后地位最尊贵，宫女最多，是 12 人；皇后坐镇中宫，主持后宫事务，宫女有 10 人；皇后下设皇贵妃 1 人、贵妃 2 人，住东西六宫，宫女各有 8 人；

妃4人、嫔6人，住东西六宫，宫女各有6人；嫔以下设贵人、常在、答应，无定数，随皇贵妃分住东西六宫，宫女人数也就不等，贵人4人，常在3人，答应2人。

皇帝大婚之前，要选8位比皇帝大的宫女，供皇帝进御，即献身皇帝。8位宫女都有名分，授以宫中4个女官的职衔：司帐、司寝、司仪、司门。

其他宫中，关于宫女的人数也各有严格的规定。

清　张廷彦　中秋佳庆图

此图人物众多，分布合理，形神俱佳，动作自然。帝后在群臣、宫女和宦官的伴随下，赏秋月于楼台。

清朝宫女的命运

自古后宫中，太监和宫女都是最卑微的人。仅就历代皇帝后宫宫女数量来比较，清代是历史上宫女最少的一朝，算是很"仁政"的了。然而，有诗云："六宫深锁万娇娆，多半韶华怨里消。灯影狮龙娱永夜，君王何暇伴纤腰。"这首诗说明了长期生活在内宫深处地位低下的宫女们满心凄惨怨恨的情怀。

在清朝，宫女一经选入宫内，便失去自由，森严的等级，烦琐的礼节，不时的凌辱，几乎无出头之日。

清后宫女人等级森严，谁也不敢轻易跨过禁区。按照地位可分为皇后、皇贵妃、贵妃、妃、嫔、贵人、常在、答应八大类，而所占数量最多的宫女排在最后第九位，想要出头谈何容易？

前文已讲过，宫女入宫后受限制较多，甚至可能被杖责致死。

宫女最不幸的是生病无医，自生自灭，清朝规定："宫嫔以下有疾，医者不得入，以证取药。"据《清宫史》载："有掌司总其事者二三十人。凡宫人病老或有罪，先发安乐堂，待年久方再发外之浣衣局也。"这是说宫人得了病，要和有罪的人一样，发到安乐堂，靠自己的生命力延续时日，或者等死。

而且宫女大多死无葬所，死后都不会赐墓，火烧后将众多尸灰一起填入枯井。

清廷的宫女们，她们所背负的性虐待、杀戮和死无葬所等痛苦，于中国的历朝历代来说，应该算是最为深重的了。

然而，清宫里的宫女有些入了宫都不愿意出宫，因为宫内生活虽然辛苦，可比起外面那些家里三餐不饱的还是要强了许多。比如宫女的饮食非常好，如果受主人宠爱和服务年限多了就能得到一定的月钱赏赐，闲时再做做女红针绣，托人带出宫外卖了换钱，用来补贴生活，自以为日子过得也是挺不错的。

清　许良标　芭蕉美人图

此图描绘一清代贵族女子坐于石台观荷的情景，工笔细腻，环境优美雅致。

清 陈枚 月曼清游图册 此图描绘的是清代宫廷的妃嫔、宫女们三月闲庭对弈的情景。

　　而且，有些宫女会被挑选至皇子府，在皇子结婚前，作为皇子启蒙男女情事的对象，也就是"试婚"的对象。"试婚"成功后，宫女就会被纳入皇子府，升任为妃。

　　如果少数人偶被皇帝看中作为被临幸的对象承君恩露，地位略有改变，甚至可能飞黄腾达，生得子女者尚能晋封。而在皇上大婚前，则需要 8 个宫女供皇帝试用，此 8 名宫女会分别得到司帐、司寝、司仪、司门的名分。

　　然而，毕竟只有少数的宫女会有这样的幸运，大部分宫女的生活都是在被欺压凌辱中过来的，她们倘若在宫里混不出个模样，出了宫能找个好人家的不多，大部分宫女家境贫寒，有的甚至嫁不出去，过着无依无靠的悲惨生活。

　　无论怎么讲，宫女生涯都是摧残生命的一种残酷进程，是封建社会腐败制度的牺牲品。

慈禧"亲笔画"是谁代笔

缪素筠是慈禧绘画的最重要的代笔者。因缪素筠出任过慈禧的代笔人，辛亥革命后，以"投清屈志"的前科，遭世冷贬，难以抬起头来。然而，1941年7月，郭沫若作诗赞誉缪素筠："苍天无情人有情，彩霞岂能埋荒井？休言女子非英物，艺满时空永葆名。"现在，缪素筠被认为是19世纪末东方出现的一位了不起的女画家。

慈禧（1835年—1908年），民间百姓俗称"西太后"。慈禧除善弄权术外，生活中喜爱书画，尤其爱以自己的"御笔"书画，并在字的右上端盖上"慈禧皇太后御笔之宝"的大块图章赏赐所有的王公大臣，以示恩宠，也显示自己的清高和有学问。实际上慈禧本无艺术才华，光绪帝即位后，慈禧忽然对写字送人产生了兴趣，于是学起写字来。可她写出来的字不太好，其字结构呆滞松散，笔力孱弱稚嫩，毫无生气。于是，她就不再自己写了，而是找了一个代笔的妇女替她写字送人，这个代笔的人叫缪素筠。

缪素筠（1841年—1918年），名嘉蕙，出生于云南昆明郊区的一户书香门第。她少女时代便擅长书法、绘画，有"女红艺杰"之称。

光绪八年（1882年），缪素筠随丈夫入四川，而丈夫不幸在四川任上染了病，为求医辗转来到京城，丈夫却病死了。为了生活，缪素筠只得靠卖字画度日，当时京师的文人雅士看到她的字画无不赞叹。

恰巧慈禧正想找一个代笔的妇女替她写字送人，就把缪素筠召入宫来。缪素筠入宫后，因对官场世故很熟，博得了上至后妃、下至宫监的一致赞赏，尊称她为"女画师"，慈禧也很满意，就把她留在身边，替自己写字。

慈禧对缪素筠优礼有加，封为"御廷女官"，每年支俸白银2800两，且

清　慈禧　琼岛秋深

光绪丁酉孟冬下浣御笔

清　慈禧　松寿花卉图

光绪壬辰夏清和月御笔

琼岛秋深隐茑松渡蝶芝结彩雲深琉璃
瑰珞伴龟一幅影圆瑞霭封
　　　　徐郙敬题

清　慈禧　松寿图

光绪丙申季春中浣御笔

清 慈禧 御笔画

慈禧除善弄权术、热衷政治外，生活中喜爱书画，尤其爱以『自己所作的』书画赏赐群臣，以示恩宠，笼络人心。

免所有跪拜大礼，并赐"红翎"一顶，赏三品服色，还经常赏赐给缪素筠不少珍品，如翠戒、玉环之类，也常令缪素筠居其左右，随时教她画画，或为她代笔作画。

缪素筠的字画本从不出售，只因她与丈夫性格不合，一直过着同床异梦的日子，她的字画仅是为了发泄"闺中怨哀"，如《叹春》一文："句句苦声声泪，唯独自饮自吞。此乃女子天命所定，难以摆脱之网羁也！"

在宫中，缪素筠为慈禧创作了大量的字画，同时，缪素筠居于深宫，是一般人可想而不可达的造就艺技的机会，因为宫中有历代名家高手的颇多藏品，对她汲取精粹，开阔视野，实是受益匪浅。

就这样，缪素筠在慈禧身边一待就是十年，直至庚子年才被准假回乡。

出宫之后的缪素筠，已积蓄了一笔可观的钱财，也够她下半辈子花的了。于是，为了获取更多灵感，曾游三峡、登泰山，涉足五省之山山水水，画了许多幅"造极面舒心"的作品，这时候是她作品的巅峰期。

但是，因缪素筠出任过慈禧的代笔人，辛亥革命后，以"投清屈志"的前科，遭世冷贬，使她难以抬起头来。

徐悲鸿先生在《申报》上撰文说："在近代画史上，缪女士无疑是一颗才华闪烁的明星，因种种历史缘故，将她一棍打死，以至人存名亡，既是天大的冤枉，亦是艺坛不应发生的悲哀。"可见缪素筠的艺术才华非同一般。

1941 年 7 月，郭沫若作诗赞誉缪素筠："苍天无情人有情，彩霞岂能埋荒井？休言女子非英物，艺满时空永葆名。"

在纽约佳士得古画博览会上，辟有缪素筠的专栏介绍，认为她是 19 世纪末东方出现的一位了不起的女画家。

清　慈禧　御笔画

慈禧绘画工整，所绘牡丹颜色清新，造型美观，有着富贵雍容的吉祥寓意。

清宫没有太监干预朝政

鉴于明朝太监干预朝政的历史教训，清朝皇室从一开始就不能容忍太监有一丝一毫干预朝政的行为。因此，在其200多年执政历史中，基本没有出现太监干预朝政的现象。在这方面比以前的各朝各代要好得多。

顺治皇帝福临在顺治十二年（1655年），命工部铸成一块高134厘米、宽70厘米、厚6厘米的铁碑矗立在宫内交泰殿门前，上面镌刻着一道严禁太监干政的上谕：

皇帝敕曰：中官之设，虽自古不废，然任使失宜，遂贻祸乱。近如明朝王振、汪直、曹吉祥、刘瑾、魏忠贤等，专擅威权，干预朝政，开厂缉事，枉杀无辜，出陈典兵，流毒边境，甚至谋为不轨，陷害忠良，煽引党类，称功颂德。以致国事日非，覆辙相寻，足为鉴戒。朕今裁定内官衙门及员数执掌，法制甚明。以后但有犯法干政，窃权纳贿，嘱托内外衙门，交接满、汉官员，越分擅奏外事，上言官吏贤否者，即行凌迟处死，定不姑贷。特立铁碑，世世遵守。

顺治十二年六月二十八日

这道敕谕后来也成为清朝皇室的祖宗家法，一旦触犯了，就会被处以极刑。

但是，由于太监生活在皇帝身边，可以找到适当的时机干预朝政，清制虽然严厉，但也偶有太监以身试法。

康熙元年（1662年），被斩首的太监吴良辅，就是第一个被祭刀的太监。吴良辅是顺治皇帝身边的亲信太监，顺治十五年（1658年），他与大学士陈之璘等串通勾结，并接受贿赂，事发。如果按顺治皇帝钦定的法律以及审实的案情，上述人员均应处以极刑。可是，许多官员虽受到了惩处，而吴良辅却受到皇帝百般庇护，留在宫中。直到顺治十八年（1661年）正月，就在顺治帝死前五天，顺治帝自知不治，恐日后有人追究吴良辅的罪过，便抱病送吴良辅到悯忠寺落发出家为僧，希冀能保全吴良辅的性命。

但是，在顺治帝崩御后第三天，吴良辅就被枭首示众，理由就是"变易祖宗制度，把持朝政"。

乾隆三十九年（1774年），清宫内又发生了高云从泄露职官任免档案的案件。高云从是乾隆皇帝身边奏事处太监，他在窃知大内机密后，暗中结交大学士于敏中、军机大臣舒赫德、尚书蔡新、总管内务大臣英廉等，企图借势安排自家人。事发后，乾隆皇帝异常震怒，凡牵涉此案的高官都受到了严厉申斥和等级不同的严厉处分，而太监高云从则被立正典刑。

光绪二十二年（1896年），清宫内又发生了寇连材案。寇连材是成年后被阉入宫为太监的，他于23岁时进宫侍奉慈禧，成为一名梳头房太监。由于他聪明能干，做事精细谨慎，颇得慈禧的喜爱和信任，就派他到光绪帝那儿当差，侍奉皇上，实际上是要他监视光绪帝的言论行动，以便即时禀报。寇连材从小就深明大义，对慈禧大权独揽、卖国求荣的可耻行为很不满意，从心里同情、支持光绪帝希望维新变法、图强求富、救民于水火的想法。因此，他不仅不把光绪帝的言行密报慈禧，反而常将慈禧胡作非为的事情告诉光绪帝。

甲午战争失败后，慈禧卑躬屈膝，竟然下令清政府与日本签订了丧权辱国的《马关条约》，中国的主权进一步落到了日本侵略者手里。

面对内忧外患，强烈的爱国心驱使着寇连材下决心以死向慈禧进谏。光绪二十二年（1896年）二月初十早晨，寇连材跪在慈禧的床前，放声痛哭道："国家已如此危险，老佛爷即使不替祖宗打算，也该为自己想想，怎么还忍心玩耍，不怕发生变乱呢？"慈禧太后把他臭骂了一顿，赶了出去。

口谏不成，寇连材又决心书谏。在二月十五日，他把早已写好的奏折交给慈禧。这份奏折共有10条内容，其中包括：请太后不要揽政权，归政于光绪帝；不要修圆明园、幽禁光绪帝；要顾及京师特大水灾，立即停止擅自动用海军军费去修建颐和园；等等。这份奏折中的内容字字掷地有声，饱蘸血泪，是许多人想说却不敢说的话。

慈禧看过奏折，暴跳如雷，尤其奏折中有规劝太后归政光绪帝之类的话，捅了慈禧的心窝子，因此她失态地一连声地呼叫着，把寇连材抓来审问。慈禧经过审问，得知指责自己的这份折子确实是寇连材所写，不禁怒火中烧，以"犯法干政"和"越分擅奏外事"等罪名，下令把寇连材送交刑部，立即正法。二月十七日这天中午，寇连材被押到北京菜市口刑场处决，临刑时，他神色镇静，遥向父母叩了头，说："如此足以千古了。"

　　寇连材作为一名太监，位卑却不忘国，以坚不可摧的忧国忧民的意志，去抗争腐朽的封建势力，不惜以死报效国家，其精神为后世敬仰。

　　不管怎么说，由于清朝统治者遵循了严禁太监干政的制度，因此在其200多年执政历史中，基本没有出现太监干预朝政的现象。

清朝太监的私生活

不少太监虽然住在宫里，在宫外也有自己的私人住宅，有的太监还娶名义上的妻子，生活奢华，与官宦之家完全一样。总管太监、首领太监等高一级的，除按时到宫内应差外，宫内无事时就回到各自的住宅，仿佛在宫里上班一样，他们在宫外的家，有小太监、奴仆、使女等伺候。

在清代，太监的私生活是很丰富的。

例如晚清慈禧太后专政年代里的总管小德张，未出宫前，就讨过一房妻子，又纳过两个妾。隆裕太后死后，小德张离开清宫，买了一个名为张小仙的女人为妻。此时的小德张早已家资巨万，富比王侯。

而另一个慈禧太后专政时期的总管李莲英，坐拥着万贯的财宝，万顷的良田，多处的房产，娶了多名妻妾。李莲英曾给隆裕太后贡献过珠宝玉器八方盘；他的四个义子，每人分了珠宝玉器一大口袋，至于银钱那就更多了；他的两个义女，也每人分得银钱 17 万两。

按说这些太监都是阉人，没有了性能力，为什么还要娶妻妾呢？

首先因为这些大太监们有很多家务事要处理，另一个原因是出于对夫妻生活的向往，长期与皇帝的夫妻生活接触，对太监们产生了很大的刺激。太监虽然不能进行性生活，但还有性需求。再说宦官本来就不承认自己是非正常的男人，无时无刻不想证明自己有男人的本色，娶妻便成了他们最大的安慰。

因此，一般太监积蓄多的，或买房，或赁房，都安家居住，有的就娶一个或几个妻妾过一种另类的夫妻生活。穷苦的太监，有几个人租一两间民房或庙房的，一起合住。

太监的收入高低不等，差异也很大。

清　景德镇龙瓶

此瓶为景德镇所制，最独特处是瓶颈盘雕刻有一龙，龙头、龙爪、龙身生动自然。

除正式领取工资以外，每年还有节赏、寿赏、加班赏等多种多样的赏赐。特别是遇到生皇子和皇帝大婚时，赏赐更多。每年所得的赏赐，往往都会超过所得的俸禄。但太监之间的差异很大，他们所得到的赏赐也各不相同，如前文所提，最得势的太监和失意的太监，其赏赐最高相差近十倍。

少数有权势的太监，如安德海、李莲英、崔玉贵等，由于成天围绕在太后、皇帝、后妃周围，博得主子的欢心，各种恩赏也多。而且，各省封疆大吏、道台、知府等，以及各部官吏，都要馈赠给太监"红包"。要太监引见皇上，得看红包的大小。小的红包就让你在外面等上几个小时再让你见皇上，当然啦，红包大的会立刻引见。就说李莲英吧，各省官吏如想升迁调转，少不了要将金银器皿、翠玉玛瑙等珍宝送到他的手中，他就会在慈禧面前多说好话，极力推举。李莲英甚至与庆亲王奕劻上下串通，卖官鬻爵，少则二万两，多则十万两。但大部分小太监只能靠微薄的薪水勉强度日，甚至过着悲惨的生活。

太监最能体会到伴君如伴虎的恐怖，慈禧勒令杖毙的太监就有多人。在她老人家眼中，太监的性命不见得比脚下的蚂蚁重要多少。

《宫中则例》规定："太监口角斗殴，

打六十大板；点灯时不谨慎、夜里值班时打瞌睡、大声喧哗、损伤宫中陈设、私自外传宫内之事、不服上层太监管教等打四十大板；传小道消息、请假回来得太迟等打二十到三十大板。"

乾隆四十九年（1784 年），有一个太监因母亲病重，告假三天。回家后，母亲病逝。他办完丧事赶回宫中，晚了半天，被发到南苑在马棚里铡草三年。

因此，太监们的精神压力特别大，每天战战兢兢，处处小心谨慎。

生活的平淡与无聊是对宫中太监的又一种折磨："当班的时候没有多少事做，不当班的时候，除了服侍老爷（也就是大太监）也没什么事情做。在固定的圈子里走，也走腻了。"

在清宫，大太监欺负小太监是天经地义的，平常因为些许小事挨打受气，是司空见惯的事。

无聊、苦闷、压抑、自卑，这一切像无法挣脱的罗网，使得太监们神情恍惚、性格怯懦，一天到晚疑神疑鬼，于是在清代，太监自杀现象层出不穷。

太监的命运是悲惨的，是封建制度的牺牲品。帝王们阴暗的心理导致太监生理的残缺。太监生前卑微屈辱，不被当人，死后被抬出宫，埋在城外，那些普通太监甚至连墓碑也没有。

李莲英受宠秘籍

　　清末李莲英受宠于慈禧太后，显赫一时，被人们呼为"九千岁"，得到了其他太监无法想象的荣耀和地位，是清末最有权势的宦官。那么，李莲英受宠的原因是什么呢？

　　李莲英出生在直隶河间府李甲村，生于道光二十八年（1848年），9岁入宫。李莲英原名李进喜，系普通农民出身。李莲英这个名字是慈禧亲自赐予的，她说"莲"是荷花，"英"是花瓣，她自己是老佛爷、活菩萨，当然是要坐在莲花里的。

　　据《满清外史》记载："李莲英，直隶河间府人也。本一无赖子，会以私贩硝磺系狱，后得脱，改业补皮鞋，是以人呼之为皮硝李。其同乡有沈玉兰者，先为内监，知那拉氏欲梳新髻，而未得其人，会莲英访玉兰，玉兰令其仿梳新髻法，揣摩之，技成，玉兰乃荐与那拉氏，许之。是为莲英入侍之始。"

　　这是说，李莲英入宫当了慈禧的梳头太监，从此受宠。怎么当的呢？当时给慈禧梳头的太监最倒霉，因为怎么梳也不对她的心思，挨板子的一个接着一个。李莲英知道后，暗下决心，开始琢磨发型。他利用出宫办事的机会，经常去北京八大胡同，有意和那些梳头匠打交道，他不甘心照搬照用，就独出心裁，一共研制了200多种新式发型。

　　后来终于得到了一个为慈禧梳头的机会，李莲英给慈禧梳了个"丹凤朝阳"的发型，此发型又挺拔，又风流，又俊秀，又好看，显得慈禧年轻了十来岁。慈禧端详了半天，越看越乐，就赏了他。自从李莲英侍奉慈禧以来，一天换一个发型，博得了慈禧的信赖和欢心。

　　李莲英感恩图报，又学会了推拿的技艺。每逢慈禧头疼脑热，身子不爽，或是不舒服的时候，李莲英便给她推拿按摩。他还善于察言观色，没事的时候，聊聊闲天，逗得慈禧前仰后合。从此，慈禧更离不开李莲英了。

李莲英由梳头房晋为总管，"权倾朝右"，历经几十年不倒，这不仅有梳头和推拿的原因，更主要的是因为李莲英机警圆滑。

《述庵秘录》里说"莲英为人机警，能先知后意。眷注特隆"，居然能猜出太后想什么！说明李莲英不仅学会了揣摩主子的脾气和爱好，千方百计地讨主子欢喜，还能时时处处谨慎小心。李莲英是个十分聪明乖巧的人，他明白应该如何摆正主子和奴才之间的关系。墓志铭中说他"事上以敬，事下以宽，如是有年，未尝稍懈"，也就是对主子恭敬，对下属宽厚。

《德宗遗事》记载：慈禧率光绪帝和文武百官出逃后返京，走到保定住下。太后住处"供给周备""李莲英室次之"，而"皇上寝殿极冷落"。李莲英等太后已睡，"潜至皇上寝宫"，见光绪帝在灯前枯坐，时值隆冬，竟然连铺盖都没有。李莲英当即跪下抱着光绪帝的腿痛哭："奴才们罪该万死也。"随即把自己的被褥抱来让光绪帝用。"上还京，每追念西巡之苦"，经常说的一句话就是："若无李俺达（老伙伴或师傅之意），我活不到今天。"此事说明，李莲英对主子恭敬，对下属宽厚，即使对一个失势的皇上也是如此厚待，给自己留一条后路。

而且，李莲英一向小心谨慎，不妄自尊大，也不结交地方官员。李莲英有一次随醇亲王视察海军时，在阅军过程中，李莲英不和任何官员接触，白天只是在醇亲王面前站班伺候，每天穿着朴素，替亲王拿着一支旱烟袋，随时装烟、递烟，回到住处则预备好热水，要亲自伺候醇亲王洗脚。此事后，醇亲王和李鸿章争着向慈禧称赞李莲英，慈禧说："没白心疼他。"认为李莲英为自己争了气，露了脸，堵住了一班朝臣们的嘴。

据《晚清宫廷生活见闻》载："每天三顿饭，早晚起居，他俩都互派太监或当面问候……在西苑、颐和园居住的时候，慈禧还经常来找李莲英：'莲英啊！咱们遛弯去呀！'慈禧有时还把李莲英召到她的寝宫，谈些黄老长生之术，两人常常谈到深夜。"

由此可看出，李莲英实际上成为慈禧晚年生活中一刻也不能离开的"伴"。

所以，李莲英虽说"一人昂首蔽朝阳"，也捞钱无数、得罪人无数，却能官至二品，慈禧"垂五十载，恩眷弗替"，就是因为上面这些原因。

清　佚名　慈禧下棋图

此图绘慈禧下棋的情景，左侧陪着她下棋的人传为李莲英。

李莲英死因初探

清朝末年，在人们心中留有深刻印象的除了"老佛爷"慈禧外，恐怕就是大太监李莲英了。有人评价李莲英为"有清以来太监中官品最高、权威最大、财富最多、任职时间最长的权监"。那么，这个权监最后的结局是什么样的呢？

作为一位如此著名的大太监，李莲英也给我们后人留下了许多疑案，最大的疑案就是：李莲英到底是怎么死的？是寿终正寝，还是死于非命？

《清稗类钞·阉寺类》记载说，慈禧太后死后，李莲英又受宠于隆裕太后，"退居之时，年已衰老，公殒于宣统三年二月初四日"。说明李莲英是在宣统三年（1911年）病死的。

然而，1966年，在北京市海淀区恩济庄六一学校掘挖坐落在校内的李莲英墓时，发现墓中除了李莲英的一颗头颅和大量陪葬珍宝外，其余尸骸一无所存。很明显，李莲英死的时候身首异处，假如李莲英果真是寿终正寝，又该如何解释其墓中只有头骨的现实呢？

有人说：李莲英被小德张所杀。小德张经常鼓动隆裕太后查办李莲英，于是李莲英被隆裕太后处死，他死后，隆裕太后还把他的巨额财产充了公。《清朝野史大观》记载说，在李莲英死后，"群阉瞰其私蓄累累，筹思篡取，各遣心腹，四出调查。闻除大城原籍，及各银号金店存款外，其储于宫内者，尚有现银三百余万之多。因共谋瓜分，较量锱铢，遽起争斗。小德张大受夷伤，面奏隆裕太后，交内务府大臣查办"。

可是，小德张比李莲英小很多，他是在李莲英出宫后，隆裕皇后当上太后时才慢慢得势，所以两人之间根本没有利益冲突。

还有人说：李莲英一生大量受贿于朝廷内外官员，在慈禧面前呼风唤雨，

清 景泰蓝珐琅花瓶

景泰蓝是在铜质的胎型上，用柔软的扁铜丝，掐成各种花纹焊上，然后把珐琅质的色釉填充在花纹内烧制而成。此器物胎体轻薄，掐丝线条流畅。

得罪了不少人。于是，李莲英在离开皇宫后不久就被人给暗杀了。最大的可能是他死于革命党之手，因为李莲英正好死在辛亥革命时期。

有人却反驳道：机警圆滑的李莲英绝不可能是被宫中仇敌所杀，李莲英没参与朝廷内的党派之争，也不可能得罪革命党人，等他临死出宫时，对于政事更没影响了，所以杀他没有任何意义。

有人又说：李莲英是在山东和河北交界处被悍匪杀死于讨债的路上。他的侍从急着逃走，便只捡了个头回来。

这更是不可信的，因为无论是李莲英的财富地位，还是他离宫后岁过甲子的年龄，都不可能亲自出门讨要债务。

还有一种说法：李莲英是在回自己所住的南花园路上被人暗杀的。1990 年，《纵横》杂志刊登了一篇名为《李莲英身首异处之谜》的文章。这篇文章详细描述了李莲英被杀的细节：李莲英在出宫后，一直住在护国寺棉花胡同的一所自家宅院内，过着与世隔绝的生活。一天，李莲英突然接到一张请帖，发帖之人是清末第一号实权人物，袁世凯的红人，九门提督江朝宗。请帖中说，要请李莲英在什刹海会贤堂吃饭。面对这张非同一般的请帖，李莲英权衡半天，最后决定赴宴。不料，在他回家的路上却遭遇了暗算。事后，其家人在后海只找到了李莲英的头颅，身躯却不知下落。

然而，有人却对此给以否定：江朝宗是在宣统二年（1910 年）任陕西汉中镇总兵，一直到民国元年（1912 年）才从陕西回到北京，担任北洋政府的北京卫戍司令。李莲英死在宣统三年（1911 年），这时江朝宗还远在几千里之外当总兵，怎么去杀李莲英呢？

一直到现在，人们还争论不休，却又难以定论，不过，人们基本可以断定李莲英不得善终，死于非命。至于他为什么被杀、在何处被杀、为何人所杀，这仍然是一个未解之谜。

李莲英差点当了国舅爷

晚清大太监李莲英在慈禧的宠信下，当上清宫太监大总管，成为有清一代最大的权阉。但他仍不满足，因为他有一个美貌超群，并且聪明又有些才艺的妹妹，他居然做起了要当国舅爷的春秋大梦。他能成功吗？

李莲英是清朝权势最大的太监，始终受到慈禧的宠信。但他以为这还不够，他想，如果能成为"皇亲国戚"岂不更好？因为他有这个条件：他有个妹妹，名叫李莲芙，年方二八，美貌超群，并且聪明又有些才艺。他便打起了如意算盘，既想为妹妹找个终生享受不尽的好归宿，又为自己寻条好前途、好退路，那就是让妹妹入宫，想办法成为皇帝的妃子。

李莲芙在没进宫前，也时时想着哥哥在宫中那样得势，为什么自己就不能进宫去呢？竟主动向李莲英提起进宫的事，李莲英自然答应了她的请求，并准备把她引到光绪皇帝的宫中。但这首先得经过慈禧同意，因为慈禧才是宫中的统领。

于是，李莲英有一天见慈禧高兴时，就向慈禧说道："启禀老佛爷，奴才家里有个胞妹，人品尚可，还未婚配，想叩觐太后天颜，侍奉老佛爷，若蒙天恩俯准，奴才全家老小，均感洪恩浩大。"

慈禧对李莲英向来是"有求必应"的，于是当下传旨，准许李莲英的妹妹进宫。

就这样，李莲芙进了宫，慈禧见她既漂亮妩媚，又善解人意，四处讨好，八面玲珑，颇得慈禧欢心，就把她留在了自己的身边，并称她为大姑娘，这是有清以来，对女性汉人前所未有的"殊遇"。因此李大姑娘的称呼就这样被叫开了，致使许多人根本不知道她的名字。

　　李大姑娘很会观察太后的举止，迎合太后的心意，慈禧对她也就另眼相看了。此后，慈禧每日用膳时，总是李大姑娘侍候一边，能和太后同桌吃饭。

　　李莲英本来让妹妹进宫，是自己想成为"国舅"，现如今妹妹既然进了宫，慈禧对她又另眼相看，于是他就暗示其妹，于光绪帝至慈禧寝宫请安或在别处相遇时，要动之以情，以邀垂颜。其妹心领神会，果真每遇光绪帝，便满脸媚笑，频递秋波，故意搭讪挑逗。不料光绪帝对她竟一直不理不睬。李莲英见势不妙，只得叩请慈禧玉成。

　　慈禧倒也中意，便和李莲英想好计策后，命太监传命紫禁城，召见光绪皇帝。光绪皇帝一听说是要把李莲英的妹妹选为自己的妃子，顿时明白了慈禧无非是想在他身边再安插个耳目而已，于是冷冷地对慈禧道："请亲爸爸明鉴，李大姑娘是汉族女子，我朝祖制满不点元，汉不选妃，亲爸爸不会不知。而且阉人之妹，更属不成体统，封李大姑娘为妃，这事万万使不得！"一句话说得慈禧哑口无言，这事只好作罢。

　　李莲英企图嫁妹之举，因光绪帝严拒而未能得逞，他面上虽一如往常，心下实恼羞成怒。

事后，李莲英就想：李大姑娘之所以不能打动光绪帝的心，是光绪帝依然爱恋着珍妃。于是，兄妹二人多次在慈禧面前搬弄是非陷害珍妃，而慈禧也发现，光绪皇帝与珍妃已不仅仅是感情上的情投意合，而且在志向、思想、主张等许多方面，越来越接近，有了不少共鸣。因此，开始极力打压珍妃，珍妃不知受了多少苦和罪，到了最后，慈禧干脆命人将她推入井中淹死。

而李大姑娘依然独自生活在宫中，到了光绪二十六年（1900 年）初，内务府的一个官员想娶李大姑娘，这时的李大姑娘已是三十好几的人了，慈禧就以太后指婚的名义把她嫁给了这个内务府官员。

后来有人曾为李大姑娘写过两首七言诗。其一是："偷随阿监入深宫，与别宫人总不同。太母上头宣赐坐，不教侍立绣屏风。"其二是："汉宫谁似李延年，阿妹新承雨露偏。至竟汉皇非重色，不将金屋贮婵娟。"

慈禧为何残害小太监

慈禧是晚清同治、光绪两朝的最高决策者，她以垂帘听政、训政的名义统治中国达 48 年。在对待太监上，慈禧有宽厚的一面，慈禧执政时，对李莲英宠眷不衰，二人常在一起并坐听戏；凡李莲英喜欢吃的东西，她多在膳食中为他留下来。慈禧对安德海和小德张等太监也是如此。然而，对待其他的小太监，慈禧则显示出残忍的一面。

慈禧，孝钦显皇后，又称"西太后""那拉太后""老佛爷"等。慈禧是晚清同治、光绪两朝的最高决策者，她以垂帘听政、训政的名义统治中国达 48 年。

历史上的慈禧有宽厚的一面，也有残忍的一面，尤其是对她身边的小太监。

一天，慈禧正在午睡，忽然听到一阵吓人的响声，听起来好像是爆竹炸裂的声音，把她给吵醒了。慈禧大怒，吩咐宫女把那个黄包袱拿给她，这个黄包袱里面装着大小不一的各种竹棍，专用来责打太监、宫女和老妈子的。慈禧便吩咐女官、宫女，每人手里拿着一根竹棍，到院子里去打那些太监。

这时，总管李莲英来了，慈禧便命李莲英把肇事者抓来见她。李莲英查清了缘由，拎着一只被炸得血迹斑斑的乌鸦回来，说是有个太监在炸乌鸦。

乌鸦俗称老鸹。皇宫城内古柏高槐，树林茂密，入晚时分，乌鸦成群，纷纷落于槐柏枝头，第二日早晨，则又结阵蔽天向东飞去，日落则归，此事历经二百年而不变。

因为乌鸦全身皆黑，叫声可恶，在中国被视为不祥之鸟。太监们最恨乌鸦，因为有人把太监也叫成乌鸦。太监们总是用捕鸟器去捕捉它们，并把它们杀死。有时他们爬到高大的树上去掏老鸹窝，掏到鸟蛋就把它煮了吃，捉到雏鸦就在它们身上涂了油，放在火上烧着吃。有时候，太监们还会玩一种残忍的游戏，捉住乌鸦后就在乌鸦脚上系一个大爆竹，点着了，再放飞这只倒霉的鸟。可怜的鸟兴高采烈地飞远了，当爆竹炸响的时候，它已经高高地飞在空中，被炸得粉身碎骨。太监们以为这很好玩，因此，他们经常这么玩。

这天中午，有位小太监捉到了一只乌鸦，就这么玩了一下。

慈禧太后听罢大怒，吩咐李莲英即刻把肇事的小太监拿来。一会儿，一个全身直打哆嗦的年轻太监被带了进来，李总管马上命令把他按倒在地，另外两个太监站在他两边，各拿了一根竹棍，轮流在他的腿上重重地击打。被打的小太监自始至终一声不吭，直打到一百下，李莲英才吩咐停下。

这时，小太监以为责罚完了，求求情就可以放过自己了，就跪到慈禧的面前在石阶上把头磕得嘭嘭作响，哭着说道："求老佛爷饶奴才这次吧！奴才以后再也不玩震天雷了。"慈禧一听这玩意儿叫"震天雷"，更加怒不可遏了，你这不是震我吗？于是吩咐左右将他交慎刑司处以"气毙"之刑。

所谓的"气毙"之刑，就是将犯人捆绑之后，用七层绵纸沾水后，一层层将受刑犯人的口、鼻、耳封起来，使他窒息而死。内务府慎刑司，就是清宫内部主管执法的部门，设有这种"气毙"之刑。可怜的小太监因一句"震天雷"就这样被慈禧残酷地要了命。后来，在戊戌变法失败后，慈禧也是用这个办法，将伺候光绪皇帝及珍妃的数十名太监治死的。

慈禧在政治上是"顺我者昌，逆我者亡"，在日常生活中也是这样。

慈禧酷爱下象棋，不过瘾大水平低，但无论是朝中大臣还是宫中太监，没人敢赢她，因为慈禧下棋时十分霸道，宫女、太监等人陪她玩时，都十分小心，以免发生意外。即使下棋时能下赢慈禧，也要在不露任何破绽的情况下，将这一局输掉，还要将其多年积蓄的小钱，供奉给老佛爷，不然，性命就难以保全。久而久之，老佛爷以为自己俨然是国手了。

有一天，出身于象棋世家的御膳房太监廉琦与慈禧对弈，廉琦一边拿车吃马，一边高兴地说："奴才杀老佛爷一匹马。"慈禧太后一看棋输了，大怒，喝道："什么？你杀我的马？好，我杀你全家！"结果，太监廉琦全家真的被抄斩了。

又有一天，慈禧想玩棋，身边却只有一个小太监。慈禧问他会不会下棋，小太监回答会。慈禧让他摆好棋，陪她解解闷儿。当时宫内宫外都知道，与慈禧下棋，是只能输不能赢的。这个小太监不知是忘了，还是刚入宫来不知道，反正他的棋艺本来就高，而能与慈禧下棋，似乎是自己的荣幸，结果，他棋艺超常发挥，把慈禧杀得人仰马翻，无还手之力。而小太监却愈战愈勇，最后竟然驱出一车，直捣对方旗地，高兴地叫道："将老帅！"一下把慈禧将死了。慈禧大怒，猛地掀翻棋盘，一个大耳光扇在小太监的脸上，叫道："来人，把这个不知天高地厚的东西拉下去重重地打！"

结果，小太监被活活地折磨死！

有一次，光绪帝去颐和园见慈禧，向她报告英俄联军侵占帕米尔问题，并请示对策。慈禧听了完全不当一回事，继续跟宫女和格格们玩棋。

光绪帝却认为这事很重要，就继续说，慈禧很厌烦，使劲地吸烟管。这烟管很长，一个小太监跪在地上给她点火，但他们的谈话让小太监走了神，点燃烟斗以后，一不小心，火柴点燃了慈禧太后长长的衣角。几个太监、宫女赶紧把火灭了，慈禧大怒："把这个瞎了眼的东西拉出去，给我乱棒打死！"

光绪帝不敢求情，再说他知道求情也无用。结果，这个小太监被活活打死。

这就是慈禧，在她身边的人处处小心，时时提心吊胆，因为不知哪一天厄运会降临到自己头上。

安德海是如何死的

安德海是慈禧的当红太监，山东巡抚丁宝桢却将其处死。这一举动震惊了朝野，连曾国藩都赞叹丁宝桢为"豪杰士"。李鸿章听到这一消息，兴奋地对幕僚们说："稚璜（丁宝桢的字）自此成名矣！"那么，安德海究竟是一个什么样的人物呢？丁宝桢为什么要斩他呢？

安德海（1844年—1869年），祖籍直隶青县，10岁入宫，充内廷太监。生得一副媚骨，一举一动都叫慈禧欢喜，又加上办事灵巧，颇有眼光，因此太后十分宠爱，称他"小安子"，两人行卧总在一块儿，是慈禧身边备受宠信的大红人。

之后，安德海有了立大功的机会。咸丰十一年（1861年），咸丰帝临终密诏，由其独子载淳继位，肃顺等八大臣摄政，并密令："如那拉氏弄权，可除之。"安德海把遗诏密报慈禧，使慈禧得以审时度势，制定出应付对策。咸丰帝死后，他充当慈禧和恭亲王的密使，奔走于热河和北京间，使辛酉政变一举成功。"小安子"劳苦功高，慈禧破格提拔他为总管大太监。

两宫垂帘时，安德海又有参赞密谋的功绩，至此权力更大。除两宫太后外，没一个敢违逆他，宫中都奉他如太后一般。

安德海恃宠而骄，干预朝中的各种政事，连小皇帝载淳、恭亲王奕䜣等朝中大臣也不放在眼里。他疯狂敛财，在外面卖官鬻爵，不论什么官员，有投他门路的，只需他在太后面前说一句话，第二天便见那官员升职。而在宫内，他同样到处收受贿赂，比如说一个朝廷的高级官员或地方上的封疆大吏，要想面见慈禧，如果没有安德海的通报和引见，任何大臣都是见不到的。安德海还经常搬弄是非，挑拨同治帝和慈禧的母子关系，使得小皇帝常被慈禧训斥。

然而，安德海并不满足于自己的这样一种地位，他觉得自己在慈禧的手下，是一人之下，万人之上，他还想有更多的享受，索取更多的贿赂，于是他就想出一个办法来。对此事《清宫秘史》有一段很详细的叙述：这时，同治皇帝预备大婚典礼，安德海乘机密请，拟亲往江南，督制龙衣。慈禧道："我朝祖制，不准内监出京，你还是不去的好。"安德海说："太后有旨，安敢不遵？再说江南织造向来进呈的衣服，多不合适，现在皇上将要大婚，这龙衣总要讲究一点，不能由他们随便了事。而且太后您的衣服都是些旧的，也应该置办点新的衣服，这件事我来帮您办吧，我到南方去采购一些好的布料，给您带回来做一些新的衣服。"

慈禧素爱妆扮，听了安德海的一番话，竟心动起来，就有了答应他的意愿。可是慈禧也明白另外一件事情，就是太监是不允许出京城的，擅自出京者斩。安德海窥透其意，便道："太后究竟慈明，连采办龙衣一件事都要遵照祖制。其实，太后要怎么办，便怎么办，若被'祖制'二字随时束缚，连太后都不得自由呢！再说我有您的照拂，有您的保护，又是给您办事，这不是擅自出京，应该算是宫里的办差。现在谁还敢不给您面子呢？"慈禧性情骄傲，被这话一激，不禁发语道："你要去便去，只是这事须要秘密，倘被王公大臣得知，又要上疏奏劾，连我也不便保护。"又嘱他沿途小心，不要铺张浪费。

安德海当面全部答应了慈禧的这些要求，可是出京的时候就变成了另外一个人。当他于同治八年（1869 年）七月初出京，站在所有地方官员的面前，站在百姓面前的时候，就开始耀武扬威起来。他从北京到南方去，乘坐了两艘很大的太平楼船，楼船上悬着两面大旗，写着"奉旨钦差，采办龙袍"八个大字。大旗上又有一面小旗，中绘一个太阳，内有一只三足乌。安德海在船上挂出三足乌旗，无异于公然宣告自己在为慈禧办差。他带了 60 多名随从，船上还带有专门的乐队、专门的厨师，一路上收取贿赂，铺张享受。

当他来到山东境内的时候，受到了山东巡抚丁宝桢的严密关注。丁宝桢是当时的一个清官，为人廉洁刚烈，他早就对安德海的仗势骄横非常愤慨，在他眼里，安德海是一个不忠不孝的人，不忠是他弄权干预朝政，不孝是作为太监不能为家庭传宗接代，所以丁宝桢十分痛恨安德海这样的太监。

丁宝桢得知安德海已进入山东境内，便一面发公文给东昌、济宁各府县，跟踪追拿，"一体截拿在案，解省由其亲审"；一面写了本密奏，八百里加急，送进京去，先至恭王府报告，托他代递密折。

密折中，丁宝桢痛陈安德海种种"震骇地方"的不法行径，并指出：清朝二百余年不准宦官与外人交接，也不能外出到地方，龙袍系御用之衣，不用太监远涉糜费，即使实有其事，也必有明降谕旨并部文传知等。并申诉了自己职守地方，"不得不截拿审办，以昭慎重"。

其实，安德海秘密出京一事，恭亲王奕訢早就了如指掌。他故意不加阻拦，待安德海出京违制形成事实，再搬出祖宗家法置之于死地。

恭亲王接到丁宝桢的密折后，趁慈禧在园观剧，立刻入宫会见慈安。慈安说："小安子应该正法，但须与西太后商议。"恭王忙奏道："安德海违背祖制，擅出都门，罪在不赦，应即饬丁宝桢拿捕正法为是。"慈安最终被说服，恭亲王当下命内监取过笔墨，匆匆写了数行，大致说"安监擅自出都，若不从严惩办，何以肃宫禁而儆效尤？着直隶、山东、江苏各督抚速派干员，严密拿捕，拿到即就地正法，毋庸再行请旨"等语，交原人兼程带回。

八月初二，安德海在泰安县被知县何毓福抓获，与其随从陈玉麟等三人随即被先行押往济南，由丁宝桢亲自审讯。八月初七，丁宝桢遵旨将安德海就地正法，将安德海随从陈玉麟、李平安等太监，立即处绞。

这件事情，慈禧竟未曾得知。直至案情已了，方传到李莲英耳中，慈禧才知道，不禁花容失色，几乎要坠下泪来。慈禧知道这件事是恭亲王和慈安瞒着自己所为，就对此二人恨上了。不过，恭亲王的女儿荣寿公主是慈禧的干女儿，因慈禧无女，她常入侍宫中，慈禧很是宠爱，荣寿公主向慈禧求情，慈禧原谅了恭亲王："这次开恩饶免，你去回报你父，下次瞒我，不可道我无情。"而慈安从此被慈禧嫉恨在心，但在面子上却仍是和和气气。

总管太监小德张

　　小德张继安德海、李莲英之后，成为晚清著名三大太监的最后一位。他历经光绪、宣统两朝，在慈禧太后和后来的隆裕太后跟前都红得发紫，直到民国，小德张也受到了袁世凯的优待。这是什么原因呢？

　　小德张生于光绪二年（1876年），姓张名祥斋，字云亭，是天津市静海区南吕官屯人。父亲以打鱼为生，母亲是一般的农村妇女。15岁那年，小德张在一个大户人家受了气，跑回家问母亲怎样才能发财，然后买辆大套车。母亲听了信口答道："要发财，当老公。""老公"是当时天津人对太监的称呼。当时天津的静海、大城两县贫困，以出太监而著称，穷人家想发财也只能干皇差，当"老公"。

　　经母亲这么一说，小德张真的动了心，悄悄磨刀，把自己净身了。次年，他顺利进宫，被拨入茶坊，拜有职务的太监"哈哈李"为师。"哈哈李"脾气

不好，爱打人，小德张一个小伙计，自然挨打不计其数。就这样，小德张进宫一年，不要说见皇上，连太后、皇后、太妃、贵妃，甚至连出头露面的总管太监也见不到，整天只是挨打而已，身上青一块紫一块，头上的疙瘩上摞疙瘩。

小德张是个聪明人，就变着法儿找"哈哈李"的麻烦，结果让"哈哈李"不胜其烦，就把小德张赶出茶坊，去养鸡鸭了。

整天与鸡鸭打交道的小德张自然不满足于自己的处境，他了解到慈禧是一个大戏迷，当戏子最容易得到她的赏识。于是，他就走后门，让戏班首领相中，于光绪十八年（1892 年）进了宫内由太监组成的专为帝王后妃们演戏的南府戏班。南府戏班在皇宫西华门外南长街，明代称为"灰地"，又叫"咬春园"，清代乾隆年间，改名"升平署"，下边的人却都叫它为"南府戏班"。南府戏班内杂植花树，栽培牡丹、芍药及其他名贵花卉，所以这里又叫"南花园"。南府戏班在以前是专为皇上演出的，到了同治、光绪年间，就专为慈禧演出了。

太监要想得到慈禧的赏识，必须擅长演戏。慈禧喜看京剧，演员全由太监担任，邀请京剧名角入宫当教练，如杨月楼、杨小楼、谭鑫培、王瑶卿、肖长华等，生、旦、净、末、丑俱全。

投身到南府戏班的小德张，不管白天还是晚上都拼命练功，没半年工夫，

清　沈蓉圃　同光十三绝

沈蓉圃挑选了清同治、光绪年间京剧舞台上享有盛名的 13 位昆曲、京剧著名演员，用工笔重彩在一幅画上把他们所扮演的剧中人物绘画出来，个个栩栩如生，显示出深厚的功力。

就会翻跟斗了，还能凑合着配戏。小德张似乎天生就是个唱戏的好料，人又聪明，进戏班不久，就学会了许多武功套子活。天机巧缘，有一次，正演《盗仙草》，饰白蛇的小太监踩着高跷打出手的时候，踢枪踢过了劲。眼看枪就要掉到戏台上，小德张一个跟斗翻过去，用两只脚把枪给挑了下来。慈禧看到后，大为欢喜，夸奖他演得好，并赏了全班 500 两银子。

小德张跑龙套受到了太后老佛爷的夸奖，初步尝到了甜头，这给他莫大的鼓舞，他练习功夫的劲头也就更大了，除了披星戴月地练武功以外，还起大早吊嗓子，因为作为一个"演员"，容貌、武功、嗓音都是不可缺少的条件，小德张五官端正、秀丽，功夫也不错，只欠一副好嗓子了。

小德张起早贪黑地苦练，每天只睡三四个小时，就这样苦练了三年，练了不少绝活，如小德张的腿练得跟面条一样，伸腿过颈，穿上厚底靴子也能翻旋子。

功夫不负有心人，小德张 19 岁时正式登台主演，22 岁时演《雅观楼》里的李存孝。小德张使出浑身解数，把三年练的功夫都使了出来，演得十分精彩，慈禧高兴得不得了，夸奖不已，并赐名叫"小德张"，从此小德张的名字就叫开了。第二天，慈禧就擢升小德张为御前近侍，并为总提调代管南府戏班。

小德张从入宫时起，就把李莲英当成学习对象。他精心模仿李莲英说话、做事，甚至一些小动作。不过，他比李莲英更圆滑，心机更深。从此，成功之门向他敞开。

小德张是在光绪十七年（1891 年）入宫的，当时，慈禧操纵着大清王朝的实权。光绪皇帝在中和殿接见王公大臣，所议论的事情是不敢擅自做主的，如下边递上来的奏折，他阅过之后，必须呈慈禧，由慈禧批阅训示之后才能照办。传递奏折的人就是小德张。

小德张每天奔走在慈禧的慈宁宫和光绪皇帝的中和殿之间，却向双方讨好，一方面，他成功地成为慈禧十分信任的心腹之人，如果慈禧问皇上在干什么，或者跟谁说话，他会回答得让慈禧欢心和满意；另一方面，他在光绪帝那里也买好，对光绪帝恭敬有加，而光绪帝为了了解和掌握慈禧的所思所想，也向他询问慈禧在批阅奏章时的神情和说了些什么，他的回答又能让光绪帝欢心和满意。

这样做的好处自然有了，比如有一次，军机处签放了一名海关监督，光绪帝却拒绝盖章，签放人送给小德张 20 万两银子，小德张一求，光绪帝果然就把印盖了，20 万两银子就这样到手了。而讨得了慈禧的欢心，小德张很快就升为御膳房掌案，官至三品顶戴。由于李莲英年龄已大，精力不够，小德张名为御膳房掌案，实则已经总管太后宫里的一切事宜。

光绪三十四年（1908 年）十月，慈禧太后死后，在宫中权力争斗的关键时刻，小德张明确地选择了支持隆裕太后，并利用自己在宫中的势力，力保隆裕把持朝政。此举，使小德张很快由慈禧眼前的红人变成隆裕身边的红人。宣统元年（1909 年），隆裕赐拨给他帑银十万两，又为他建了一座占地 50 亩的大宅子，房舍有几百间，当地人称"极乐寺总管府"。小德张从此权倾朝野，后宫上下无人能比。

小德张为了给自己留条后路，他看准袁世凯最有前途，就多方勾结，时常为其提供宫廷机密，使其进一步取得了清廷的信任。小德张果然没有看错，清帝退位后，原大清国内阁总理大臣袁世凯，担任"中华民国"第二任临时大总统。

袁世凯也对小德张不薄，问小德张愿意在哪儿住，小德张说愿在天津，于是袁世凯在天津给小德张定了两所房子。

小德张从此便再也不入宫了，在天津英租界 41 号路修的洋楼里"纳福"。他娶了四个老婆，有下人三四十个，门卫、账房、厨师、花匠、丫环、老妈等，应有尽有。

这时小德张的产业已经很可观了，但到底搜刮了多少钱财，谁也说不清楚。人们只知道，他在老家置地 17 顷，在北京南苑置地 20 顷，在天津英租界 41 号路修楼房 12 座，在北京永康胡同建了一所宏大的宅院，另外在北京前门外鲜鱼口和北沟沿开设了永庆、永存两座当铺，资金达十多万两白银，还在北京大栅栏开设了祥益绸缎店，资金 20 多万两白银。他还用纯银四五百两铸了一对马车上的夹板。其母死后，他在他母亲居住的房间里铸造了一座两尺多高的金银山作纪念。

小德张生活上十分富有，与几个姨太太居住在自己的乐园中，还过继他哥哥张月峰的儿子张彬为继子。一家人出有入小汽车，还重金聘请了几名侍卫，颇为威风。中华人民共和国成立以后，小德张依然安度晚年，并没有受到多大的触动。他于 1957 年 4 月 19 日去世，终年 82 岁，葬于天津城外 30 里的北仓。

藏在古画里的大清史

皇宫里的生活自然是与宫外不一样的，而且有着各种各样的礼仪和规矩。然而，皇宫里的生活又有些和宫外是一样的，民俗中的各种节日，比如春节、中秋节、生日等，皇宫里和民间一样，也是要过的，只不过皇宫里的规模更大一些，更讲究排场一些罢了。

第五章

宫规民俗：金顶红墙定方圆

"正大光明"匾后的密匣

　　一个王朝的延续体现为皇位的传承,权力转移的过程总是伴随着勾心斗角,刀光剑影。怎样才能避免这些呢?雍正皇帝想出了一个办法,那就是秘密立储。

　　在清代,从皇位传承的模式上看,在康熙皇帝之前,都是通过八王共治的推选制度继承汗位的,然而,即便是这样,皇位传承的过程也总是伴随着勾心斗角,刀光剑影。秘密立储制度的创设就是为了解决皇权之争。

　　秘密立储制度,是由雍正皇帝首创,并为后世沿用。

　　雍正皇帝即位后,从自己争夺皇位的亲身经历中吸取了教训。在《雍正起居注》中记载了雍正元年(1723年)八月十七日的谕旨,这天,雍正在乾清宫西暖阁面谕总理事务王大臣、满汉文武大臣、九卿:"我圣祖皇帝……命朕缵承统绪,于去年十一月十三日,仓卒之间一言而定大计。……圣祖之精神力量,默运于事先,贯注于事后,神圣睿哲高乎千古帝王之上,自能主持,若朕则岂能及此也。……今朕诸子尚幼,建储一事必须详慎,此时安可举行?然圣祖既将大事托付于朕,朕身为宗社之主,不得不预为之计。今朕特将此事亲写密封藏于匣内,置之乾清宫正中世祖皇帝御书正大光明匾额之后……以备不虞。诸王大臣咸宜知之。或藏数十年亦未可定,尔诸王大臣等当各竭忠悃辅弼朕躬……(诸臣表示无异议后)留总理事务王大臣将密封锦匣收藏于正大光明匾额后……"

　　这份圣谕表示从此不再公开册立皇太子,而将立皇太子的秘密谕旨由诸王大臣见证后藏在匣内,放于乾清宫"正大光明"匾后,等到皇帝驾崩以后,由御前大臣共同取下密匣,共同拆启,当众宣布传阅,即刻确定获得提名的皇子的帝位。

关于秘密立储，有学者认为康熙皇帝已有计划，但是未及实施。不过，不管怎么说，仅就清代的秘密立储制度而言，无疑是雍正皇帝确立的。

其实，秘密立储的形式以前就曾出现过，根据《旧唐书·波斯传》记载："其王初嗣位，便密选子才堪承统者，书其名字，封而藏之。王死后，大臣与王之群子发封而视之，奉所书名者为主焉。"雍正帝作为饱读经史的帝王，可能留意过这条记载。

秘密立储因为不过早地宣布皇位继承人，也不因循嫡长子继承制，所以，在不知父皇好恶的情况下，所有皇子都有机会，因此他们便会努力用帝王的标准来塑造自己的形象，力求博得父皇的欢心。而且，因为没有明确谁是太子，这样，形成庞大政治集团的结党行为也就不可能了。此法虽不能彻底消弭统治者内部争夺帝位的斗争，却避免了公开确立皇储所造成的皇子之间的血腥争斗，削弱了帝位之争的激烈程度。

自雍正帝确立秘密立储制度之后，乾隆、嘉庆、道光、咸丰几朝均按照这一制度继承皇位。其中最具典型意义的，就要算道光之子奕詝和奕訢两兄弟争储的故事了。

道光帝是清朝的第八位皇帝，39岁继位，在位30年，享年69岁。

清　剔红双圆宝盒

此盒外形作两圆相交，故称双缘（圆）宝盒。全器施涂两种漆色，下层泛黄、上层鲜红，借由上下漆色呈现纹饰的主体。

道光皇帝共有后妃 20 多人，先后给他生了 10 个公主和 9 个皇子。其中，皇四子奕詝和皇六子奕䜣，是诸皇子中颇受道光钟爱的两个。

道光皇帝即位后，并没有按清朝惯例马上着手秘密立储，晚年时才想起立储，在奕詝为长的几个儿子中，道光皇帝最看重的是皇四子和皇六子。

奕䜣，生于道光十二年（1832 年），6 岁时，道光皇帝专门为他配备了老师进行正规教育。他聪敏好学，渐渐在文化课程和骑射训练中比其他皇子接受得更快。奕詝也是 6 岁入学，性格贤仁正直。奕詝和奕䜣十分友好，两人天天一起学习文化课程，也一起练习武艺。道光后期，一考虑到立储，他的目光始终放在奕詝和奕䜣两人身上，却又左右为难，不知该定谁。

正当道光皇帝踌躇不决时，发生了两件小事让道光皇帝最后做了定夺。一件事是，道光帝晚年的一天，他带众皇子到南苑进行打猎，众皇子都想借此机会在父皇面前好好表现一番，奕䜣也不例外，尤其他从小擅长刀枪射箭，因此，他使出浑身解数勇猛冲突，表现得很不错。郊猎结束后，诸皇子都纷纷展示自己的战绩，奕詝却说道："父皇，现在是万物苏醒的春天，鸟兽开始繁衍孕育，我不忍心伤害这些生灵，来违反万物的生长规律。"道光帝听了十分高兴，因为这和他的思想比较接近，这使道光帝对奕詝更加欣赏。

另外一件事是，道光帝晚年生病时，有一天召见二位皇子，说自己年老多病，可能不久于帝位了。奕䜣聪敏伶俐，知识丰富，就知无不言，言无不尽，大谈国家政事，一副才华横溢的样子，显然压倒了奕詝；而奕詝什么话也没说，只是一个劲地跪伏在地流眼泪，表现出对父皇真诚的孝心。道光帝大为感动，认为奕詝实在太仁孝了，于是决定将皇位传给奕詝。

这两种说法可能有虚构的成分，不过，不管怎么说，道光二十六年（1846年）六月十六日，道光皇帝正式秘密立储，在一张 9.5 厘米长、1.6 厘米宽的四折纸上用红笔以满汉文字合书"皇四子奕詝立为皇太子"。

道光三十年（1850 年）正月十四日，道光皇帝即将走完他的人生，他在圆明园召见了众大臣，在众大臣面前打开小匣子，宣示御书、遗谕，同时，宣示了一份道光皇帝的亲笔朱谕："皇四子奕詝着立为皇太子，尔王大臣等何待朕言，其同心赞辅，总以国计民生为重，无恤其他。"

道光皇帝去世后，爱新觉罗·奕詝登基称帝，就是清朝的第九位皇帝咸丰帝。

英国使臣觐见乾隆帝

清朝时的中国，一贯以"天朝"自居，对与外商贸易则自认为是"嘉惠远人"，因此，西方各国来华时的礼仪，须按清朝礼制行跪叩礼。然而，随着时间的推移，西方各国来华的使臣不愿意再给清朝留下朝贡归顺的印象，因而对清朝规定的觐见礼仪提出了异议。如乾隆五十七年（1792年），英国派马戛尔尼来华，为是否行三跪九叩礼就折腾不已。以"天朝"自居的清朝是怎样解决这个问题的呢？

英国国王乔治三世以为乾隆帝祝寿为名，派遣前驻俄公使、孟加拉总督马戛尔尼勋爵和东印度公司大班斯丹顿为正副特使，带着600箱礼物来到中国。

乾隆五十七年（1792年）十月十八日，三位英夷人先来到广东，请求广东巡抚郭世勋的会见，因为他们准备递交他们国王的信函。

郭世勋会见了这三位英夷人，看了信函，内容是："……为了对贵国皇帝树立友谊，为了改进北京和伦敦两个王朝的友好来往，为了增进贵我双方臣民之间的商业关系，英王陛下特派遣自己的表亲和参议官、贤明干练的马戛尔尼勋爵作为全权特使，代表英王本人谒见中国皇帝，深望通过他来奠定两者之间的永久和好。"

郭世勋认为这份朝贡表文，虽不符天朝体制，但蛮夷不懂天朝礼仪，也可以原谅，只要在翻译时稍加润色一番，让皇上高兴就行，于是一份署名郭世勋的奏折发往北京。

十二月初三，乾隆帝看到了这份奏折："咭唎总头目官、管理贸易事百灵（英国东印度公司董事长百灵）谨禀请天朝大人钧安。敬禀者，我国王兼管三处地方，向有夷商来粤贸易，素沐皇仁。今闻天朝大皇帝八旬万寿，未能遣使

清　佚名　万国来朝图

《万国来朝图》将万国来朝使团朝贡的场景绘于画面，场面宏大，十分热闹，充分展示出宫廷建筑群的宏伟壮观和天朝大国、万国来朝的盛世气派。

赴京叩祝，我国王心中惶恐不安（两年前乾隆帝八十大寿，英国未遣使祝寿）。今我国王命亲信大臣，公选妥干贡使马戛尔尼前来，带有贵重礼物进呈天朝大皇帝，以表其慕顺之心，惟愿大皇帝恩施远夷，准其永远通好，俾中国百姓与外国远夷同沾乐利，物产丰盈，我国王感激不尽。"

乾隆帝看了很开心，于是批示道："其情词极为恭顺恳挚，自应准其所请，以遂其航海向化之诚。"

其实，这些英夷人千里迢迢来中国，目的绝非"给中国皇帝进贡"，而是为了开辟中国市场。而此时的中国，一贯以"天朝"自居，对与外商贸易则自认为"嘉惠远人"，根本不把英夷人放在眼里。

于是，长芦盐运使征瑞被任命为此次接待英夷的钦差大臣，乾隆帝给征瑞下指示道："……若该贡使等于进谒时行叩见之礼，该督等不必辞却；倘伊等不行此礼，亦只可顺其国俗，不必加之勉强。"乾隆帝在上谕中又说道："试思该使臣向征瑞行叩见礼，亦无足为荣；即不行叩见礼，亦何所损。"就是说，乾隆帝告诉征瑞等官员，他不在意英夷们是否向他手下的官员磕头。

乾隆五十八年（1793 年）七月初八，乾隆帝在上谕中问道："梁肯堂、征瑞折内俱称筵宴时该使臣等免冠叩首等语，前据梁肯堂奏，与该使臣初次相见，敬宣恩旨时，该使臣免冠竦立，此次折内何以又称免冠叩首？向闻西洋人用布扎腿，跪拜不便，是其国俗不知叩首之礼，或只系免冠鞠躬点首，而该督等折内声叙未能明晰，遂指为叩首，亦未可定。着传谕征瑞：如该使臣于筵宴时实在叩首则已，如仍止免冠点首，则当于无意闲谈时婉词告知，以各处藩封到天朝进贡觐见者，不特陪臣俱行三跪九叩首之礼，即国王亲自来朝者，亦同此礼。今尔国王遣尔等前来祝嘏，自应遵天朝法度。虽尔国俗俱用布扎缚，不便拜跪，但尔叩见时何妨暂时松解，候行礼后再行扎缚，亦属甚便。若尔等拘泥国俗，不行此礼，转失尔国王遣尔航海远来祝嘏纳贡之诚，且贻各藩部使臣讥笑，恐在朝引礼大臣亦不容也。此系我亲近为汝之言。如此委曲开导，该使臣到行在后，自必敬谨遵奉天朝礼节，方为妥善。"

这是皇帝亲自为臣下设计诱导英使拜跪叩首的方法，显然，此时皇帝对英夷们是否向他手下的官员磕头是很重视的。

八月初四，马戛尔尼、斯丹顿等一行人到达热河。军机大臣和珅约见了特使，在觐见礼仪上双方发生了激烈的争执：清朝要求马戛尔尼朝见中国皇帝时，必须行三跪九叩礼，马戛尔尼则提出中国派同级官员向英王肖像行跪拜礼，以示平等。这个提议被清廷拒绝，马戛尔尼也坚持不行三跪九叩之礼。最后，经过多次会谈，双方互给面子，达成共识：在八月初六万树园的礼节性欢迎宴会上，英国使节行英式礼，而八月十三日在澹泊敬诚殿正式举行乾隆帝万寿典礼时，使团人员行中国的三跪九叩礼。

乾隆皇帝得知双方达成了妥协，态度有所缓和，表示"这些人从海上远道而来，所以不熟悉天朝的法度，不得不稍加抑制，今天既然诚心效顺了，仍应给予恩惠"。

八月十三日，避暑山庄澹泊敬诚殿里张灯结彩，隆重的万寿庆典活动在这里举行。英国使团一行人这天朝见乾隆帝时，到底跪了没跪，是不是行了三跪九叩礼这个问题，中外史学界一直争论不休。《清史稿·高宗本纪》记载：英国使节马戛尔尼等虽然不习惯叩头，但一到皇帝面前，还是跪了下去。马戛尔尼的亲戚、英国使团秘书温德在当天的日记中有一段描述："当皇帝陛下经过时，有人通知我们走出帐篷，让我们在中国官员和王公对面排好队伍。我们按当地的方式施了礼，也就是说，跪地、叩头九下。"看来，英国使臣一行最后还是遵守了中国的礼仪。然而，在清朝御用画师郎世宁所绘《马戛尔尼觐见乾隆图》中，乾隆帝高傲地卧坐于龙椅之上，而英国使臣马戛尔尼则是很不服气地单膝跪于龙椅前，好像并没有行三跪九叩礼。

不管怎么说，后来的结局是，乾隆帝回京后，来到了圆明园，来到了大英帝国的"科技宫"。可是，马戛尔尼输了，他输得一无所有，乾隆帝对这些英国人的东西，下了如此结论："这些东西好得足以逗乐小孩。"换句话说，这些代表最新科技的东西只是哄孩子玩的玩具罢了。很快，马戛尔尼听到了传闻：皇帝准备让英国人离开！

不久，乾隆帝对英国使臣提出的通商要求，以"与天朝体例不合"为由，一一驳回，马戛尔尼的使命以失败告终。十月初七清晨，英国人有点狼狈地离开北京，踏上了回国之路。

皇帝与太上皇

太上皇，是皇权政治的"特产"。辞书的解释是：皇帝的父亲，或是兄长，叫太上皇帝，简称上皇。那么，太上皇可以独揽和指挥一切吗？实际上，大多数太上皇并不是这样的，在此，我们可以看看中国历史上几个太上皇的情况。

我国几千年的封建社会，最高统治者是实行世袭和终身制的。一个人一旦黄袍加身，就要做一世的皇帝。除非是被推翻，一般一定要等他驾崩之后，才允许由新皇帝接位。这就叫天无二日，国无两君。但也有少数例外，皇帝的身体还是好好的，就宣布退位，并成为所谓的太上皇。

不过，中国第一个被称为太上皇的秦庄襄王，却是死后由其子秦始皇追尊的；其后，汉高祖刘邦亦尊其父太公为太上皇。这两个早期的太上皇，和后来的由皇帝变为太上皇的那种情况有别。

中国历史上真正的由皇帝变为太上皇的，第一位是唐高祖李渊。武德九年（626年），李渊的次子、秦王李世民伏兵玄武门，把入朝途中的哥哥李建成、弟弟李元吉一齐杀掉。这时的李渊正在皇宫的内湖上泛舟嬉戏，突然一群兵士拥至跟前，声称奉秦王之命为皇父护驾。李渊深知朝廷局势已为次子控制，迫不得已，只好下诏退位，宣布由李世民承继大统。李世民便尊奉皇父为"太上皇"，以保全皇父的体面。太上皇李渊完全退居了二线，朝中的事也与他无关了。

第二位是唐玄宗李隆基。李世民的曾孙李隆基在年轻的时候，是一个很有作为的皇帝，亲手开创了李家皇朝的开元盛世。可是到了晚年，他昏庸了，沉湎于儿媳妇的美色，不理甚至荒芜朝政，结果安史之乱爆发。次年，叛军逼近国都长安，已做了45年皇帝的72岁高龄的李隆基在仓皇之中西逃成都。但他仍舍不得放弃帝位，当时承担抗击叛军重任的太子李亨在距长安千里之外的肃州灵武宣布即位，同时根据祖宗先例，遥尊远在成都的李隆基为太上皇。曾几何时，老子用至高无上的皇权抢走儿子的媳妇，如今另一个儿子却夺取老子的宝座，剥夺了他至高无上的皇权。李隆基做了5年太上皇后，在孤寂中死去。

北宋时，宋徽宗赵佶原是一个只知道吃喝玩乐的浪荡子，登上帝位之后，仍旧过着他的浪荡生活，后宫三千粉黛还不够他淫乐，还要到妓院里去嫖名妓李师师。这种由皇帝带头的整个统治集团的荒淫和腐败，不但激起了无数次农民起义，还招来了外族的入侵。在女真族强大的进攻面前，朝内一些当权大臣

南宋　佚名　明皇幸蜀图

此图描绘的是唐玄宗统治后期，爆发了"安史之乱"。后安禄山攻陷潼关，唐玄宗被迫西逃的情景。

以非帝退位不足以平金人之怒为由，逼迫徽宗传位于太子赵桓，徽宗被封为太上皇。但金朝并未因此罢兵，靖康二年（1127年），太上皇赵佶与钦宗赵桓双双被金兵俘虏，史称"靖康之耻"。父子二人被掳至五国城（今黑龙江省依兰县），先后客死他乡。

大约300年以后，中国又出了一个太上皇叫明英宗朱祁镇。正统十四年（1449年），蒙古族瓦剌部进犯明朝北部边疆，前锋很快逼近大同。在宦官王振的鼓动下，明英宗率50万大军亲征瓦剌，结果50万大军在土木堡几乎全军覆灭，朱祁镇也成了俘虏。留在都城的兵部尚书于谦等拥立郕王朱祁钰为帝（即明代宗），遥尊英宗为太上皇。一年后双方议和，明英宗被送还北京。回到北京的太上皇朱祁镇被关在一个小院内，和囚徒一样。明英宗做了7年太上皇，直到朱祁钰生了大病，太上皇乘机勾结当年主张南迁的大臣和王振余党发动了"夺门之变"，重登大宝。

皇帝宝座极具诱惑力，坐上去不易，而下来也非常之难。比如唐宣宗，大臣请他早立太子，他听了很不高兴："若早立太子，则朕遂为闲人。"皇帝视权力为命根子，那些禅位去做太上皇的，实乃形势所迫。

因此，皇帝禅位而为太上皇的，大都是被迫的，而且禅位后也没什么权力了。中国历史上只有一个皇帝禅位而为太上皇后，还掌握着朝中大权，那就是中国历史上最后一位太上皇清高宗弘历（即乾隆帝）。他原是一个比较有作为的皇帝，可是到了晚年，变得骄傲而昏庸，听不进反面意见，只爱听歌功颂德的声音。他特别宠信大贪官和珅，因为和珅最会逢迎拍马。当然，他也想把这个皇帝做下去，做一个终身皇帝。可是，他26岁登基时，曾经烧香祷告上天，称自己如果能做60年皇帝，就把皇位自动禅让给儿子。但这并不说明他不想终身做皇帝，而是他没有想到自己会如此长寿。他于1736年登基，到1796年已坐够了60年皇位，再不兑现诺言，实在无法向上天和臣民交代。

于是，乾隆帝不得已把皇帝宝座传给他的儿子，自封为太上皇，可他同时又宣布自己身体康健、精力充沛，仍要过问军国大事，指导新皇施政。其时，嘉庆帝已人到中年（即位时已37岁），根本不需要这样一个顶头上司。但皇父执意如此，他也无可奈何。乾隆帝做了4年名副其实的太上皇，嘉庆帝也只得伴随皇父当了4年实习皇帝，乾隆帝是我国历史上最有权力的太上皇。

满汉不能通婚吗

清朝实行民族隔离政策，规定满汉不通婚，违者严惩，甚至杀头。而实际上，"满汉不通婚"是指"旗民不结亲"。

努尔哈赤时，为适应满族社会发展的需要，在原有牛录制的基础上，创建了八旗制度。满族人建立清政权后，在满洲八旗外，又将归顺的蒙古骑兵也编入八旗，称为蒙古八旗，旗制与满洲八旗同；同时又将部分最早归附努尔哈赤的汉军也编入八旗，称为汉军八旗，旗制与满洲八旗同。汉军八旗的人可称为旗人，而所有在旗的人称不在旗的汉人为"民人"。

于是，在八旗中形成了一种叫作"旗民不结亲"的风俗。这种风俗在满族内部又被称为"满汉不通婚"。因此，严格来讲"满汉不通婚"并不是指满族人不能与汉族人结婚，而是指八旗内部可以通婚，但是旗人不可以与旗外人民结亲。

但是，也有一些例外。据《清世祖实录》第四十卷记载：顺治五年（1648年），摄政王多尔衮告谕礼部"方今天下一家，满汉官民皆朕臣子，欲其各相亲睦，莫若使之缔结婚姻，自后满汉官民有欲联姻好者，听之"。可是，几天之后，多尔衮对于满汉通婚做了进一步规定："希望嫁给满人的汉族官员之女也需报户部登记；非官员家妇女许配满人听其自便，无须报部。并告诫满人务必合法结婚，除了正式的妻子，不许另占汉族妇女。"不过，满汉通婚的倡议在多尔衮生前很难推广开来，因为大规模的满汉通婚有可能会导致八旗制度的崩溃，会导致八旗旗民特权的最终丧失，因此，在满族八旗中遇到了极大的阻力，真正照此执行的人就很少。

到了乾隆时期，"满汉不通婚"又出了一个例外。乾隆帝生了一个宝贝女

儿，可惜脸上长了一颗黑痣。相士为她算命，说"主灾"，须嫁给比王公大臣更显赫的人家才能"免灾"。乾隆帝非常疼爱自己的女儿，左思右想，满族贵族都没有合适的。无意中想到山东曲阜的孔府，为世代公认的大贵族，天下恐怕是没有一家能比得了的，顿时喜上眉梢。但转念一想，孔氏乃汉人，身为乾隆皇帝的女儿怎么能嫁给汉人呢，不禁左右为难起来。不过，乾隆帝很快想出了一个"曲线通婚"的办法来。

那就是，乾隆帝把自己的女儿过继给文华殿大学士于敏中。于敏中是汉族人，于是公主就变成了汉家女。然后，乾隆帝再把女儿嫁给孔子第七十二代嫡孙衍圣公孔宪培，这样就没有违反"满汉不通婚"的祖制了。

到了清末，经过百日维新后，原本强烈抵制变法的慈禧也开始推行较之前更为彻底的新政。慈禧于1901年在西安宣布"变法"开始，其中包括满汉通婚。

清　佚名　清明上河图（局部）

清代版本的清明上河图描绘了清朝清明节时各行各业的人物生活状况，图中展现的是一支队伍在迎亲的场景。

光绪二十七年（1901年）十二月二十二日，慈禧发布懿旨："我朝深仁厚泽，沦浃寰区。满汉臣民，朝廷从无歧视。惟旧例不通婚姻，原因入关之初，风俗、语言或多未喻，是以着为禁令。今则风同道一，历二百余年，自应俯顺人情，开除此禁。所有满汉官民人等，着准其彼此结婚，毋庸拘泥。至汉人妇女，率多缠足，由来已久，有伤造物之和。此后搢绅之家，务当婉切劝导，使之家喻户晓，以期渐除积习。断不准官吏胥役藉词禁令，扰累民间。如遇选秀女年份，仍由八旗挑取，不得采及汉人，免蹈前明弊政，以示限制，而恤下情。将此通谕知之。"

而这时候，汉满两族因为长期的杂居，已经在文化、经济、语言、服饰等方面建立了千丝万缕的联系。

大臣们向皇帝打小报告

　　皇帝想掌控所有的事情，但也不能不顾及大臣们的实际情况。那么，有没有这样一种制度，既可以满足皇帝的需求，又能够避免大臣们因公开奏报而带来的麻烦呢？

　　人主要是通过眼睛看的功能了解外界，除了直接观察事物以外，就是看间接的文字等媒介。皇帝了解下情主要的管道就是看臣下的报告。历朝历代的文书不尽相同，有章、奏、表、议、疏、启、记、札子、封事等诸多名目。

　　明代，承袭前代的制度，官员可以采用题本和奏本两种方式上书皇帝。皇帝与外界联系，了解下情的手段是批阅臣工的奏章。朱元璋不信任内外臣工，也不信任太监，他之后的明朝皇帝却认为太监是"最可爱的人"，专门任用太监做监督，先后建立了锦衣卫和东厂、西厂这样的特务机关，广布耳目，密探遍于国中。明朝中后期，票拟由太监送达皇帝，并由太监在皇帝面前做解释，皇帝的旨意又是由秉笔太监来完成，或口头传达。明朝在太监刘瑾、魏忠贤等人专权时，言路不畅通，皇帝的权力被太监窃取。

　　清朝统治者接受这个教训，严禁太监干政，也不再设立特务机构，产生了一种新的文书形式——奏折。奏折不拘格式，书写自由，不必加贴黄，拟写快捷，而且无须送通政使司转内阁，可以直接呈递，由皇帝亲自启阅批示，保密性很强。而有些事情只需皇上知会，不能公开言传，于是，便出现了一种只能由皇帝知晓的奏折，称为密奏或密折。

　　康熙帝继位后，密折的作用越发重要。康熙帝认为使用密奏能使"人不能欺朕，亦不敢欺朕"，故予以推行，并命令亲信文武大臣须经常向他"附陈密奏，故各省之事不能欺隐"。现存有康熙朝的密奏三千余件，系由百余人所呈，

清　佚名　清朝官员像

说明密奏的运用比顺治时更广泛。

雍正帝登位后，为了直接了解下情，整肃吏治，以加强皇权、巩固统治，也为了熟悉和掌握国家的各项事务，确知各种实情，将密折制度进一步扩大化和强化。

密折，关键就是一个"密"字。雍正帝在朱批中曾一再告诫："奏匣原为国家政事有益而颁，密之一字最要……少不密，祸不旋踵……慎密二字，最为要紧，君不密则失臣，臣不密则失身，可不畏乎？凡有密奏，密之一字，最为切要。臣不密则失身，稍有疏漏，传播于外，经朕闻知，则贻害于汝匪浅，追悔亦莫及矣。"密折外泄，必遭处罚。封疆大吏闽浙总督觉罗保、山西巡抚诺敏、江苏布政使鄂尔泰、云南巡抚杨名时就因泄漏密折而遭皇帝严斥，停止他们密折上奏这一参政言事的政治权力。雍正四年（1726年），杨名时又误将密谕载入本中，旨意严责，解职暂署。

关于密折，雍正帝采取了很多措施。比如雍正帝把呈上来的密折写好朱批发回上折人，原折和朱批要一同上交，存于宫中，上折本人不得留底。在雍正帝钦定的规章里，从缮折、装匣、传递、批阅、发回本人，再缴进宫中，都有一定的程序，不允许紊乱。按照密折的内容，分别规定用素纸、黄纸、黄绫面纸、白绫面纸四种缮写，并使用统一规格的封套。密折须本人亲笔，臣工缮写

清 折扇

清代宫廷绘画风格主要从乾隆时期开始逐步成型，无论花鸟画还是山水画题材，都以华美、细腻的风格为主，书写字体也以清宫「馆阁体」为标准，以表现皇家的富贵气韵。此折扇便是这种风格的体现。

完后，加以封套、固封，装入特制的折匣，用宫廷锁匠特制的铜锁锁住，坊间锁匠配制的钥匙是绝对打不开密折匣的。同时，密折也要派专人送达。

另外，雍正帝还专门打造了用于上密折的盒子，这个盒子有两把钥匙，上奏人一把，皇帝一把，只有这两个人可以打开。所上奏折必须用其封装，否则内廷可以拒收。

那么，究竟都有哪些人拥有这条直接和皇帝秘密沟通的渠道呢？雍正帝曾下令各省督抚密上奏折，"凡督抚大吏，任封疆之寄，其所陈奏，皆有关国计民生，故于本章之外，准用奏折。以本章所不能尽者，则奏折可以详陈，而朕谕旨所不能尽者，亦可于奏折中详悉批示，以定行止"。使得封疆大吏们普遍有了这一权力。到后来，除了大学士、尚书、侍郎、科道等官员外，地方上的督抚、藩臬、提镇等也可上密折。另外，雍正帝还视关系远近，也给一些如道员、知府、同知、学政、副将、参领等低级官员上密折的权力。总之，雍正朝有具折权的官僚队伍较康熙朝大幅度扩大，据统计，康熙朝有秘密奏事权的官员仅100多人，而雍正朝短短13年便发展到1200多人。

奏折的内容，几乎无所不包。皇帝通过奏折可以直接同官员对话，更加了解和掌握下面的实际情况。奏折运转处理程序，因"阁臣不得与闻"而避开阁臣干预，特别是官员之间互相告密、互相监督，强化了皇帝专制权力。

为了加强对督抚大员的监督，雍正帝鼓励布政使以下的官员直接向他上奏折。他批示福建布政使黄叔琬的奏折说："你等两司之职，向来不能直接上奏，现在特许你等密折奏达，但切勿借此挟制上司，而失属官之礼。若遇督抚有不合宜处，只可密行奏闻，不可向一人声扬。你但勉力秉公，实心效力，朕自能洞见也。"雍正帝一向非常自信，以为可以洞察一切。以前是上级监督下级，现在下级也可以监督上级，使上级官员对下级官员也稍知畏惧，不是畏惧下级本人，而是畏惧下级密奏。这样，人人都处于受监视的境地。

有这样一个事例：清朝雍正年间，广东署理巡抚傅泰，当代理巡抚没半年，连续给雍正帝递了好几份小报告，把周围的几个同僚，从工作缺点到作风问题，从疑似贪污到思想动态，揭发得体无完肤。等了半个月，却等来皇帝一张调令，把他的广东署理巡抚就地免职，回北京重新安排工作。

傅泰为什么会被撤职呢？原来他小报告里褒贬的那些同僚，每个人都接受了和他一模一样的"特殊任务"。

还有这样一个事例：雍正帝考察"模范督抚"李卫，用的就是典型的奉旨密告。雍正帝让云南永北镇总兵马会伯调查李卫的行为："近闻李卫行事狂纵，操守亦不如前，果然否？尔一毫不可瞻顾情面，及存酬恩报怨之心，须据实奏闻。"

马会伯据实回报："李卫虽赋性急躁，貌似狂纵，却并非乖张悖谬，操守依旧如初。"

李卫任云南布政使时，与贵州威宁总兵石礼哈互相攻讦。雍正帝把他们二人的奏折发给云贵总督高其倬评判。高其倬认为，两人各有其优缺点。结果，雍正帝将李卫调离云南，升为浙江巡抚。

后来雍正帝又将李卫与石礼哈互参的奏折发给鄂尔泰，令其评判。鄂尔泰回奏："臣查石礼哈多躁进之心，无坚定之识，然努力办公，殊可以济事。李卫曾面告臣，此去云南，须防备石礼哈。臣云：'人但自防，何用防人？'（雍正帝批道："此朕生平之夙志，从来之居心。但知畏天，从不畏人。此朕时常训谕廷臣者。"）李卫也首肯臣所言，只说：'你到那里去就知道了。'臣赴云贵，石礼哈与臣始终相安无事。李卫、石礼哈皆与臣和好，极相敬重。然论心地，李卫颇正，石礼哈近于狡黠；论人品，李卫高尚，石礼哈卑劣。"于是，雍正帝对李卫的缺点不予严厉追究，对石礼哈则屡加责备。

雍正帝曾命李卫调查新任黄岩镇总兵董一隆："待其莅位后，细加察访，密奏以闻。"大理寺卿性桂赴浙江清理仓储钱粮之时，雍正帝也命他"凡有风闻之事，即行奏闻"。性桂折奏称："杭州将军鄂弥达与李卫不睦。"

河东总督田文镜奏称："李卫操守廉洁，臣所素闻，听说其官俸偶有缺乏，则取之于家，绝不以权谋私，真乃当世之贤员，所谓难能可贵者也。但好戏游，图游冶之欢于一日，则千百行为受玷污矣。其驭吏绳尺，未免稍微宽疏，振肃规模，未免少于稽查，则于高官大僚之体有不合宜之处，于皇上任使之意亦有所辜负。"

田文镜与李卫并不在一省共事，却也可以对其进行监督和批评。

密折制是雍正时期推行专制政治的有效手段。第一，皇帝可以直接处理庶务，强化其权力；第二，有效地控制了官员，使他们互相牵制，效忠于皇上。密折制度牵涉到君臣间权力的分配，是官僚政治的重大改革。

清代皇帝举行阅兵式

阅兵，是古代战争的一种创意，它是强大的武器系统和士兵集团的双重表演，向民间展示国家权威，向国际社会炫耀军事实力。中国阅兵式有着悠久的历史，那么，清代皇帝是否定期举行阅兵式？又是怎样举行的呢？

阅兵式有着悠久的历史，据记载，公元前的古埃及、罗马、波斯等国，已有阅兵活动，而在我国，早在距今四千多年前夏朝建立的前夕就有过一次阅兵活动。

当时，中国北方的华夏部落首领夏禹，在现今安徽蚌埠西郊的涂山，与南方各部落首领会盟。在那次盛会上，士兵们手持各种用羽毛装饰的兵器，和着乐曲载歌载舞。

到了春秋时期，阅兵活动开始频繁起来。那时，就有"观兵以威诸侯"的记载。如在齐桓公六年（前680年），秋八月，曾举行"大阅"。"大阅者何？阅兵车也"，最初的阅兵是以打猎方式进行的。军队列好阵势，最高统治者或长官在阵前先用弓箭射猎禽兽，然后检阅部队。当时，人们把这种活动叫作"搜"（意为春天里打猎）。以后，又发展为定期检阅军队或战车。检阅步兵每年一次称作"搜"，检阅战车三年一次称作"大阅"，同时检阅步兵和战车五年一次称作"大搜"。

到了战国和秦汉时期，战争规模越来越大，军阵的威仪也不同以往。从挖掘出土的秦陵兵马俑的布局上，可看出当年阅兵时的宏大阵势。那时的阅兵，通常是在军队出征、凯旋或演习结束时，军事长官调集所辖军队进行检阅。

封建统治者如此定期阅兵，其用意除了检查兵员装备情况外，主要还在于向百姓示威。如春秋时晋文公认为"民未知礼（威仪），未生其恭"，于是乎

廿年一舉寧為數周禮分明
節侯論便設軍容示西域伸
看露布靖堅昆好齊以暇千
旃颭阢疋還奇萬礮喧風日
晴和士挟纊非予恩也總
天恩南苑大閱紀事一律
戊寅仲冬御筆

清 郎世寧 乾隆皇帝大閱圖

"大搜以示之礼"。另外，还有在战前或战斗间隙进行的不定期阅兵，称"观兵"或"观师"。这样做的目的，除了在战前鼓舞士气外，更主要的则是为了向敌方示威。公元前625年，郑国由于攻打宋国，遭到各诸侯国的讨伐。诸侯军队把郑国围住后，"观兵于南门"。郑国慑于诸侯军队的阵势，"乃行成"（求和）。

"阅兵"这个名称是从汉代以后才开始叫起来的。在汉代，定期阅兵常与立秋之日"祭兽"一起进行，其中增加一些打斗的内容。以后，各个建朝时间较长的朝代都有类似定期或不定期的阅兵仪式。

清代时，按清朝典制，皇帝每三年在南苑举行一次大阅兵礼。康熙朝以后，大阅地点不固定，或在南苑，或在卢沟桥，或在玉泉山，或在口外的多伦诺尔，也不一定以三年为限。清代，康熙、乾隆两朝十分注重武备，不仅经常举行大阅，并多次强调八旗训练的重要性。康熙帝曾说："国家武备不可一日懈弛。旧例每岁必操练将士，习试火炮。尔部（兵部）即传谕八旗都统等，预为整备，朕将亲阅焉。"乾隆帝还作有数首大阅诗，其中一首是："时狩由来武备修，特临南苑肃貔貅。龙骧选将颇兼牧，天驷抡才骥共骝。组练光生残雪映，旌旗影动朔云浮。承平讵敢忘戎事，经国应知有大猷。"从诗中可以看出，乾隆对大阅兵的重视程度。

清代宫廷画家金昆等人奉命所绘的《乾隆皇帝大阅图》第三卷《阅阵》里，对乾隆皇帝南苑大阅兵的盛况作了形象逼真的记载：大阅开始后，军乐高奏，八旗将士各着红黄蓝白等本旗阅兵礼服分阵排列，军旗猎猎，一眼望不到尽头，其场面极为壮观，向世人展现了一幅场面宏大、威武雄壮的乾隆阅兵图。

清宫档案中记载："上（指乾隆皇帝）躬御甲胄，乘马出，试射，连发七矢，皆中的。兵部堂官奏请阅阵，上亲阅队伍，兵部堂官前引，总理大臣、满洲大学士、内大臣侍卫前引后扈，皆擐甲乘马。"

到了清代后期，大阅兵时把洋枪洋炮也展示出来，颇能鼓舞人心士气。

清　佚名　平定台湾战图·清音阁演戏图

此图描绘平定台湾林爽文起义后，乾隆皇帝在承德避暑山庄福寿园犒劳凯旋将士的场面。图中真
实地描绘了当时园内清音阁戏楼盛大的戏曲演出活动。

去年此
際來登
程蔵績
今朝凱
宴迎來往
算仍先一月
驅馳真是賴
羣英國威海嶠
揚繩烈
祖德山莊佑寶
明廻憶旰宵斯擘
畫不徒勞耳願猶
誠 廑中豈不自
慚愧何致愚民蹈
法甘論武亦防乃就
弛曰文諸吏亦爲貪
債轅方生誠吾過伏

清代皇帝赐"福"习俗

在映透着喜庆的大红纸张上写上滚金的"福"字，然后将字倒贴在自己的房门上，便取得"福倒（到）了"的好意头。清虽然源自关外，但大清皇帝们的汉学功底都不差，那么，清代的皇帝们有没有写"福"字下赐的习惯呢？

民间贴福字的风俗，与清朝皇帝新年赐福字的惯例有关。清朝皇帝们自幼受到博学鸿儒的封闭式教育，大多具有很高的书画造诣和国学水平，像康熙皇帝、乾隆皇帝都是书风严谨的书画大家。

清代宫中习俗，每当新年之际，皇帝总要在内廷御笔书写若干"福"字。所写出的第一个"福"字，一般悬挂在乾清宫正殿，另有一些张贴于宫苑各处，更多的则是颁赐在京九卿朝臣和地方封疆大吏，以此联络君臣感情。

清代《啸亭杂录》记载："定制，列圣于嘉平朔谒阐福寺归，御建福宫，开笔书福字笺，以迓新禧，凡内廷王公大臣皆遍赐之。翼日，上御乾清宫西暖阁，召赐福字之臣入跪御案前，上亲挥宸翰，其人自捧之出，以志宠也。其内廷翰林及乾清门侍卫，皆赐双钩福字，盖御笔勒石者也。其余御笔皆封贮乾清宫，于次岁冬间，特赐军机大臣、御前大臣数人，谓之赐余福云。"

皇家认为，十二月是进入年终的月份，在这岁末时节，人们祈望吉祥，驱避邪魔，并满怀欣喜地恭迎新的一年。追溯起来，清代皇帝御赐"福"字，是从康熙朝开始的，第一个获此殊荣者是翰林院编修查慎行。后世皇帝纷纷效仿，敬循家法，岁岁遵行。至乾隆朝，每年举行书福之典，写福字所用的笔上镌着"赐福苍生"四字，含义是御赐福字，福归天下。

御书"福"字用的纸笺，多是丝绢制作，以丹砂为底色，上绘金云龙纹。王公大臣得到御书"福"字，是一种荣耀，无不视为至宝，精心保管，那"福"

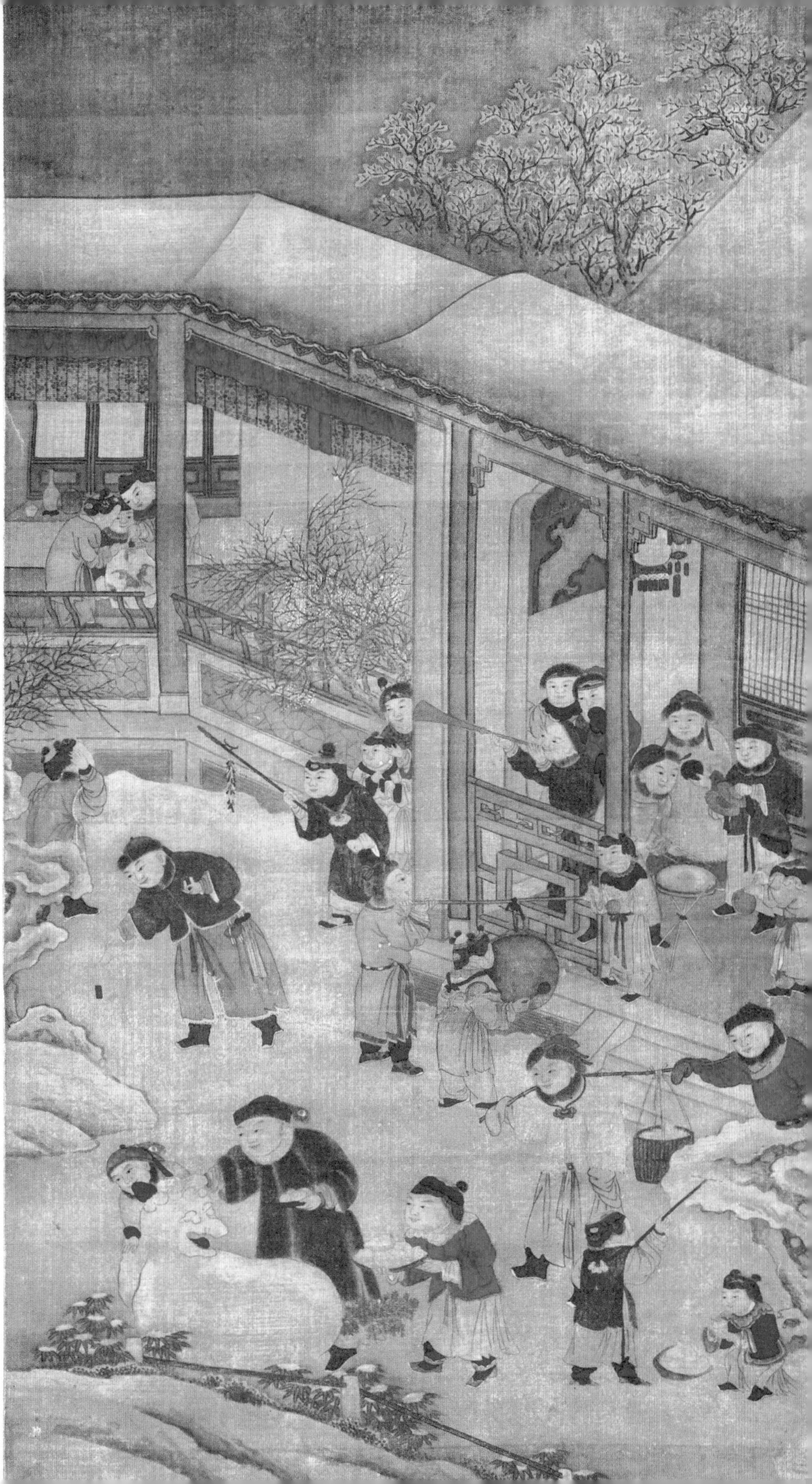

清　佚名　岁朝图

此图描绘的是宫廷内孩童庆贺新年的热闹景象。

要供起来，是不会贴门户的。雍正元年（1723年）腊月，河南巡抚石文焯收到恩赏"福"字，"敬谨装潢，高悬正中，朝夕瞻仰，如觐天颜"，并表示要"传之子子孙孙，奉为世宝"。乾隆朝当了31年尚书的王际华，积历年所得共24幅"福"字，装裱悬挂，名为"二十四福堂"。

清代皇帝赏赐王公大臣等官员"福"字时，皆在十二月二十日后，御赐"福"字仪式在乾清宫或重华宫举行。作为封疆大吏，凡有钦赐"福"字，均"率文武各官，出郊跪迎，至署恭设香案，望阙叩头谢恩"。然后，再专门写一道奏折谢恩，对皇上的"隆恩"和"垂念"感激一番。

皇帝有时除了赐"福"字以外，还加赐某些年高资深的大臣一个"寿"字，这是极不易得的殊荣。

清代皇帝是要年年赏赐王公大臣等官员"福"字的，因为从现存雍正朝档案看，每年春节前后臣工奏谢恩赐"福"字的奏折都是接连不断，说明雍正帝是年年赐"福"的。

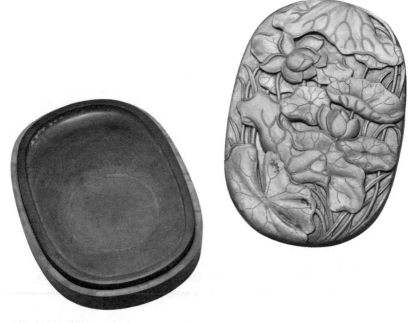

清　松花石荷塘砚

松花石具有发墨益毫、滑不拒墨、涩不滞笔、贮墨不固的特点，色彩丰富，造型自然古朴，自清末以后长期失传。

古代皇帝过生日

中国人过生日始于何时不好说，《颜氏家训·风操篇》中提到，在魏晋南北朝时期的江南地区，人们已经流行在生日这天大吃一顿。老百姓要过生日，皇帝也要过生日。中国古代皇帝过生日，每个朝代都不同，但礼仪方式是古代各朝各代所通用的。清代皇帝的生日最是奢华。那么，是怎样奢华的呢？

古代皇帝的生日，都被当成是节日。把皇帝生日作为诞节，并且在礼典中制有庆贺仪式的规定始于唐朝。唐代时，太宗对自己的生日很重视，把自己的生日定为降诞日。有一年，唐太宗在生日那天百感交集，对长孙无忌说："今日是朕生日，俗云'生日可喜乐'，以吾之情翻感思！"并且，对着大舅子掉了眼泪。另外，唐太宗对出生地也格外重视。《新唐书·礼乐志》记载："太宗生于（武功）庆善宫。"唐太宗曾于贞观六年（632年）九月和贞观十六年（642年）十一月来到他的出生地，写下《幸武功庆善宫》和《重幸武功》两首诗，虽然不是为了庆寿，但在诗中特意提到降诞的事，显示出他对出生地的重视，对父母孕育之恩的感怀。

唐中宗生日时常在宫内设降诞宴与侍臣贵戚进行庆贺，而且宴饮时君臣还效柏梁体联句。

《旧唐书·本纪第八·玄宗李隆基上》记载："开元十七年八月癸亥，上以降诞日，宴百僚于花萼楼下。百僚表请以每年八月五日为千秋节，王公以下献金镜及承露囊，天下诸州咸令宴乐，休假三日，仍编为令。从之。"

花萼楼是当时最主要的宫廷娱乐场所，全称花萼相辉楼，在兴庆宫西南隅。"宁王宪、申王㧑、歧王范、薛王业邸第相望"，环于宫侧，取《诗·小雅·棠棣》兄弟亲爱之义，意为花覆萼，萼承花，兄弟相扶。千秋节的盛会常在这里举行。

清　佚名　万寿盛典

《万寿盛典》所记为庆祝清圣祖康熙帝玄烨六十大寿的盛况。所绘景致自西郊畅春园至故宫神武门，举凡园林亭台、城池庙宇、銮仪执仗、街景人物，无不纤毫毕具、惟妙惟肖。

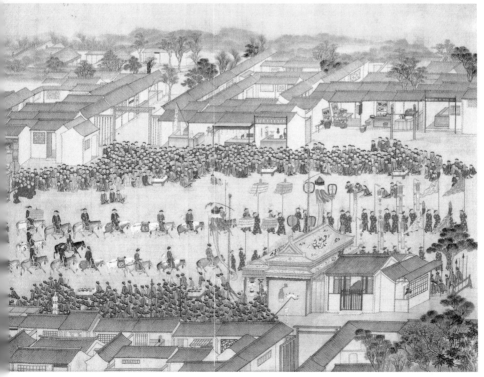

开元十七年（729年），唐玄宗过生日，皇上在花萼楼请百官大吃大喝。百官进万寿酒，献金镜绶带和以丝织成的承露囊。举国欢庆，还放三天假。千秋节以三日为庆，可见其盛。

千秋节这天不仅举行宴会，而且君臣还赋诗唱和。张说有《奉和圣制千秋节宴应制》诗，关于举国欢庆的情景在诗中也有所反映。在系列庆祝活动中，乐舞杂技表演必不可少。

《旧唐书·本纪第九·玄宗李隆基下》记载："天宝七载秋八月己亥朔，改千秋节为天长节。"意为人寿比天长，千秋无限期。

北宋时，皇帝生日，百官入宫"上寿"，举行盛宴，共庆皇帝万福。庆典必有10队儿童队舞，非常有趣。儿童队舞共200多名12岁左右的儿童，红紫银绿，色彩斑斓，锦袄宽衫，戴玉冠，裹巾头，舞剑器，执锦仗，捧宝盘，跨雕箭，扮夷来朝献宝，场面热闹壮观。因此北宋的皇帝都把自己的生日定为节日，比如太祖的生日二月十六为长春节，太宗的生日十月初七为寿宁节，真宗的生日十二月初二为承天节，等等。

清代皇帝的生日又是如何过的呢？主要概括为八个字——"普天同庆，天下大赦"，皇帝过生日主要按照这八个字的原则来操办。

清代皇帝的生日称为万寿节，取万寿无疆之义。各地封疆大吏及够品级的官员和中央政府官员都需要为皇帝祝寿。万寿节当日，皇帝在御殿接受王公百官的朝贺及贡献的礼物。王公百官进贡的寿礼非常讲究，基本可用"精、珍、奇"三字来概括。寿礼中多为如意、盆景、钟表、插屏、漆器、织绣等精美的工艺品，内容以福、寿、吉祥为主题。祝寿礼品既从纹饰上又从造型上突出祈福祝寿的寓意。

献完寿礼后，皇帝要宴请群臣。皇家的金龙大宴是格外丰盛的，并具有浓郁的满族特色。"寿宴"共有热菜二十品，冷菜二十品，汤菜四品，小菜四品，鲜果四品，瓜果、蜜饯果二十八品，点心、糕、饼等面食二十九品，共计一百零九品。菜肴以鸡、鸭、鹅、猪、鹿、羊、野鸡、野猪为主，辅以木耳、燕窝、香蕈、蘑菇等。待皇帝入座后，宴会才开始，分别上热菜、汤菜。进膳后，献奶茶。毕，撤宴桌。接着摆酒膳。寿宴长达四个小时，午时摆设，未时举行，申时结束。

万寿节期间禁止民间屠宰，官方禁止斩杀刑事犯人，民间统一禁止穿素色服装，一律着鲜艳的服装。上到朝廷，下至各地政府前后数日不理关于刑事案件的政务。王公百官还要按制穿官服。

这一天，在京城，皇帝所到之处，政府职能负责部门要用彩画、布匹、新建筑物等将主要街道包装得绚丽多姿，到处歌舞升平。各地政府的文武百官要设置香案，向京城方向行大礼，祝贺皇上万寿无疆。

清　佚名　缂丝寿老仙童图

缂丝又称"刻丝"，是中国丝绸艺术品中的精华。这是一种经彩纬显现花纹，形成花纹边界，具有犹如雕琢镂刻的效果，且富双面立体感的丝织工艺品。

清朝末年宫廷"摄影术"

　　摄影术最早传入中国是在 1844 年，但当时摄影术被人们认为是"污巧"之物，会取人魂魄，致人损寿，所以中国人很少接触，清宫里更是不接触了。那么，清宫里什么时候开始接触摄影术的？接触后感觉又如何呢？

　　世界上第一张照片，是由法国人涅普斯在 1822 年拍摄的，但成像不太清晰，而且需要 8 个小时的曝光。也就是说只可以用来拍摄死物，拍摄活人则几乎不可能。要让活人在 8 个小时内保持一动不动，这是令人难以想象的。

　　1839 年，法国的达盖尔制成了第一台实用的银版照相机。它由两个木箱组成，把一个木箱插入另一个木箱中进行调焦，用镜头盖作为快门来控制长达 30 分钟的曝光时间，能拍摄出清晰的图像。

　　那么，摄影术何时传入中国？

　　摄影术最早传入中国是在 1844 年，由当时法国海关总检察长于勒·埃及尔为当时清政府两广总督耆英拍摄了一张照片，这张照片现存于法国巴黎摄影博物馆中。

　　1844 年，耆英在给道光皇帝的奏折中，也曾提到英、法、美、葡四国使臣曾向他索取"小照"，他将 4 份"小照"分别赠给他们的事。耆英虽为清室贵族，但显然思想较开放，因为当时摄影术被人们认为是"污巧"之物，会取人魂魄，致人损寿，而耆英却较早地接受了这被人称为能"收魂摄魄之妖术"的摄影术，并将其应用到外交活动中。

　　那么，清宫女眷何时开始接触摄影术的呢？

　　由于照相机有"收魂摄魄之妖术"的谣传，加之女性形象被拍摄、复制、流传在当时封建时代属于极有损名誉之事，所以摄影术传入中国数十年一直未流入宫廷。直到晚清光绪年间，思想开通的珍妃将照相机带进后宫，拍摄了不少照片。

后来，珍妃被投入井中淹死之后，其所摄照片几乎都被慈禧所毁，仅余一张正面头像。

珍妃之后，清宫女眷中第二个接触摄影术的是慈禧。慈禧最初见到照相，是光绪皇帝生父醇亲王于1885年请梁时泰和德国人来兴克为他拍的肖像。慈禧见了大为惊叹和赞赏，便跃跃欲试，想领略一下这新鲜玩意儿的妙用。

光绪二十九年（1903年），慈禧69岁。为筹办次年的70岁万寿庆典，慈禧召曾在西方研习过摄影术的勋龄奉旨进宫，携带刚运回国的全套照相器材，专门为她拍照。此后慈禧成为"影迷"，拍摄了许多照片。

随后，清宫女眷中接触摄影术的跟着就多了起来，也拍摄了一些照片。

慈禧死后，溥仪在宫中闲来无事，便同他美丽的皇后一起，成为继慈禧之后的新一代"影迷"。

溥仪在《我的前半生》中说，在婚后的一段日子里，他们夫妇二人忽然对摄影入了迷，购进了几架相机，终日爱不释手。时至今日，故宫博物院仍有大量溥仪夫妇等人的照片，反映了当时宫中生活的许多方面。

清　佚名　慈禧相片

藏在古画里的大清史

第六章
官场众生：宦海沉浮显厚黑

在官场上生存是需要智慧的，大智慧做大官，小智慧做小官。然而，有些人本来是有大智慧的，也做了大官，可下场却不好，比如鳌拜，再比如年羹尧，或被关，或被杀；但有些人不仅做了大官，而且结局也不错，比如曾国藩，再比如左宗棠。这是什么原因呢？有的能解开，有的则永远说不清。

鳌拜为何被康熙帝杀死

　　鳌拜，满洲镶黄旗人，清朝三代元勋。他以战功封公爵。鳌拜前半生军功赫赫，号称"满洲第一勇士"，他对故主皇太极忠心耿耿，一片赤诚，而对顺治也始终坚守臣节，称得上是一个难得的忠义之臣；鳌拜后半生则大权在握，成为康熙帝早年辅政大臣之一。这样的一个人，却被康熙帝所擒，最终禁锢而死。这是为什么呢？

　　顺治十八年（1661年）正月，顺治皇帝爱新觉罗·福临驾崩。临终前发下"罪己诏"并传位于时年8岁的爱新觉罗·玄烨，是为康熙大帝。

　　康熙帝即位后，为避免亲王独断的情况，设立了四位上三旗的辅政大臣，他们分别是索尼、苏克萨哈、遏必隆、鳌拜。然而，索尼年事已高，苏克萨哈与鳌拜不合，而遏必隆因与鳌拜同旗，于是结成党羽。

　　鳌拜，满洲镶黄旗人，随皇太极征讨各地，战功赫赫，忠于故主，始终不渝，是功臣也是忠臣。崇德八年（1643年）八月初九，皇太极逝世，满洲亲贵在帝位继承上出现矛盾。皇太极长子肃亲王豪格与皇太极之弟多尔衮争立。皇太极生前统领的正黄旗与镶黄旗拥立豪格，而多尔衮自领的正白旗与镶白旗则拥立多尔衮。双方争执不下，形势极其严峻。

　　镶黄旗护军统领鳌拜手握重兵，成为这场皇位之争中的核心人物之一。他与两黄旗的其他大臣索尼、谭泰等八人会集于豪格府邸，"共立盟誓，愿死生一处"，坚决拥立先帝（皇太极）之子，并命两旗精锐护军全副武装环卫崇政殿，做好了不惜兵戎相见的准备。在这种形势下，多尔衮不得不做出让步，提出拥立皇太极第九子、6岁的福临继位。作为两黄旗重要代表的鳌拜，在拥戴福临，稳定清朝内部的继承秩序方面起到了非常重大的作用。

清　佚名　鳌拜画像

鳌拜出身将门，精通骑射。跟随皇太极征战四方，攻克皮岛，参加松锦之战，平定农民起义，立下赫赫战功，成为皇太极最信任的武将，号称『满洲第一勇士』。

在四个辅政大臣当中，鳌拜资格老，军功高，又有遏必隆的支持，因此，鳌拜逐渐大权在握。他把自己的儿子和亲信都安插在内大臣、大学士、六部尚书等重要位置上。国家大事多是先在家里商量好了，再拿到朝堂上宣布。康熙皇帝渐渐长大，也渐渐懂事，对有些事情有他自己的看法。但鳌拜决定了的事，要是康熙皇帝不同意，鳌拜就终日在朝廷上吵闹，非逼得康熙皇帝点头不可。哪个大臣敢提出异议，他就会寻个借口杀掉他。

康熙皇帝从小受皇权思想熏陶，辅政大臣，特别是鳌拜这样侵夺他的权力，他都记在了心里。

康熙皇帝不甘心这样长期受鳌拜的控制，就想制服鳌拜。他想出了一个办法，他按清朝的规矩，下令选了一部分满族权贵的子弟，在自己身边供差遣和充当贴身侍卫。这些侍卫的年龄跟皇帝差不多，都是一些体格健壮的少年，这批少年满语称"哈哈驹子"。从此，康熙皇帝每天和身边的"哈哈驹子"做相扑游戏，练习摔跤。

鳌拜看见康熙和一些孩子在玩摔跤的游戏，并不觉得对自己有何威胁，反而认为康熙帝胸无大志，只知玩耍，便放松了警惕。其实，康熙帝的文才和武艺都有很大的长进，而鳌拜还蒙在鼓里。

有一次，鳌拜装病，康熙帝去探望他，鳌拜卧床，席下放了一把刀。康熙帝的侍卫搜出这把刀，局面很是尴尬紧张。小皇帝却从容镇静，笑着说："刀不离身是满洲故俗，不要大惊小怪！"鳌拜听了，觉得康熙帝是个小糊涂虫，更加肆无忌惮地为所欲为了。

数月之后，12名"哈哈驹子"被传至上书房，吩咐下去后，康熙帝便将鳌拜召进宫来。鳌拜不知是计，便大摇大摆地来见皇帝。康熙帝命那些"哈哈驹子"玩摔跤游戏给鳌拜看。"哈哈驹子"玩着玩着，一齐扑向鳌拜，全是没命地狠打，鳌拜平日根本不放在眼里的那班小孩子们，现在已经捆住了他的手脚，使他不能动弹了。

据《清史稿·圣祖本纪》载：康熙八年（1669年），"上久悉鳌拜专横乱政，特虑其多力难制，乃选侍卫、拜唐阿年少有力者为扑击之戏。是日，鳌拜入见，即令侍卫等掊而絷之，于是有善扑营之制，以近臣领之。庚申，五大臣议鳌拜狱上，列陈大罪三十，请族诛。诏曰：'鳌拜愚悖无知，诚合夷族。特念效力年久，迭立战功，贷其死，籍没，拘禁。'"

康熙帝命议政王大臣等审讯鳌拜。大臣们审实后，宣布鳌拜30条罪状，应处以革职、立斩。据法国传教士白晋记载，当时鳌拜请求觐见康熙帝，让康熙帝看他为救康熙祖父皇太极而留下的伤疤。结果，累累伤痕和对上两代皇帝的功绩，终于使他保住了性命。康熙帝也确实是念及鳌拜资深年久，屡立战功，且无篡弑之迹，遂对他宽大处理，免死禁锢。不久，鳌拜就在禁所死去。

16岁的康熙皇帝机智地擒拿权臣鳌拜，扫除了他自己掌握朝政的一个大障碍。从此，他精力充沛地全力治理国家，开始了他杰出的政治生涯。

年羹尧被削官夺爵赐自尽

年羹尧，是清代康熙、雍正年间人，官至四川总督（兼管巡抚事）、川陕总督、抚远大将军，还被加封太保、一等公，高官显爵集于一身。雍正二年（1724年）入京时，得到雍正帝特殊宠遇，真可谓位极人臣。但第二年十二月，他却被雍正帝削官夺爵，赐自尽。这是什么原因呢？

年羹尧（1679年—1726年），原籍安徽怀远，后改隶汉军镶黄旗。其父年遐龄官至工部侍郎、湖北巡抚，其兄年希尧亦曾任工部侍郎，其妹是胤禛的侧福晋，雍正即位后封为贵妃。

年羹尧自幼读书，颇有才识，康熙三十九年（1700年）中进士。康熙四十八年（1709年），年羹尧迁内阁学士，不久升任四川巡抚，办理松潘军务，为清军入藏驱逐准噶尔军提供后勤保障。当准噶尔部的军队突袭拉萨时，年羹尧在朝廷还没派出援军的情况下，已经向西藏派出了援军，他处理问题的果断赢得了康熙帝的器重。

康熙六十年（1721年），年羹尧任川陕总督时，遣师击败青海郭罗克部。雍正元年（1723年），青海和硕特部首领罗卜藏丹津出兵进攻邻部及军政重地西宁。清廷命年羹尧为抚远大将军，岳钟琪为参赞大臣，率师进讨。年羹尧先遣军分路遏其锋、断其后、绝其援，将其击溃。然后命令岳钟琪率军追击，出敌不意，直抵柴达木，歼灭罗卜藏丹津军。因功进一等公。从此，年羹尧备受倚重，同年五月，雍正发出上谕："若有调遣军兵、动用粮饷之处，着边防办饷大臣及川陕、云南督抚提镇等，俱照年羹尧办理。"

这样，年羹尧遂总揽西部一切事务，实际上成为雍正帝在西陲前线的代理人。

然而，雍正三年（1725年）三月，雍正帝却谕年羹尧："你实在昏聩了，不可复任总督，改授杭州将军。"四月二十二日，年羹尧上奏谢调补杭州将军折。雍正帝回批曰："朕闻得早有谣言云：'帝出三江口，嘉湖作战场'之语。朕今用你此任，况你亦奏过浙省观象之论，朕想你若自称帝号，乃天定数也，朕亦难挽；若你自不肯为，有你统朕此数千兵，你断不容三江口令人称帝也。此二语不知你曾闻得否？再你明白回奏二本，朕览之实实心寒之极，看此光景，你并不知感悔。上苍在上，朕若负你，天诛地灭，你若负朕，不知上苍如何发落你也。"雍正帝罢了年羹尧的将军任，尽削其职、爵，逮至京师问罪。这年十二月（1726年1月），年羹尧以92款罪被勒令自尽。

关于雍正帝为何杀年羹尧，史学界向来有争论。有人说是因为年羹尧想造反，又有人说年羹尧当年参与了雍正帝与诸兄弟的皇位之争，雍正帝这样做是杀人灭口。

杀人灭口说：年羹尧参与了雍正帝夺位的活动，雍正帝即位后反遭猜忌以致被杀。据说康熙帝原已指定皇十四子胤禵继位，雍正帝矫诏夺位，年羹尧受雍正帝指使，拥兵威慑在四川的皇十四子胤禵。雍正帝登上帝位后，卸磨杀驴，处死年羹尧这个知道篡位实情之人。

有人不同意此说，主要理由是雍正帝继位时，年羹尧远在西北，并未参与矫诏夺位，也未必知晓其中内情。

犯上谋反说：年羹尧妄想做皇帝，最难令人君忍受，所以难逃一死。据《清代轶闻》："当时其幕客有劝其叛者，年默然久之，夜观天象，浩然长叹曰：'不谐矣。'始改就臣节。"说明年羹尧确有称帝之心，只因"事不谐"，才

清　郭朝祚　征西图

描绘了雍正十一年（1733年）宁远大将军查郎阿指挥清兵出师准噶尔平定叛乱的场面。

"就臣节"。

其实，雍正帝并不相信他要谋反，雍正帝曾说："朕之不防年羹尧，非不为也，实有所不必也。"显然，年羹尧图谋不轨之事，只是给他罗织的罪名罢了。

而年羹尧一直也是忠于雍正帝的，甚至到了最后关头也一直对雍正帝抱有很大幻想。在被革川陕总督赴杭州将军任的途中，年羹尧幻想雍正帝会改变决定，因而逗留在江苏仪征，观望不前。结果，这反使雍正帝非常恼怒，他决心已定，必将最终除掉年羹尧。

那么，雍正帝既然并不相信年羹尧要谋反，为什么一定要除掉他呢？

原因是年羹尧恃功骄傲、专权跋扈、乱劾贤吏和苛待部下，他在官场往来中趾高气扬、盛气凌人。赠送给属下官员物件，"令北向叩头谢恩"；发给总督、将军的文书，本属平行公文，却擅称"令谕"。他在皇帝面前也"无人臣礼"，藐视并进而威胁皇权，引起朝野上下公愤。

而且，年羹尧任人唯亲，排斥异己，在军中及川陕用人自专，称为"年选"，形成了一个以他为首，以陕甘川官员为骨干，包括其他地区官员在内的小集团。年羹尧不仅注重培植私人势力，也爱贪赃受贿、侵蚀钱粮，累计达数百万两之多。比如他弹劾直隶巡抚赵之垣"庸劣纨绔""断不可令为巡抚"，而举荐其亲信李维钧。赵之垣因此而丢官，于是转而投靠年羹尧门下，先后送给他价值达 20 万两之巨的珠宝。更有甚者，年羹尧曾向雍正帝进呈其出资刻印的《陆宣公奏议》，雍正帝欲为此亲撰序言，但年羹尧以不敢"上烦圣心"为借口，代雍正帝拟就序言，要雍正帝颁布天下，如此僭越无度，雍正帝怎能不寒心！

年羹尧有了这种种原因，雍正帝杀他就不足为怪了。就这样，一代京城望族，一代名臣，从鼎盛到衰败仅三年，就灰飞烟灭了。

官场"不倒翁"李卫

李卫，大字不识几个，语言粗俗，居功自傲，还偶尔有占小便宜的毛病。然而，他却是雍正帝眼里的红人，是个官场"不倒翁"。无论皇帝怎么训斥，他的官越做越大，由花钱捐的那个小官员外郎，而云南盐驿道，而布政使，而浙江巡抚兼理两浙盐政，而寻授浙江总督，再被加封为兵部尚书、太子太傅，雍正十年（1732年）更是擢升为刑部尚书，寻授直隶总督，并成为三个"模范督抚"之一。这是为什么呢？

李卫，康熙二十七年（1688年）生于江苏徐州市一家家境比较富裕的人家，家里头有很多马匹。李卫特别爱骑马，爱收藏小玩意儿。

据《小仓山房文集》载，李卫身高两米，膀大腰圆，臂力过人，皮肤特别白；走在街上也很容易辨认，因为李卫脸大如盆，鼻孔中通，不同凡人。李卫虽然武人身材，但可惜是个麻子脸。

康熙五十六年（1717年），李卫花钱捐了一个官。《清史稿·李卫传》载：李卫"入赀为员外郎，补兵部。康熙五十八年，迁户部郎中"。

据《小仓山房文集》载，李卫在户部供职期间，管理银库事务。有某位亲王的属下对于收缴的白银都要每一千两额外加收十两作为库平银。李卫坚决反对，但亲王属下执意要收，李卫就将银柜抬到廊下，写上这是某某亲王的"赢余"，指明是非法收入。亲王闻此大惊，下令停收库平银。雍正帝也正是欣赏李卫的这一点，一继位就任命李卫为云南盐驿道，次年擢升为布政使掌管朝廷重要税源的盐务。雍正三年（1725年），李卫又被擢升为浙江巡抚兼理两浙盐政。雍正五年（1727年），李卫"寻授浙江总督，管巡抚事"；翌年，朝廷又以"江南多盗"，而地方官又"非戢盗之才"为由，命李卫统管江南七府五州盗案，

清　佚名　缂丝红楼梦图

《红楼梦》一般认为前 80 回是清代作家曹雪芹所著，小说以贾、史、王、薛四大家族的兴衰为背景，以富贵公子贾宝玉为视角，以贾宝玉与林黛玉、薛宝钗的爱情、婚姻悲剧为主线，描绘了一些闺阁佳人的人生百态。

清　郎世宁　郊原牧马图

画面上八匹骏马散放于郊外旷野之中，或卧，或立，或吃草，或嬉戏，自在悠闲，放牧者在树下休憩观望。图中背景的树木、山石、花草全用明暗变化来表现形态，由此判断该画应是郎氏在雍正年间所创作。

"将吏听节制"。

东南财赋地，江浙人文薮。在浙江，李卫坚决推行"摊丁入地"的赋役制度："诸场有给丁滩荡者，以丁入地，计亩征收；无给丁滩荡者，暂令各丁如旧输纳。"此举既稳定了盐业生产，又增加了盐业税收。接着，李卫清查、弥补亏空及各地积欠的钱粮，清丈土地，修建浙江海塘，成就斐然。

李卫追补欠款干得很不错，查抄了许多官家，追补回大量的欠款。曹雪芹的家就是李卫查抄的，因为曹家欠了政府几十万两的一个大窟窿补不上，最后就被李卫查抄了。结果却成就了中国历史上的一代文豪和中国文学史上的一大文学名著。

李卫最擅长的是捕盗。当时江南盗贼横行，李卫认为青楼妓女、酒坊茶肆等是"盗线"，不能禁绝，否则很难跟踪盗贼。结果，"盗匿山泽间，诇得其踪迹，遣将吏捕治，必尽得乃止。以是所部乃无盗"。从此，江南"千里如枕席"，社会治安大为改观。

当然，李卫也是满头小辫子——缺点不少，因为大字不识几个，导致了他

语言粗俗，立功之后翘尾巴，居功自傲，还偶尔有占小便宜的毛病。有保留至今的清代档案记载，雍正帝曾经数次下诏斥责李卫的这些毛病："嗣后极宜谦恭持己，和平接物。川马、古董之收受，俱当检点。两面'钦用'牌，不可以已乎，是皆小人逞志之态，何须乃尔。其克慎毋忽。""书云习与性成，若不痛自刻责，未易改除。将来必以此受累，后悔何及！"

可是偏偏李卫就是个官场"不倒翁"，无论皇帝怎么训斥，总是虚心接受但坚决不改，这是为什么呢？

这主要还是取决于雍正帝的选材标准。雍正帝用人，首先在才干，至于什么资格或者科举出身之类，倒是其次。雍正有言："李卫之粗率狂纵，人所共知者，何必介意。朕取其操守廉洁，勇敢任事，以挽回瞻顾因循，视国政如膜外之风耳。"正因为如此，李卫才脱颖而出，成为雍正朝的能臣。

雍正七年（1729年），李卫被加封为兵部尚书、太子太傅，雍正十年（1732年）又内召署理刑部尚书，寻授直隶总督。

李卫与田文镜、鄂尔泰是雍正帝最欣赏的三个地方官，雍正帝称他们为"模范督抚"。除了他们对雍正帝绝对忠诚外，主要是因为他们治国的本领。乾隆三年（1738年），李卫死后，朝廷赐予的谥号是"敏达"，这恰如其分地反映了李卫为官的一生。

纪晓岚的真实面貌

　　现在有关纪晓岚与和珅的电视剧层出不穷，剧中的纪晓岚正直、机智、英俊、洒脱，与油腔滑调、不学无术的和珅形成鲜明对比。历史上纪晓岚的真实面貌到底是怎样的呢？

　　纪昀，字晓岚，道号观弈道人、孤石老人，清朝直隶献县（今河北献县）人。据史书记载，他一生诙谐、滑稽，机敏多变，才华出众，给后世留下许多趣话，素有"风流才子"和"幽默大师"之称。他是清代著名的学者、诗人、目录学家和小说家。

　　乾隆帝和纪晓岚的关系怎样呢？当然绝不会是电视剧里演的那样，纪晓岚、和珅两人可以和乾隆帝嬉笑打骂。事实上，纪晓岚在乾隆帝心中，不过是个倡优大学士罢了。

　　《南巡秘记补编》里说，乾隆帝三下江南后，有一次偶入四库馆，和纪晓岚闲谈天子巡狩。纪晓岚说秦皇游幸大可不必，至于后世隋炀帝屡幸江都，明朝正德嬉戏南北，都不是正道，过多巡幸完全没有必要。

　　乾隆帝越听越火，变色骂道："朕以汝文字尚优，故使领四库书，实不过以倡优蓄之，汝何敢妄议国事？"纪晓岚被乾隆帝这一顿吹胡子瞪眼睛，差点吓得尿了裤子，连忙磕头掌嘴，认罪求饶不已。

　　纪晓岚以为自己是众望所归的文坛领袖，便直言不讳。在乾隆帝眼里，撇开主子和奴才的悬殊不论，凭借文章华彩、儒林名声的优势，敢对皇上说三道四，简直就是大不敬。

　　从此，纪晓岚"倡优大学士"的外号在朝野上下人人皆知。

　　实际上，乾隆帝并不是十分喜欢纪晓岚，这就得从纪晓岚的长相说起。据史书上记载，纪晓岚"貌寝短视"。"寝"是相貌丑陋的意思；"短视"就是近视眼。而且，纪晓岚还有口吃的毛病。纪晓岚的朋友朱珪有一首诗这样描述纪晓岚："河间宗伯姹，口吃善著书。沉浸四库间，提要万卷录。"长得丑、近视眼、口吃，这些生理特点都成为纪晓岚一辈子与乾隆帝貌合神离、不得乾隆帝真正信任的重要原因。

因为乾隆帝对身边近臣的用人标准是：机警敏捷，聪明干练，相貌俊秀，年轻漂亮。例如和珅、王杰、于敏中、董诰、梁国治、福长安等人都是数一数二的"美男子"，所以得到重用。纪晓岚不仅相貌丑陋、近视眼，还口吃，所以即便他再才华横溢，也难得到乾隆帝真正的重视，难以做乾隆帝的宠臣、重臣，只能以文字安身立命，做乾隆帝的词臣。

正如清史专家邓之诚先生所言，乾隆帝用人"颇以貌取，文达（即纪晓岚）貌寝短视，且江北人，故不为纯帝（即乾隆帝）所喜。一时若翁覃溪、朱竹君、王兰泉、邹一桂皆不得肮仕，际遇颇相似，纯帝所许为明敏之才，率外擢督抚。若于文襄、梁文定、董文恭，皆以弄臣蓄之"。

在乾隆帝的心里只是把纪晓岚看成一个"弄臣蓄之"，因纪晓岚才华横溢，极善对句，乾隆帝又喜好这些，所以，纪晓岚就成为乾隆帝身边的一个"红人"。

于是，乾隆帝与纪晓岚流传下来许多妙对。

纪晓岚入宫以后，每天给乾隆皇帝讲书，读诗文，时间一长，不免有思乡之苦。

一日，乾隆皇帝看出了纪晓岚的心事，便对他说："你呀，口十心思，思妻思子思父母。"纪晓岚立刻下跪道："言身寸谢，谢天谢地谢君王。"乾隆皇帝见纪晓岚的下联对仗十分工整，不觉大悦，于是准假让纪晓岚回乡省亲。

一天，乾隆皇帝率众爱妃在御花园饮酒取乐，忽来雅兴，要公公找来纪晓岚对对联。纪晓岚遵命前来，乾隆皇帝于是和他展开了一场前所未有的"激战"：

乾隆帝：海棠；

纪晓岚：山药（即中药淮山的俗称）。

乾隆帝：嫩海棠；

纪晓岚：老山药。

乾隆帝：带露的嫩海棠；

纪晓岚：连毛的老山药。

乾隆帝：一枝带露的嫩海棠；

纪晓岚：半截连毛的老山药。

乾隆帝：斜插一枝带露的嫩海棠；

纪晓岚：倒挂半截连毛的老山药。

乾隆帝：头上斜插一枝带露的嫩海棠；

纪晓岚：腰间倒挂半截连毛的老山药。

乾隆帝：她头上斜插一枝带露的嫩海棠；

纪晓岚：我腰间倒挂半截连毛的老山药。

乾隆帝：我爱她头上斜插一枝带露的嫩海棠；

纪晓岚：她怕我腰间倒挂半截连毛的老山药。

口舌之战的结果是，乾隆皇帝奖励纪晓岚一大包最上等的云南丝烟和一麻袋老山药。

乾隆皇帝率群臣登泰山祭祀岱庙。当时庙前正有野台梆子戏上演《西厢记》，乾隆帝灵机一动，对纪晓岚说，朕有一联，卿试对如何？乾隆帝的上联说道：

东岳庙，演西厢，南腔北调；

纪晓岚对道：

春和坊，卖夏布，秋收冬藏。

联以春夏秋冬四季，对东西南北四方，非常贴切。

群臣游至"观音阁"，乾隆帝又出一联请纪晓岚对：

寸土为寺，寺旁言诗，诗云：明日扬帆离古寺，

纪晓岚应声对道：

两木成林，林下示禁，禁曰：斧斤以时入山林。

这一联对得可以说是天衣无缝，最后一句用《孟子》现成的语句，贴切自然。

乾隆五十年（1785 年），乾隆帝于乾清宫开千叟宴，赴宴者 3900 人，内有一叟 141 岁，乾隆帝以此为题，与纪晓岚对句。乾隆帝作上联云：

花甲重逢，增加三七岁月。

六十岁为花甲，两个花甲共 120 岁，三七岁月，即 21 岁，相加恰好 141 岁。

纪晓岚对出的下联是：

古稀双庆，更多一度春秋。

70 岁为古稀，双庆古稀是 140 岁，再加一度春秋，也正是 141 岁。

乾隆帝和纪晓岚究竟有多少妙对，现在已不可考了，总之相当多，从中也可以说，乾隆帝和纪晓岚的关系是对诗的诗友或对对联的联友。

奸臣和珅得乾隆帝宠信

　　乾隆帝算得上是明君，但令人奇怪的是，他的身边竟时刻跟随着一个奸臣，这个奸臣就是和珅。和珅蒙受乾隆皇帝的庇佑，在其执政的几十年间，积累了巨额的财富。嘉庆帝将其革职查办之时，查抄没收了他的全部家产，将近有八亿两白银的赃款，民间有"和珅扳倒，嘉庆吃饱"一说。然而，为什么这样的奸臣会受到乾隆帝的无比宠信呢？

　　和珅，字致斋，姓钮祜禄氏，满洲正红旗人，生于乾隆十五年（1750年）。和珅的家世虽不显赫，但也是军功之家，其五世祖尼牙哈纳巴图鲁在清军入关时因战功被授予三等轻车都尉的世职，其父除承袭世职以外，还任过福建副都统。

　　乾隆三十三年（1768年），颇为自负的和珅应乡试落第。次年，他承袭其父世职三等轻车都尉，并入銮仪卫，成了皇帝轿前的执事人。此后，他不断升迁，曾身兼九个大臣——内务府大臣、御前大臣、议政大臣、镶蓝旗领侍卫内大臣、正白旗领侍卫内大臣、军机大臣、领班军机大臣、文华殿大学士与首辅大学士。每一个都是了不得的大官，权力之大，可谓一人之下，万人之上，俨然就是"二皇帝"。

　　那么，和珅怎么会得到乾隆帝如此的宠爱呢？历来有多种说法，我们在此逐一分析。

　　第一，学识渊博。和珅在上学读书的时候非常用功，被别人发现是一个人才，那是早晚的事。乾隆帝一生喜爱作诗，和珅对乾隆皇帝所作诗词的风格、用典、喜用的词句都知道得一清二楚。和珅为了迎合乾隆皇帝，下功夫学诗、写诗，并造诣很深。他偶尔会在乾隆帝面前表现一下自己对诗文的偏爱，甚至闲暇的时候以"骚人"自居。与和珅同时代的钱泳曾评价他的诗说：他的诗偶

清　爱新觉罗·弘历　烟波钓艇图

此图绘渔夫冒雨在江上捕鱼的情景，右上角为乾隆帝的题字。

甲子季夏上浣之四日

重華宮御製

有佳句，很通诗律。和珅的诗作统统合乎乾隆帝的审美趣味，乾隆帝阅后，怎能不喜，很多时候就命和珅即景赋诗，以代替自己亲为了。

据《清朝野史大观》记载：有一次，乾隆帝在轿子中边行进边背诵《论语》，突然忘了下文，轿旁跟班的和珅脱口而出接上，乾隆帝由此很喜欢他。又据《归云室见闻杂记》记载：乾隆四十年（1775年），乾隆帝临幸山东，和珅扈从。乾隆帝喜欢乘一种骡子驾驭的小车，"行十里，一更换，其快如飞"。有一天，碰巧和珅跟这种小骡车随侍，于是乾隆帝、和珅君臣二人，有了下面这段交谈：

上问：是何出身？

对曰：文员。

上问：汝下场乎？

对曰：庚寅曾赴举。

上问：何题？

对曰：孟公绰一节。

上曰：能背汝文乎？

和珅随行随背，敏捷异常。

上曰：汝文亦可中得也。

这次乾隆帝同和珅的谈话，成为和珅政治生涯的转折点。

第二，相貌堂堂。和珅当时号称"满洲第一俊男"，长得很帅。乾隆帝对身边近臣的用人标准是：机警敏捷，聪明干练，相貌俊秀，年轻漂亮。相貌不俊秀的人，很难得到乾隆帝的重用。

第三，出身满洲，又聪明机敏。不管怎么说，和珅毕竟出身于满洲正红旗。这是他受宠发迹的最基本条件。在学问同等的条件下，皇上当然喜欢满人而不是汉人。而且，和珅聪明机敏。薛福成《庸庵笔记》记载：有一次乾隆帝出巡，仪仗用的黄伞盖临时找不到，乾隆帝又着急又生气。手下这些人吓得不得了，因为可能有杀头之罪，谁也不敢回答。正在这个时候，和珅说："管此事者负此责任。"乾隆帝一看这个小青年回答问题很明快，就注意上了他。

第四，最会理财。例如，在和珅任内务府总管之前，这个主管皇家事务的机构经常入不敷出，常常亏空。和珅做了总管之后，内务府不仅不亏空，而且还略有盈余，"岁为盈积，充外府之用"。他不仅善于从各省封疆大吏、盐政织造及富商大贾那里聚敛钱财献给皇上，而且还首倡在朝廷施行"议罪银"。各省官员交纳的议罪银越来越多，构成一笔巨大的财源，流入皇帝的金库——内务府广储司，以满足乾隆帝骄奢淫逸和好事铺张的生活需要，这点深得乾隆皇帝嘉许。

第五，具有较丰富的外交经验。和珅曾多次负责接待朝鲜、英国、安南等国的使臣。《清代名人传略》就记载着乾隆五十七年（1792 年），和珅妥善接待了英使马戛尔尼一行。过后英国特使评论和珅说，和珅在谈判中"保持了他尊严的身份""态度和蔼可亲，对问题的认识尖锐深刻，不愧是一位成熟的政治家"。和珅还对"清缅关系""清与安南的贸易"的改善都提出了看法，"多称上意，并允行"。

第六，乾隆帝与和珅可能有断袖之欢。清代官场上有好"男风"陋习，乾隆帝可能也受时风所袭。这在文献中亦可找到蛛丝马迹，御史钱沣就曾指责和珅办公地点"切近禁寝""不应于未辨色之先，一大臣入止，而随从军机司员亦更入更出"。所以这种可能性也不能排除。

第七，擅长拍马屁。在乾隆帝日益昏聩的老年，越来越听不进忠言，又好大喜功，自诩十全老人，认为自己能够及得上祖父康熙帝，而和珅就用此来麻醉乾隆帝。和珅"以帝心为心"，处处变着法子哄乾隆帝高兴，可谓乾隆帝的心腹密臣。

乾隆帝爱好黄金，他就建议乾隆帝建造万佛楼，让王公大臣和各级文武官员献金佛给皇上，借以敛财；乾隆帝喜欢谈文论史，自誉无所不知，他就在编纂二十四史时在明显的地方故意抄错几个字，让乾隆帝一一指出来，以示天子的英明和学识渊博，借以满足乾隆帝的虚荣心；乾隆帝喜欢书法，到处题字，和珅就练字、练书法，而且照着乾隆帝的字来练，他写的那字酷似乾隆帝的字，几可乱真，有一些乾隆帝题的匾额就由和珅代笔。

和珅极力满足乾隆帝的奢望，乾隆帝岁数大了之后，好享受，讲排场。他此前六下江南所修的行宫就有 30 座；80 岁生日的时候过万寿节，从西直门到颐和园沿街两头张灯结彩。这些都需要花钱，这钱从哪来？和珅兼户部尚书必须找钱，通过各种手段敛钱，以满足乾隆帝豪奢浮华的生活。

和珅还在乾隆帝面前不失时机地表现自己的忠心，比如即便他成了一等侯爵，在乾隆帝面前仍然自称"奴才"，而不是像别的大臣那样自称"臣"或"老臣"；有时碰上皇帝咳唾，他也总是亲自"以溺器进之"，时时处处都给乾隆帝留下是自己人的感觉，这在个人感情上对于取得乾隆帝的信任绝对是必要的。

总之，和珅此人之所以深得皇帝的宠信，就是因为上边的种种原因。而最重要的一条就是揣测上意，能够时刻为皇帝赴汤蹈火，把皇帝的事情当成自己的事情办，皇帝烦心的事情，和珅来办。久而久之，乾隆帝就把和珅当成了自己的一部分，当然也就会重用了。

郑板桥吃狗肉

郑板桥清高，喜欢吃狗肉，商人甲正是投其所好而装扮成隐士，使精明的郑板桥在既有喝有吃又很"清雅"的骗局中丧失了警惕性而上当的。这就叫作"吃人家嘴短"，也就是说一旦接受了人家的好处，再拒绝起人家的请求来，就不那么好意思开口了。

乾隆年间，扬州八怪之一的郑板桥，诗、书、画有"三绝"之称，世人争相求购，视其手迹为珍宝。

当时，慕名上门来求他字画的人不少，郑板桥也很不客气，写了一张价格表贴在大门上，上面明码标价："大幅六两，中幅四两，小幅二两，条幅对联一两，扇子斗方五钱。凡送礼物、食物，总不如白银为妙；公之所送，未必弟之所好也。送现银则中（衷）心喜乐，书画皆佳。礼物既属纠缠，赊欠尤恐赖账。"

不过，郑板桥坚持信守"平民百姓，有求必赐；达官富豪，一概拒绝"的原则。

扬州商人某甲为人刁钻，品质低劣，郑板桥很讨厌他。某甲盖好了一幢新房，豪华富丽，但就是缺少点斯文气息。有人建议，何不弄两幅郑板桥的字画，往客厅里一挂，就显得格外脱俗了。某甲听了这个建议，觉得很好，就带足了银两往郑板桥家里跑。郑板桥一看是某甲，派人照例给挡在门外，

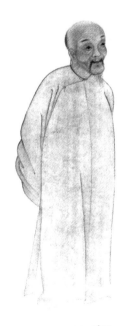

清 叶衍兰 郑板桥像

郑板桥出身于贫寒知识分子家庭，康熙年间中秀才，雍正十年中举人，乾隆元年中进士。官山东范县、潍县县令，政绩显著，后客居扬州，以卖画为生，为"扬州八怪"重要代表人物。

理由无非是先生外出、不舒服、在练气功等。某甲去了好几次，但每次都被以上面的理由拒绝了。后来，某甲听说郑板桥爱吃狗肉，且十分放纵，为求得郑板桥字画，便心生一计。

某日，郑板桥带书童郊游，走到一河边时，忽然听见远处传来悠扬的琴声，曲子甚雅，不由得感到非常好奇，这附近没听说有什么人会奏琴呀？于是，他循声而去，发现琴声出自一座宅院。院门虚掩，郑板桥推开门走了进去，眼前的情景让他大感惊讶：庭院内修竹叠翠，奇石林立，有三间新盖的草房，里面隐约有一股狗肉的香味。

郑板桥信步而进，发现有一小童正在炉子上炖狗肉，客房四周倒也清雅，挂着若干幅画。正观赏间，有一老者儒士挑帘而进，见郑板桥来到，自称"怪翁"，十分热情，奉茶招呼，并聊文说字，又抽剑起舞，有隐士之遗风。郑板桥对老者大有相见恨晚之意，临近中午，老者留郑板桥喝酒、吃狗肉。一会儿，只见一个仆人捧着一壶酒，还端着一大盆喷香的狗肉，送到他们面前。一见狗肉，郑板桥的眼睛就粘在上面，老者刚说个"请"字，他连故作推辞的客套话都忘掉了，迫不及待地去吃他最爱吃的狗肉。

享了口福后，郑板桥实在过意不去，要用银子酬谢，老者坚持分文不取，并恭敬地说："久仰先生大名，只求先生赐画，乃小人之万幸。"本来，郑板桥对老者一见倾心，相见恨晚，又刚享了口福，兴致颇高，便挥

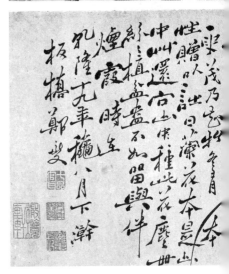

清 郑板桥 竹菊图卷

竹是郑板桥最擅长表现的题材，他能出神入化地准确捕捉住竹枝、竹叶在风中摇曳的动态和神韵，并形象生动地表现出来。

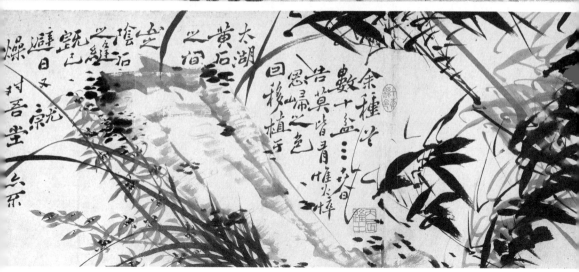

笔为他作了十多幅书画，分文不取。

后来，商人某甲在众人前大肆炫耀，原来"怪叟"乃商人某甲所扮。这个消息传出以后，郑板桥简直不相信自己的耳朵，他又沿着那天散步的路线去寻找，发现那原来是座无人居住的宅院，这才意识到上了当，长叹一声。据说郑板桥从此就不再吃狗肉了。

曾国藩"癫龙转世"传闻

大凡历史名人都是这样，一旦成名，多数都会附上迷信色彩。晚清重臣曾国藩作为近代史上一个很有影响力也颇有争议的人物，"誉之则为圣相，谳之则为元凶"，集褒贬不一、毁誉参半于一身，尤具名人特色。因此，曾国藩就有了"癫龙转世"的传说。

曾国藩是清代中兴名臣，他以训练湘军而名扬天下。传说，曾国藩是"癫龙转世"。

清嘉庆十六年（1811年）十月十一日，曾国藩降临人世。有人说，在曾国藩降生的前一天夜间，曾国藩的曾祖父曾竟希梦见一条巨虹（古代传说中一种有角的小龙）自空中蜿蜒而下，直入曾宅，头悬于梁，尾盘于柱，鳞甲灿烂，把老人惊醒了。对于这个奇梦，老人家百思不得其解。第二天早上，正静思中，忽听隔室"哇"的一声，接着家人报喜："添了一个重孙子！"老人顿有所悟，立刻将梦中所见告诉了曾国藩的父亲，并说："这小子一定要好好培养，将来会有出息。"

奇怪的是，曾国藩终生为一种癣疾困扰，发作时，痛痒难忍，双手搔抓，皮屑飞扬。他每天早晨起床后必定要下围棋，他两眼注视棋盘，两手却不停在身上挠痒。而其抓搔姿态又似虬龙张牙舞爪。精于观人面相的饶州知府张丰翰为曾国藩看相说："曾国藩是龙之癫者。从他端坐的姿势、注视时的神情和用手捻须的动作，就可以看出他是条转世的癫龙。"《庸庵笔记》载："端坐注视，张爪刮须，似癫龙也。"

曾国藩的"癫龙"称号就是这样得来的。

曾国藩患的皮肤病，是鱼鳞病，旧称"鱼鳞癣"，是一种较常见的角化障碍性遗传病。主要表现为四肢两侧或躯干部发生形如鱼鳞或蛇皮的角质层增生，皮肤粗糙、干燥，有时鳞屑间有白色沟纹，呈网状。

在《曾国藩家书》中，曾国藩多次提到他的癣疾，虽经多方医治，一直是时好时坏，不能根除。曾国藩51岁时，一次癣疾大发，在致澄弟的信中写道："余遍身生疮，奇痒异常，极以为苦，公事多废搁不办，即应奏之事亦多稽延。"同年，曾国藩在致澄弟的信中再一次写道："余身体平安，惟疮久不愈，癣疾如常，夜间彻晓不寐，手不停爬。人多劝买一妾代为爬搔。"当然，曾国藩也知道，"大约此是积年痼疾，非药饵所能愈，亦非爬搔所能愈也"。

就这样，在别人的劝说下，曾国藩娶了一个湖北籍的陈姓女子为妾。咸丰十一年（1861年）十一月十四日，曾国藩在致澄弟、沅弟信中说："余身体平安，惟疮癣之痒迄不能愈，娶妾之后亦无增减。陈氏妾入室已二十日，尚属安静大方，但不能有裨于吾之病耳。"看来，从曾国藩的情况看，娶妾主要是出于服侍，而不是为了情欲。

据说还有一件奇事，就在曾国藩出世的当天，曾家屋后长出一棵苍藤，当地人称为"蟒蛇藤"。后来家人观藤之枯荣，就能知曾国藩的境遇如何，巨藤枝叶茂盛，则曾国藩加官晋职；巨藤枯槁，则曾国藩身处逆境。曾国藩死后，巨藤也随之死去。

过去的中国人很喜欢"造神"。大凡历史人物，经历非凡，从生到死可以编造出许多神话来。曾国藩癞龙投胎的传说，现在觉得可笑至极，但在当时却是顺理成章、令人深信不疑的。

清　佚名　曾国藩像

曾国藩是中国晚清时期政治家、战略家、理学家、文学家、书法家，湘军的创立者和统帅。

清　佚名　曾国藩像

左宗棠看不起曾国藩、李鸿章

左宗棠作为晚清名人，人们对他的军政生涯，特别是平定阿古柏匪帮、收复新疆的壮举，当不会陌生。而左宗棠的脾气，人们就不见得知道了。左宗棠的脾气究竟怎样呢？是好还是坏？在此我们初步了解一下。

左宗棠（1812年—1885年），汉族，字季高，湖南湘阴人，号湘上农人，晚清重臣，军事家、政治家、著名湘军将领。主要经历有：领导湘军平定太平天国运动、参与洋务运动、镇压陕甘回变和收复新疆等。

晚清人物，首推曾、胡、左、李。左宗棠是其中个性特殊的一位，不论当时还是后世，他的名头都盖不过曾国藩和胡林翼，还有人认为李鸿章其实也比他强，但是在他活着的时候，这些人他都看不起。

有本事的人都牛，曾、胡等人在成名之前，都在官场上磨砺多年，所以涵养都好得不得了，即使牛也藏在里面看不出来。左宗棠则不同，像早年他在湖南巡抚骆秉章处当幕僚时，最多算是个"准官"，无品无级，脾气却极大，牛气冲天，动辄与人争吵叫骂，常为小事而大动肝火。因为此时，他学历低，只中了个举人，出身尤"贱"，系农家子弟，因而对任何不恭的

话语、轻视的态度都敏感得很，一旦遇到，必全力反击不可。

当时，湖南有位总兵名叫樊燮，自恃有战功，见左宗棠不拜，左宗棠不高兴了，喝道："樊燮！你进门不向我请安，出门不向我告辞，太猖狂了！湖南武官，无论大小，见我都要请安！"樊燮当然不吃这一套："樊某乃朝廷任命的正二品总兵，岂有向你一个师爷请安的道理！"左宗棠气得环眼暴凸，燕颌僵硬，发出一声雷鸣："王八蛋，滚出去！"事情最后都闹到皇帝那里去了，樊燮的小舅子、湖北巡抚官文告了左宗棠一状，咸丰帝在奏章上批道："湖南为劣幕把持，可恼可恨，着细加查明。"

可最后也是不了了之。因为晚清乱世，是武人出头的时候，左宗棠之所以如此强势，关键在于他有治军用兵的韬略。这还是左宗棠只是在用骆秉章手里的军权，后来左宗棠独当一面的时候，就更是牛气冲天，谁也敢骂，他最爱骂的是曾国藩。不过，骂来骂去，就是那么几句车轱辘话，无非是说曾国藩假道学、虚伪，一张嘴就是这些。

清　佚名　湘军九洑洲战图　　此图为曾国藩带领的湘军攻克江浦、浦口二城,力破九洑洲诸隘图。

他见武官的时候骂，直骂得众将官耳朵出了茧子，非不得已不去见大帅；见文员的时候骂，直骂得下属禀报事情都没有机会；见外客还是骂，寒暄才毕，骂声旋起，一直骂到日落西山。不仅如此，他吃饭的时候也要骂，人一入座就开始骂，直到所有的菜都上完了，他还言如泉涌，结果是每个人都没吃好；睡觉之前也要骂，骂声成了他自编的催眠曲，每天都在自己的骂声中进入梦乡。

左宗棠为什么要这样骂呢？因为在晚清，曾国藩被认为是第一人物，左宗棠则自称"老亮"，他以诸葛亮自比，甚至有"今亮或胜于古亮"之言，也就是说他比古代那个真诸葛或许还要高明，自然就不服曾国藩了。

据史书记载，左宗棠有一次回乡扫墓，衣锦还乡，一路上观者塞途，可谓风光无限。到湖南后，他的女婿（陶澍的公子）为他接风洗尘，左宗棠一时高兴多喝了几杯，便得意地对众人说："湖南有三人做过两江总督，一是陶文毅公（陶澍），二是曾文正公（曾国藩），剩下便是我了。但是，他们都不如我。我只有一件事情不如他们，那就是我没有长须。"

其实，曾左交恶，最关键的还是两人不对脾气。曾国藩修身甚严，而左宗棠则性格豪放，无所顾忌，不得志时尚且盛气凌人，得志后那更是目中无人。不过，左宗棠的确有那么两下子，治军、打仗、办洋务都像模像样。而且胆略过人，一干所谓的同光中兴名臣中，只有他总是跟外国人叫板，还出征新疆，打败了阿古柏。

有人就说：这是因为左宗棠的铁骨铮铮决定了必定由他来收复新疆，而不会是一味主张放弃新疆的李鸿章。

其实左宗棠、李鸿章都从心底里瞧不起洋人，但两人对洋务的处理方式却不大相同。左宗棠的刚直脾气与武功上的建树，决定了他会直接采取强硬的手段处理对外事务。他在上海巡视租界的时候，英国领事在上海租界一公园门口竖有"华人与狗不许入内"的牌子，左宗棠发现后下令侍卫将其立即捣毁并没收公园、逮捕人犯。从此只要他进入租界，租界当局立马换上中国龙旗，并派出外国军警执鞭清道。这就是左宗棠，铁骨铮铮，让洋人闻风忌惮。

于是有人就对左宗棠做了如此评价：一身傲气，铮铮铁骨，我行我素，功名卓著。

不管怎么说，左宗棠水涨船高，后来入相进军机，一直到死都很硬气。

李鸿章官场发迹妙计

李鸿章，中国近代史上一个具有重大影响的人物，也是一个极具争议的人。梁启超曾说："吾敬李鸿章之才，吾惜李鸿章之识，吾悲李鸿章之遇。"李鸿章究竟有什么让人们"敬""惜""悲"的呢？

我们先来认识一下李鸿章这个人。李鸿章，安徽合肥人，本名章桐，字渐甫（一字子黻），号少荃（泉），晚年自号仪叟，别号省心，谥文忠。清末重臣，洋务运动的主要倡导者之一。

和晚清很多汉族大官员一样，李鸿章的发迹之路，走的也是从书生到带兵官的路子。但是，李鸿章走的跟别人有点不一样。李鸿章先是以曾国藩的幕僚身份退下来，当上江苏巡抚时，已是不折不扣的中年（40岁），完全属于大器晚成型。

李鸿章当然深受别人的赞赏，不然也不会一直游走于官场中。李鸿章在给曾国藩做幕僚时，就以其识见和刀笔吏的功夫而深得曾国藩的赏识。曾国藩赞许其"所拟奏咨函批，皆有大过人处，将来建树非凡，或竟青出于蓝，亦未可知"。

李鸿章作为晚清第一重臣，其真正的本事并不在于奏折文字上，之所以成为大臣，当然走了点时运，但更多的还是因为他身怀的种种本领。意思就是说，李鸿章绝对不仅仅是由于曾国藩的推荐，而是因为他切切实实是有能力的。我们不妨来查查他的成绩表。

光绪二十四年（1898年）戊戌政变，变法失败后，慈禧下令严惩当事人。在这种严峻的情形之下，李鸿章却有自己的做人做事方法，这充分显示出李鸿章在官场上的明锐与智慧。

在这里，李鸿章既站在主张变法的这一边，又站在下令逮捕维新人士的慈

清　佚名　李鸿章像

李鸿章是洋务运动的主要领导人之一，慈禧视为"辅佐中兴，削平大难"及"匡济艰难，辑和中外"之人。

清　佚名　李鸿章像

禧那一边。我们不妨仔细回忆一下戊戌政变的本质。首先我们要知道慈禧想要的是什么，她想要的是继续主持大局，做中国的掌权者，根本不关注变法不变法。但是，当时的光绪帝是站在慈禧反对面的。光绪帝如果坚持了变法，那么光绪帝的实力就会变得强大，会威胁到慈禧的地位，于是慈禧不得不极力反对变法。其实，在这场运动里，慈禧始终关注的是地位，并不管变法是不是可行。李鸿章看到了这一点，所以他才敢大胆地跟慈禧说他是维新一派的，但是我又听从你指挥，属于你的人。无疑，李鸿章做了好人，又没有被捕的危险。这正是他置身官场的过人之处。

当然，对于李鸿章的能力及为人，各有不同的说法，有人说他办事果断，所以灵活处理了许多棘手的问题，而混得官场得意。也有人说他正反通吃，最后赢得官场胜利。不管怎么样，事实摆在我们面前的就是李鸿章一生共签下了30多个不平等的条约。这些条约使我们进一步关注了他的个人，近来随着越来越多的史料出现，对这位清末重臣也逐渐呈现多元化的评价。

不管怎样，李鸿章处于那个身不由己、外国列强虎视眈眈的年代，一面要推举洋务运动，一面也要受制于无能的清政府，不得不在正反两条道上，做了好人，又犯下错误。

林则徐死前高喊"星斗南"

林则徐，字少穆，乾隆五十年（1785年）生，汉族，福建侯官人（今福建福州）。他是清朝后期政治家、思想家和诗人，官至一品，曾任江苏巡抚、两广总督、湖广总督、陕甘总督和云贵总督，两次受命为钦差大臣。因其主张严禁鸦片、抵抗西方的侵略、坚持维护中国主权和民族利益而深受所有中国人的敬仰，史学界称他为近代中国的第一人臣。然而，林则徐的死却是个谜，是史学家疑惑不解的公案之一。

林则徐于道光二十年（1840年）受命为钦差大臣赴广东禁烟。他雷厉风行，严禁鸦片，在虎门当众销毁没收的鸦片烟近120万千克，取得禁烟运动的胜利，名震中外。此前在嘉庆二十五年（1820年），林则徐任江南道监察御史转浙江杭嘉湖道，任上修海塘，兴水利，发展农业，颇有政绩。

道光三十年（1850年）十月十九日，林则徐任钦差大臣，在赴广西上任途中，不幸突然死亡。至今林则徐当年逝去的房间尚在，地点在广东普宁洪阳镇。

林则徐的死讯传到北京，咸丰皇帝特别颁发了《御祭文》和《御赐碑文》，盛赞林则徐一生的业绩。他的死也引起了当时士大夫阶层极大的震动，纷纷以诗文和挽联等形式来悼念这位伟人：

痛惜林文忠，将星陨闽漳。

天若遗此老，鼠贼安足当！

千古英雄皆堕泪，四方妇孺尽知名。

这样一位既干练又爱国的边疆大员在奉旨赴任途中突然亡故，这就不能不使人们产生种种的猜疑和传说。

林则徐死前曾大呼"星斗南"。对"星斗南"的解释有两种，这两种不同

清　佚名　林则徐像

林则徐一生遍历地方，治绩卓著。虽在两广抗击西方入侵，但对于西方的文化、科技和贸易则持开放态度，主张学其优而用之。

的解释得出两种截然不同的对林则徐死因的猜测。

一种是：林则徐长期患有多种疾病，赴任途中，劳累交加，导致病情急剧恶化，最终暴病而亡。《清史稿》本传说：林则徐"行次潮州，病卒"。而《闽杂记》则对于林则徐死亡前夕情况有较详细的记载："公患痔漏久，体已羸，至是力疾起行，十一日抵潮州，复患痢，潮守刘晋请暂留养疾，不可。次日遂薨于普宁行馆。"认为林则徐得了痢疾加重腹泻不止而死。

那么，林则徐为什么喊"星斗南"呢？这实际是"北斗南"之误。据说林则徐在弥留之际，恰好看到有一颗巨星坠落于北辰星之位，按星相学说法，中国居于北辰星之南，俄罗斯居于北辰星之北，上述星象预示俄罗斯将成为中国边疆最大的危胁。林忧心如焚，故大呼"星斗南"。

另一种说法是：林则徐是被广州十三行的不法行商谋害的。林则徐当年在广州禁烟时，使得中外鸦片贩子遭受重大损失，鸦片贩子们因而对他恨之入骨。当他们得知林则徐再次南来时，又恨又怕。广东洋行十三行的总商伍绍荣便派遣亲信携巨款收买了林则徐的厨师，将药投入林则徐的饭菜中，致使他一路狂泻不止而死。林则徐临死前所呼的"星斗南"，就是指广东洋商聚居的"新豆栏"。新豆栏本是广州十三行附近的一条街名，那里是外商和中国买办的聚集地。林得知自己中了他们的暗算，故临死前喊出了此语。

有人劝林则徐的儿子追究其事，按清例，凡毒死者须开棺验视，家人不忍心这样做，只得作罢。《东莞县志·逸事余录》更明确指出：这个谋杀案的主谋是广东十三行总商伍某，他在林则徐查禁鸦片时曾被擒拿于越华书院，故而嫉恨在心，特派亲信携巨款贿赂林则徐的厨师下毒，终于得逞。

另外，还有一种说法：林则徐是因误用药物而死。据说林则徐患腹泻后，经治疗有所好转，但医生又错给他服用了滋补药，使他咳喘病复发，加上年老体衰、一路奔波劳累，终于不治而亡。

由于林则徐是在赴任途中突然死亡，随行人员对此事没有详细记载，对"星斗南"的解释又各有不同，这样林则徐死亡的原因便成了一个谜。

清 佚名 广州知府像

康有为是梁启超治学和从政的导师，二人均是中国近代史上的著名人物，他们之间的恩恩怨怨，与近代历史的发展进程息息相关。起初，二人的思想是一致的，后来，一个故步自封，拒绝接受新事物和新变化；一个因时而变，努力挣脱传统事物与文化的束缚，最终二人不得不分道扬镳。

康有为，又名祖诒，字广厦，号长素，晚年别署天游化人，广东南海人，人称"康南海"。清光绪年间进士，官授工部主事，近代著名政治家、思想家、社会改革家、书法家和学者。他信奉孔子的儒家学说，并致力于将儒家学说改造为可以适应现代社会的国教。

康有为是 19 世纪末向西方寻求真理的著名代表人物，戊戌变法运动的领导者。

康有为始终宣称忠于清朝，溥仪被冯玉祥逐出紫禁城后，他曾亲往天津，到溥仪居住的静园觐见探望。康有为以其所处的时代，先行看到了国家的危机，并进行了大胆尝试，为孙中山领导的辛亥革命做了实践上的指导。

他认为赋税政策方面的改革主要是"蠲厘金之害以慰民心，减出口之税以扩商务"。他猛烈抨击了厘金税，认为它既不利商，又不利农，也不利国，必须予以裁撤。这种观点实际上是超越现实的空想。

梁启超，字卓如，号任公，又号饮冰室主人、饮冰子、哀时客、中国之新民、自由斋主人等。汉族，广东新会人。中国近代维新派领袖，学者。

梁启超自幼在家中接受传统教育，光绪十五年（1889 年）中举。光绪十六年（1890 年）赴京会试，没中。回粤路经上海，看到介绍世界地理的《瀛环志略》和上海机器局所译西书，眼界大开。同年结识康有为，投其门下。

梁启超是戊戌变法领导人之一，我国 19 至 20 世纪之交资产阶级维新派的著名宣传鼓动家。他主张赋税的征收必须以便民为原则，实行轻税、平税政策，反对与民争利的"固民所急而税"的传统观点，把经济发展放在首位，财政税收放在其基础之上，这些观点对当时中国资本主义工商业的发展具有积极意义。

梁启超作为康有为的弟子，起初两人的思想是一致的，比如，中国应该实行什么样的政治体制？是共和制，还是立宪制？此时的梁启超和康有为一样，坚持中国应实行"虚君共和"，但不久，随着革命的发展，梁启超便把自己的主张改为"和袁慰革，逼满服汉"。而康有为依然固执己见，不愿与时俱进，康梁之间的矛盾越来越大。不过，这段时间，梁启超对康有为虽有不满，但矛盾没有公开，只在很小的范围内为人所知。此后，因对共和与帝制的政见不同，二人之间发生了很大的冲突，梁启超甚至公开发表文章，批驳老师康有为，二人关系严重恶化。

1912 年元旦，"中华民国"成立。对于"中华民国"成立后出现的许多问题，康有为"触目伤心"，非常看不惯。为了恢复封建教化与伦理

清　杨鹏秋　康有为像

康有为是中国晚清时期重要的政治家、思想家、教育家，资产阶级改良主义的代表人物。

清　康有为　行书五言联

纲纪，他继续鼓吹尊孔崇儒的老调子，将儒学看作国粹和国魂，四处活动，组织孔教会，甚至要尊孔子为教父。

袁世凯复辟失败后，他加快了让溥仪复辟的步伐。1917年7月，他联合统率辫子军的张勋，利用时任国务总理段祺瑞和大总统黎元洪之间发生府院之争的机会，请溥仪重新登基做皇帝，史称张勋复辟。

与康有为积极复辟相反，梁启超坚决维护民主共和。在西方资产阶级思想的影响下，梁启超的政治主张从保皇转向革命，这段时间，他与孙中山、陈少白等革命党人的来往开始密切，结果便有了合作组党的计划，"拟推（孙）中山为会长，而梁（启超）副之"。梁启超甚至召集其他同学，联名致函康有为，劝其退休，"息影林泉，自娱晚景"。

在尊孔保教问题上，梁启超也开始有意摆脱康有为的束缚。光绪二十八年（1902年），本着"吾爱孔子，吾尤爱真理；吾爱先辈，吾尤爱国家；吾爱故人，吾尤爱自由"的想法，梁启超公开发表文章，认为教不必保，也不可保，从今以后，只有努力保国而已，从"保教党之骁将"转变为"保教党之大敌"。

晚年的康有为和弟子梁启超之间关系有所缓和，但表面上诚挚的师生友谊并不能掩盖二人政治立场上的分歧。晚年的康有为依然没有从溥仪复辟失败中吸取教训，继续鼓吹尊孔复辟。对于当时蓬勃发展的大革命运动，他则称之为暴乱、"俄化"，甚至在他去世前夕，还致电反动军阀张宗昌，要他先发制人，"用重兵"，对抗已逼近上海的北伐军。

与康有为相比，梁启超反对复辟倒退，维护共和，追求立宪。他认为历史是在不断进步的，封建帝制再也不可能在中国复现，"我敢说，已经挂上的民国招牌，从今以后千千万万年再也不会卸下，任凭你像尧舜那么贤圣，像秦始皇、明太祖那么强暴，像曹操、司马懿那么狡猾，再要想做中国皇帝，乃永远没有人答应"。他坚信社会潮流浩浩荡荡，一往无前，民国比封建进步，这种观点比起康有为的复辟论调，要进步得多。

那么，康梁之间的恩恩怨怨，原因何在？

梁启超认为康有为"万事纯任主观，自信力极强，而持之极毅。其对于客观的事实，或竟蔑视，或必欲强之以从我"。

戊戌变法与袁世凯告密

1898 年 6 月 11 日至 1898 年 9 月 21 日，光绪皇帝亲自领导，进行政治体制的变革，希望中国走上君主立宪的现代化道路。无奈支持新政的光绪推行速度过快，因此变法被相对保守势力反对，最后演变成为政变，维新派人物被杀，变法失败。传统的说法是：这是由袁世凯的告密造成的。

戊戌变法中袁世凯的告密是关键情节，有人说是因袁世凯告密而导致慈禧政变。

那么，袁世凯是怎样告密的呢？至今众说纷纭，留下重重疑团。

传统的说法是：

1898 年 6 月 11 日，光绪皇帝颁布"定国是诏"诏书，宣布变法。在此期间，光绪皇帝根据康有为等人的建议，颁布了一系列变法诏书和谕令。

但是，这些措施代表了新兴资产阶级的利益，为封建顽固势力所不容。清政府中的一些权贵显宦、守旧官僚对新政措施极力反对。慈禧在光绪皇帝宣布变法后的第五天，就迫使光绪连下三谕，控制了人事任免和京津地区的军政大权。

9 月，有人上书慈禧，要求杀了康有为、梁启超；奕劻、李莲英跪请太后"垂帘听政"；御史杨崇伊多次到天津与荣禄密谋；甚至宫廷内外传言将废除光绪，另立皇帝。慈禧和光绪皇帝的权力斗争日益激化。守旧派磨刀霍霍，他们密谋在 10 月间，乘光绪皇帝到天津阅兵之时，由绿营荣禄发动政变，迫使光绪皇帝退位让贤。

一时，北京城内流言四起，人心惶惶。阴谋政变的消息传到光绪皇帝的耳内，他惊慌失措，感到"朕位几不保"。9 月 14 日，他急忙下密诏向康有为、谭嗣同等人求救。光绪皇帝认为，"将旧法尽变，而尽黜此辈昏庸之人，则朕之权力实有未足。果使如此，则朕位且不能保，何况其他"。康有为极力推荐袁世凯，企图利用袁世凯在天津小站训练的新建陆军以武力除去慈禧。

9月16日晨，光绪皇帝在颐和园召见了袁世凯，将他的官衔由正三品的直隶按察使提升为从二品的兵部侍郎以示笼络，并指示他专办练兵事务。

9月17日，光绪皇帝再度下密诏要康有为等迅速离京避难。谭嗣同提出，由他去游说袁世凯，在10月天津阅兵时，诛戮荣禄等后党官员，囚禁慈禧以挽救光绪皇帝，继续推行新政。

这时的袁世凯住在法华寺。清《光绪顺天府志》记述，法华寺是明代景泰年间的太监刘通和刘顺兄弟舍宅而建，由成化皇帝赐名法华寺。清代官员出差时，因嫌旅店喧闹嘈杂，经常选择环境清幽的寺庙居住。1898年9月14日，袁世凯应光绪皇帝宣召从天津到北京来，就住在法华寺里。

9月18日深夜，谭嗣同怀着悲愤不安的心情来到袁世凯住的法华寺。他顾不得繁文缛节，径直撞到袁世凯的公事房，把维新派的全部行动计划告诉了袁世凯，要求袁世凯在天津诛杀荣禄，然后率军进京，兵分两路，一路去颐和园包围慈禧太后，一路进宫保卫光绪皇帝。袁世凯先是借故"本军粮械子弹均在天津营内，存者极少，必须先将粮弹领运足用，方可用兵"，后来又推脱说慈禧太后和光绪皇帝"即将巡幸天津，待至伊时，军队咸集，皇上下一寸纸条，谁敢不遵，又何事不成"。

9月20日晨，袁世凯进宫向已由颐和园回到皇宫的光绪皇帝辞行时，劝告光绪皇帝变法不要操之过急，还说维新人士"阅历太浅，办事不能缜密，倘有疏误，累及皇上，关系极重"，光绪皇帝没有答话。袁世凯于中午乘火车返回天津，当晚向直隶总督荣禄密报了谭嗣同发动兵变的计划。

1898年9月21日凌晨，慈禧突然从颐和园赶回紫禁城，直入光绪皇帝寝宫，将光绪皇帝囚禁于中南海瀛台，然后发布训政诏书，再次临朝"训政"，"戊戌政变"成功。戊戌政变后，慈禧下令捕杀在逃的康有为、梁启超；逮捕谭嗣同、杨深秀、林旭、杨锐、刘光第、康广仁、徐致靖、张荫桓等人。9月28日，在北京菜市口将谭嗣同、杨锐、刘光第、林旭、杨深秀、康广仁六人杀害；徐致靖处以永远监禁；张荫桓被遣戍新疆。所有新政措施，除7月开办的京师大学堂（今北京大学）外，全部都被废止。从 6 月 11 日至 9 月 21 日，进行了 103 天的变法维新，以戊戌政变宣告失败。

这是传统说法，但现在不少历史学家对此提出疑问，否定了因袁世凯告密导致慈禧政变之说，其理由如下。

首先，袁世凯在 9 月 20 日上午觐见光绪皇帝后，即乘火车返回天津，抵达天津老龙头车站时已是暮色苍茫。即使袁当晚匆匆赶到荣禄府上告密，荣禄也得第二天才能到北京颐和园向太后汇报（当时京、津两地的火车只有白天行车，无夜班车）。从时间上看，此时戊戌政变已经发动，慈禧实行训政是 9 月 21 日上午，按常规，这样的特大行动必须提前布置，至少在 9 月 20 日前慈禧就有了"政变"的既定安排。这显然是守旧派的一个既定步骤，与袁世凯告密无关。

其次，9 月 21 日慈禧实行政变，如果是袁世凯告密导致，则政变上谕中必定指名捕拿谭嗣同，因谭是前往劝说袁世凯围园劫持太后的人，属于"逆首"，慈禧绝不会放过他。何以上谕中只命捉拿康有为、康广仁兄弟，没有谭嗣同在内？而且上谕中康的罪名是"结党营私，莠言乱政"，罪名较轻。如果有围园劫太后之谋，则是大逆不道，罪在不赦，上谕中何以轻易放过？

第三，从《戊戌日记》吞吞吐吐的叙述中，可以看出袁世凯摇摆不定的心情。袁世凯回到天津的次日早上，朝廷明发了太后再出训政和捉拿康有为的公文，袁以为密谋已经败露，他也有可能被划进维新党的圈子招致捕杀，顿时吓得魂飞魄散，在荣禄面前长跪不起，将维新党围园的计划全盘托出了。

显然袁世凯告密不是积极的、主动的，因为包围颐和园，杀西太后，这是何等重大而紧急的事件，袁世凯告密如果是积极的、主动的，可以在谭嗣同找他密谈的第二天，即 9 月 19 日在北京告密，守旧党庆王奕劻、刚毅都是西太后心腹，也是袁世凯的朋友。如果袁决心告密，他可以于 9 月 19 日在北京找到朝中大臣告密，何必一定要回天津向荣禄告密？9 月 18 日夜，谭嗣同找他密谈，提出围园杀太后之谋，何以袁无所动作，没有在北京告密？

事实上正如《心太平室集》卷八所记：袁于 9 月 20 日返津，隔一天后，杨崇伊来天津，向荣禄报告训政的消息。袁世凯从杨崇伊那里得知太后训政，捉拿康有为、康广仁的消息，害怕康有为供出 9 月 18 日夜谭嗣同访袁于法华寺，密谈兵变围园之谋。遂将当时守旧派尚不知道的围颐和园、杀西太后的密谋，和盘托出，故有"袁知事不谐，乃大哭失声，长跪不起"的举动。

这样看来，袁世凯的告密并非积极、主动，而是在他已听到西太后训政消息之后，怕受连累被惩罚，被动告密。因此，不是袁世凯的告密导致西太后政变，而是西太后政变导致袁世凯告密。这告密消息又由杨崇伊带回北京，守旧派才知道兵变围园的密谋。9月26日遂有旨："张荫桓、徐致靖、杨深秀、杨锐、林旭、谭嗣同、刘光第均着先行革职，交步军统领衙门，拿解刑部治罪。"由于袁世凯告密，事态扩大，继续搜捕，并不经审讯处决了六君子，宣示罪状，有"包藏祸心，潜图不轨，前日竟有纠约乱党，谋围颐和园，劫制皇太后，陷害朕躬之事，幸经觉察，立破奸谋"。这道谕旨说明这时袁世凯的告密已反馈到了北京。

袁世凯虽非主动告密，但把围园密谋和盘托出，他感到最对不起的是光绪皇帝，口口声声解释，"此事与皇上无关，如累及皇上，我唯有仰药而死"。光绪帝已被囚禁，并不知道康、梁有围园劫后的计划，以为太后训斥他的"维新党要围园劫后"是袁的诬告。据说，光绪帝被囚禁瀛台后，经常在纸上画乌龟，写一个袁字，用针狠扎，他对袁世凯刻骨仇恨也是理所当然。很长的一段时间里，袁世凯一定心怀愧疚感，毕竟光绪帝因他而受到牵连。

袁世凯之死

袁世凯，北洋军阀首领，中华民国临时大总统。他专制独裁，复辟帝制，结果众叛亲离，袁世凯死前只是喃喃说道："他害死了我！"他是谁？他怎么会害死了袁世凯？

据说袁世凯很后悔当皇帝，甚至当皇帝也不是他本人的意思，是有人把袁世凯高高地抛向皇位的。那么，这个人是谁呢？有人认为是袁世凯的长子袁克定。为什么这么说呢？因为真正想当皇帝的是袁克定。比如，为了促使袁世凯下决心恢复帝制，袁克定伪造了一份天天刊载拥护赞成复辟帝制的报纸。袁克定炮制的这份只出版了一份的报纸是伪宫廷版的《顺天时报》。《顺天时报》本为日本在华出版的中文报，主要反映日本政府的主张，袁世凯常在闲时阅读此报。就是在伪造的报道下，袁世凯认为称帝会受到国际社会的支持，结果还真的搞起来了。于是，袁世凯临死前大喊是他的儿子害死了他。

也有人认为那个"他"是指他小站练兵的老部下冯国璋、段祺瑞，以及徒子徒孙陈宦、汤芗铭等，他们先是支持袁世凯的帝制，其后却躲开了，甚至公开反对。还有人认为那个"他"是指杨度，杨先把袁推向帝位，然后就躲得远远的了。

总之，很多人认为袁世凯是在别人的鼓动下恢复了帝制，然后众叛亲离，最终死去。如果不恢复帝制，不想当皇帝，袁世凯可能会有不一样的结局。袁世凯的北洋军是当时中国唯一有战斗力的军队，南方的革命军根本就不堪一击，袁世凯自然也不会在 1916 年 6 月 6 日死去。

那么，袁世凯究竟是怎么死的？

袁世凯具体的死因，但不外乎病死说与气死说两种。

袁世凯像

袁世凯的荣辱功过各有评说，有人说他是"独夫民贼""窃国大盗"，也有人认为他对中国的近代化做出贡献，是"改革派人物中的第一人"。

病死说。黄毅的《袁氏盗国记》做了详细说明，"经中医刘竺笙、肖龙友百方诊治，均未奏效；延至六月初四日病势加剧，即请驻京法国公使馆医官博士卜西京氏诊视病状，乃知为尿毒症，加以神经衰弱病入膏肓，殆无转机之望"。佚名的《袁世凯全传》也称袁世凯所患，"相传为尿毒症，因中西药杂进，以致不起"。

20世纪50年代，在刘厚生的《张謇评传》中说："袁世凯患尿毒症，摄护腺肿胀。"在当时如果能采用外科手术进行治疗，绝不会有生命危险。但在对袁世凯的医治方案上，袁世凯两个儿子的意见分歧较大，"大儿子袁克定主张用西医，通过动手术治病；二儿子袁克文则竭力反对用西医，主张用中医，双方相持不下，贻误治疗的时机，最终导致死亡"。与此相近之说，还有袁世凯是因患病后不肯服药而毙命的。

气死说。通常的一种说法是认为袁无论生病与否，症结皆是因帝制失败、众叛亲离而气愤成疾的。四川督军陈宧背袁，宣布"代表川人与项城告绝。自今日始，四川省与袁氏个人断绝关系"，是袁世凯的一帖催命药。《袁氏盗国记》这样说："盗国殃民，丧权乱法，在中国为第一元凶，在人类为特别祸首，其致死固宜，益以年老神昏、兵之将变，人心怨怼、体面无存，袁氏人非木石，顾后思前，能不自疚，此即袁氏病死之真因也。"佚名的《袁世凯全传》中述："袁世凯以称帝不成，中外环迫，羞愧、愤怒、怨恨、忧虑之心理循生迭起，不能自持，久之成疾。"袁世凯的女儿袁静雪在《我的父亲袁世凯》一文中说："内外交攻，气恼成病而死。"这些材料都认为袁世凯称帝不成，于气愤中生病而死。

显然，袁世凯是因气愤生病而死，气愤的主要原因是众叛亲离，尤其是他的亲信的背叛。

先看段祺瑞。段祺瑞，字芝泉，安徽合肥人，生于1865年3月6日（同治四年二月初九）。1885年6月，清朝洋务派代表李鸿章创办北洋武备学堂，9月，段祺瑞以优异的成绩考入武备学堂第一期预备生，旋分入炮兵科。

1895年12月，袁世凯在天津小站训练新式陆军，段祺瑞被调往天津小站，任新建陆军左翼炮队第三营统带。1899年12月，段祺瑞随工部右侍郎、山东巡抚袁世凯率武卫右军到山东镇压义和团，成为袁世凯扩编北洋军的重要帮手，是"北洋三杰"（北洋之龙王士珍、北洋之虎段祺瑞、北洋之豹冯国璋）之一。

1900年5月18日，段祺瑞原配吴氏在济南病故。1901年5月31日，袁世凯将义女张佩蘅嫁与段祺瑞为继室。11月7日，袁世凯任直隶总督，保奏段祺瑞"以知府仍留原省补用，并加三品衔"，"兼充武卫右军各学堂总办"。

1902年8月9日，因镇压直隶广宗、威县反洋教团众"劳绩"，段祺瑞被袁世凯保奏，准赏戴花翎，加"奋勇巴图鲁"勇号。1913年2月15日，袁世凯被南京临时参议院推举为临时大总统，17日，袁令段祺瑞署理陆军部总长，有训练、调遣军队和提拔军官的权力。

段祺瑞就是袁世凯的这样一位亲信。袁世凯在悍然称帝遇到各界的强烈反对后，为了挽回败局，希望用他经营多年的北洋集团，凭借其强大的武力解决当时的危机，就起用手握重兵的亲信段祺瑞组成内阁，因段是北洋元老，在军中的关系盘根错节，很多将领是要卖他的面子的。

但段祺瑞出任国务总理后，只是作壁上观，任洪宪帝制迅速崩溃，甚至逼袁世凯交出军政实权。

另一个亲信是冯国璋。冯国璋于1859年1月7日（咸丰八年十二月初四）出生于直隶河间县（今河北河间市）西诗经村。

1896年，冯国璋把在日本抄录和整理的几大本有关军事训练和近代军事科学发展的"兵书"，呈送袁世凯。当时，袁世凯正在积极筹办小站练兵事宜，急需军事教学人才，见到冯国璋整理的军事资料如获至宝，遂招冯国璋入小站辅佐编练新军。由于冯国璋等人对袁世凯的赤心辅佐，使小站练兵的声誉大振，冯国璋也逐步投向袁世凯的怀抱。

1900年，冯国璋参与镇压义和团运动有"功"，经袁世凯奏保，升为补用知府，不久被调至济南主管武卫右军和山东全省军队督操事宜。

袁世凯为了在德国人面前出风头，决定举行秋操，命冯国璋、王士珍、段祺瑞昼夜加紧操练军队。1900年秋季，袁世凯邀请德国驻胶州湾总督一行抵济南观操。总督当面称赞冯国璋、王士珍、段祺瑞为"北洋三杰"。

袁世凯当上民国临时大总统后，冯国璋于1912年9月出任直隶都督兼民政厅长。

就是这样一位亲信，冯国璋在洪宪帝制崩溃的过程中，于1916年3月9日致电袁世凯销假视事，公开反对帝制，冯国璋遂成为"北洋派中反对洪宪皇帝之第一中心人物"。

冯国璋一面向袁世凯迭电密陈请"勿轻开战祸"，一面通过梁启超、胡鄂公等人与西南滇桂军阀唐继尧、陆荣廷信使往来，以促使西南独立和陆荣廷攻击广州，驱逐袁世凯死党龙济光。

冯叫秘书拟好两电，一电致袁世凯，劝其退位；一电分致鄂赣与西南各省，表示他反对洪宪帝制的态度。不久，冯决定对袁施加更大压力，以迫其将政权让予他。他于4月1日和16日公开致电袁世凯，劝袁及早退位。各省军阀纷纷效尤，亦先后通电劝袁世凯迅速退位。

这就是袁世凯的亲信，过去完全忠心的部下竟如此对待他，这让袁世凯又伤心，又不能理解，袁世凯正在丧失他在北洋中的领袖地位及绝对权威的位置。

段祺瑞、冯国璋的不合作让袁世凯十分伤心，更让袁世凯气愤的是过去绝对忠心、服从于他的北洋派，竟然有人起兵发难！

这个人就是陈宧。1916年5月22日，陈宧宣布四川及他本人与袁氏个人断绝关系。陈宧既是袁世凯在西南倚重的将军，又是袁世凯长子袁克定的把兄弟，私人感情甚笃，而且是帝制的拥戴者。据说，当袁派陈宧带兵入川前夕，他向袁辞行时，就行三跪九叩之大礼。陈宧先是用臣子见皇帝礼节，而后又学喇嘛拜叩活佛的最高敬礼，真可谓阿谀奉承到了极点。这果然使袁世凯对他感觉良好，以为只要陈宧坐镇成都，便可高枕无忧。因而陈宧在这年5月22日宣告独立，对毫无思想准备的袁世凯是最大打击，可以说"陈宧的叛离，最使他恼火"。

随后，1916年5月29日，袁世凯倚重的另一位将军汤芗铭宣布讨袁独立。当初汤芗铭是鼓吹帝制最得力的一位地方要员，他曾在湖南招募一批文人才子，把他们软禁在一个豪华大院里，院中备有名酒名烟以及妓女，让这帮人伪造湖南人民拥戴袁大总统为皇帝的劝进书。然后放进金丝楠木小匣中，派特使专程送往京城。而很快他又树起反袁称帝的旗帜，所以说袁世凯是被活活气死的。

除此之外，民间对袁世凯的死因还有许多种说法。

一种说法是：据当年袁世凯身边的人回忆，"袁世凯的死主要由于贪恋女色所致"。袁生活十分腐朽糜烂，除原配夫人外，另有姨太太九人，由此每天服用鹿茸、海狗肾等补药，以满足性生活需要。自1916年春节起，袁世凯的身体日趋不佳，以后常患腰疼，经法国医生抢救无效，死于尿毒症。

还有一种说法是：袁世凯是被章炳麟说梦吓死的。梦中说章做了阎罗王，要审判袁，正为审判袁而制作刑具，一种是让袁的心火从内燃烧，直到把袁世凯烧死，一种是用铁床铜柱把袁拷死。袁世凯听完后，又惧又怒，结果生病而亡。这只是民间传说而已，更少真实性。

藏在古画里的大清史

第七章 奇案冤狱：宫闱民间糊涂案

人世间永远不缺奇案冤狱，案情总是跌宕起伏，一波三折。奇案给后人留下一个极大的谜，永远难以解开的谜；冤狱则总是悲惨的，然而，既然是冤狱总有平反的那一天，或当世，或后世。清朝的奇案冤狱就最多。

张缙彦诗序案

清朝的文字狱，一般认为是中国古代文祸的最高峰，其数量之多、株连之广、处罚之重，也是明代、宋代所不及的。顺治四年（1647年）、五年（1648年），满族统治者连兴四起文字狱，给了有"反清复明"思想的汉族人一次次严厉的警告。张缙彦诗序案就是著名的实例。

明末到清初顺治时期，有个叫张缙彦的人，他出生在河南卫辉新乡。在明崇祯辛未中的进士，后来做到了兵部尚书。张缙彦先是投降了李自成，后又归顺清朝，归清后做官为工部侍郎。清初，汉族官僚分为南北两党派，互相争斗。张缙彦跟当时的北党派代表大学士刘正宗结为莫逆之交。

顺治十七年（1660年），清朝廷要检验三品以上的大官，不合格的准备开除一批。于是在这个时候，就有人乘机告状。

都察院左都御史魏裔介就是其中一个爱打小报告的人，他奏大学士刘正宗"阴毒奸险，结党比附，蠹国乱政"，另外还有一条小报告即是"正宗莫逆之友为张缙彦、方拱乾。缙彦外，拱乾流徙，正宗之友如此，正宗为何如人耶？"如此一来，他顺手向刘正宗的"党类"张缙彦狠刺一枪，说："缙彦序正宗诗'将明之才'，其诡谲尤不可解。"

于是，张缙彦诗序案发，顺治帝立即命令刘正宗、张缙彦回奏。意思就是，皇帝要你给出个合理的解释，要不然就有杀身之祸了。

说到"将明之才"一语的出处，是出自《诗经·大雅·烝民》一诗，诗中说："肃肃王命，仲山甫将之。邦国若否，仲山甫明之。"意思是仲山甫善于奉行周宣王的命令，明察所属邦国的驯顺与否，也就是把仲山甫看作周宣王的左右手。后来，"将明之才"的意思就是歌颂了辅佐皇帝的英才。而魏裔介却认为"将明之才"就是"扶助明朝的英才"的意思。

张缙彦与刘正宗立刻意识到问题的严重性，把原稿销毁灭迹，然后回奏顺治帝，原话是这样的："此语诚似诡谲，然臣现存诗稿，缙彦序中未见此语也。"顺治十七年（1660年）八月，湖广道监察御史萧震又奏劾张缙彦："守藩浙江，刻有《无声戏》二集一书，澹称为不死英雄，以煽惑人心。"之后，即将张缙彦解官逮押至京师。顺治帝命议政王贝勒大臣九卿科道审议具奏。

审讯时，议政王贝勒大臣九卿科道越要追查"将明之才"一语的用意，张缙彦越是回避，人家也就越是怀疑他的居心。如此恶性循环，结果罪上加罪。议政王大臣会议认为："将明之才"一语，既系《诗经》《前汉书》、颜真卿墨刻所载，若非有意借用，何不即行承认，乃巧辞欺饰，实有诡谲之意、叵测之心。于是被冠以"诡谲言词，作为诗序，煽惑人心，情罪重大"的罪名，并请求立刻处斩。不过，顺治帝认为这样处理太过，改为抄没家产，流放宁古塔，饶了张缙彦一死。

从此，仅因一个诗序而招抄家、流放的张缙彦便永远被流放到了边陲塞外。而对于大清朝来说，这只不过是对于言论镇压的序幕刚刚拉开而已。

清早期　铜阿拉伯文双耳香瓶

据《明实录》统计，从洪武至成化的百年间，自西方来的穆斯林近七十批，常有带阿拉伯文纹饰的器物出现。此瓶即为典型风格。

通海案：清初江南第一冤案

清顺治十八年（1661 年）发生在金坛的"通海案"，与"哭庙案""奏销案"合称江南三大案。它起因于地方官吏与土豪劣绅相互勾结，鱼肉乡民引起民愤，官吏借郑成功攻占金坛一事，移祸于仗义执言的 10 名儒生搞了一幕通海冤案。此案累及许多无辜，杀戮了 65 人，不仅其残忍程度震人肺腑，而且深刻反映了封建统治者凶残而脆弱的特征。

在明末清初的金坛历史上，曾出现过三大奇案：其一是明天启年间宦官魏忠贤专权时期，政治极端腐败，屡兴大狱，杀戮东林党人，思宗即位后，责令魏忠贤自杀，并于崇祯二年（1629 年）又发布诏书，定逆案，将魏忠贤及其党羽基本肃清；其二是发生于清顺治十八年（1661 年）的"通海案"；其三是乾隆朝的"采花案"。关于其他两大案件，在这里不必细说，而"通海案"我们却有必要提到。

顺治十六年（1659 年）六月，郑成功为反清复明，亲自率 10 万大军北伐，由崇明进入长江与兵部侍郎张煌言会师后，溯江而上，于二十三日攻克镇江，并直逼江宁。当时，明室遗民暗中接应郑成功，准备借用郑成功的力量恢复明室。一时间东南局势震荡，清廷惊恐不已。

时任金坛县知县的是山西人任体坤。当时，他与当地的王重、袁大受等这样一些土豪劣绅和不法奸商沆瀣一气，共同剥削百姓，当地人民深受其害，苦不堪言。正因为如此，所以在此前，蒋太初、蔡默等数十名儒生激于义愤，曾联名举帖向上级官府控告，抗议和揭露他们的不法行为。这就使得任体坤和王重、袁大受等人对这批儒生恨之入骨。

郑成功在占领了镇江之后，大造声势，竭力宣传要"逐贪官，锄豪绅"，而且要"毙其人而焚其庐"。任体坤更是急得像热锅上的蚂蚁，于是偷偷地缝制了一件僧衫穿在身上，企图假扮成和尚，伺机逃跑。恰在此时，郑成功派丹徒起义的王再兴到金坛来联络纳降之事。兵临城下，王重与当时在京城做官，但休息在家的王明试等人分别打开景阳门、弘化门，任体坤急忙在文庙明伦堂召集众乡绅议事，决定先派生员虞巽吉等八人到镇江投降，作为缓兵之计。

同时，任体坤又给溧阳抚臣发了一份密揭，谎称金坛士民造反投降，随后自己将县府国库里的数千两银子盗窃一空，慌慌张张逃跑了。

郑成功攻打江宁时，中了清军总督郎廷佐假投降的缓兵之计。清军组织水陆两路反击郑成功，郑军大乱，几员部将壮烈战死。最终，在七月二十四日，郑成功兵败，驾舟远去台湾，清军重新收复镇江、瓜州。

局势平定下来之后，清廷开始下令追查，凡在当时迎降、倒戈响应郑成功者，均以"通海"论处。案子的株连面极其广阔，涉及的人员众多。这就是震惊一时的"通海案"。

就在这时，原金坛县令任体坤又回到金坛，他一回来后，就去贿赂王重和袁大受，要他们二人去镇江拜见巡按马胜声，为他掩盖弃城逃跑的罪名。这时，王重、袁大受就把派去镇江的生员连同之前那联名举帖控告他们的10名儒生，另加平素有仇怨的人，一共列具了38人名单，呈交巡按马胜声，告发他们"私通海寇"。

总督郎廷佐命令他的副手江南按察使姚延著具体负责审理该案。姚延著到金坛突击逮捕了县衙门的一个小吏，经审讯，基本查实"县官遁逃，委罪士民并乡绅"的案情经过。姚延著认为，海寇已去年余，内地方庆升平，本着"不欲于无事中生事，更不欲以灭门事发于黉宫，恐株连不已"的正义之感，仅判处知县任体坤一人，准备将其他人的罪全部减免结案。可是，姚延著却无权释放这批被冤屈的儒生。

在这10名儒生当中，有一名叫周生的，其父亲周勉因救子心切，私下携重金去拜访袁大受。袁大受授意周勉说，时任兵部主事的王明试乃金坛"通海"首倡，只有告倒他，才能平冤。但是，当周勉写好告发王明试"通海"的揭发材料交给袁大受之后，袁却拿了这份揭状当面给王明试看，进行威胁、敲诈。王明试受此惊吓，匆匆离乡，返回京城续职。

由于袁大受平素与当地绅士于颖、李恢先、曹惕咸等人有私怨，对姚延著迟迟不判金坛儒生之罪相当不满。这时，金坛乡绅冯标进京探望儿女亲家、时任刑部员外郎的曹钟浩。袁大受就与王重密谋，写了一封书信托冯标带给王明试，信中要求王明试沟通新任巡按，"速置十生于死地"，还要把李恢先、曹惕咸二人也牵连进去，一并除掉。同时他编造谎言，诬告姚延著"疏纵"海寇，要求将这批人尽快一网打尽。冯标在途中偷偷拆看了袁大受给王明试的信，吓得毛发直竖，因为曹惕咸就是冯标亲家曹钟浩的父亲。冯标到达京城之后，立即将此事告诉了曹钟浩。

曹钟浩请来同乡亲戚、都察院御史冯班，商定由冯班起草疏章，告发王重、袁大受与王明试"通海"之罪，并把疏章交给同僚兵垣长科孙继昌奏告给皇上。此时苏州也发生了一起以金圣叹为首的儒生"哭庙案"，皇上特命户、刑两部侍郎与江宁巡抚朱国治一并审结。这样，王重、袁大受等人反被拘捕起来。新任江宁巡抚朱国治"欲行杀戮以示威"，于是酷刑严讯，将金坛"通海案"办成江南第一大案。首先提审王重。在夹棍下，王重供出"投诚降海系知县任体

坤强迫所为"。接着，拿下任体坤，任体坤申辩说："现有众乡绅两次投诚议单和公约可作凭据，一份是在明伦堂会集，一份是在鲁山堂签约，俱有亲笔画押，岂是不愿投降者！"这样，凡在议单和公约上亲笔签字画押的，经查核全被拘捕入狱。袁大受等人为了推卸责任，一口咬定："投降事皆系王明试所为。"王明试在无情的夹棍下，道出真情："海寇进城，实系王重、袁大受开门迎人。蒋太初、蔡默等10名儒生通海之罪，纯属捏造。"王明试的招供和任体坤交出的议单与公约，从客观上查清了"通海"人员的名单，也证明联名举帖"闹事"的10名儒生确实是遭诬陷、被冤枉的。于是，蒋太初等10名儒生被释放回家。

王重、袁大受以"叛逆"大罪，被处凌迟。王明试、冯征元等在明伦堂议单上签字的士绅及被知县派遣去镇江纳降、送钱粮的县衙小吏和老人共计61人，全部被斩。江南按察使姚延著被劾上疏，以审理金坛"通海案"犯有"疏纵"之罪被判处绞刑，知县任体坤也被判处绞刑。

清 胡锡珪 郑成功像

郑成功是明末清初军事家，抗清名将，民族英雄。收复台湾不久，突然暴病而亡，年仅39岁。

清代秀才的反贪事件

　　顺治十八年（1661 年）初，苏州城爆发了一场震惊江南的反贪、抗清斗争，事件主要组织者是苏州当地的一些文人秀才。然而，事与愿违，结果他们反贪未成，反遭杀身之祸，这一事件史称"哭庙案"。这一事件究竟是如何爆发的？它的前因后果又是如何呢？

　　哭庙案是指发生于清顺治十八年（1661 年）的"抗粮哭庙"事件及之后清政府对参与者的镇压。著名文学家金圣叹参与并死于这次事件，对该案的处理表现了当时清政府的腐败与无能。

　　清顺治十八年，刚好是顺治帝驾崩的那一年，二月初一，死讯传到苏州，要求府衙举行哀悼仪式，哀悼日为三天。正当这个时候，苏州发生了"抗粮哭庙"案。所谓的"抗粮哭庙"是当时为了抗议贪官污吏的横征暴敛，苏州百余名秀才挺身而出，为民请愿的事件。其中，金圣叹是这场哭庙的召集人，又是哭庙文的起草者。

　　金圣叹出生于明万历三十六年（1608 年），死于清顺治十八年，名采，字圣叹，是明末清初的文学家、文学批评家。在那时，金圣叹也有些名气。他不主张考官制度，于是讥讽考官、游戏科场。明亡时他 36 岁，以文学批评开始了他后半生的生涯。他于崇祯末年所批的《水浒传》，把七十一回以后关于受招安、打方腊等内容删掉了，后来因为这一删，再加上他个人的评点，金圣叹成为当时小有名气的评论家。

　　顺治十七年（1660 年）春，吴县县令任维初监守自盗，刑讯催逼钱粮，并造成人命，正好这时顺治帝驾崩了。皇帝驾崩是国丧，二月初一，哀诏传到苏州，巡抚以下的官都得接连三天设幕哭灵。

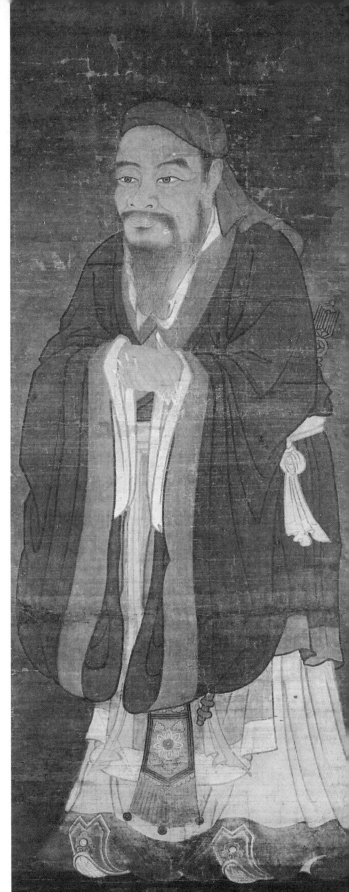

元　佚名　孔子像

孔子是中国古代伟大的思想家、政治家、教育家，儒家学派创始人、「大成至圣先师」。其思想对中国和世界都有深远的影响。

这个时候，54岁的金圣叹率吴县士子100多名偕千余民众，到文庙孔子牌位前痛哭，以表示抗粮，并鸣钟击鼓，一路浩浩荡荡向苏州府衙进发。金圣叹带领群众，冲着包庇部下的巡抚朱国治而去。《哭庙文》原文写道："顺治十八年二月初四，江南生员为吴充任维初，胆大包天，欺世灭祖，公然破千百年来之规矩，置圣朝仁政于不顾，潜赴常平乏，伙同部曹吴之行，鼠窝狗盗，偷卖公粮。罪行发指，民情沸腾。读书之人，食国家之廪气，当以四维八德为仪范。不料竟出衣冠禽兽，如任维初之辈，生员愧色，宗师无光，遂往文庙以哭之……"

这时，朱国治等人正在忙着祭奠顺治皇帝的灵位，哭丧着脸，心情也很沉重，见这些秀才聚众，一怒之下就说是造反，马上派兵镇压，将逮捕到的人押到南京。并一面向朝廷报告，说这帮秀才乘皇帝刚去世之时，心里不悲伤，反而勾结民众，聚众滋事，分明是想乘机造反。

六月二十日，圣旨下，逮捕到的人皆被判"斩立决"。

据《辛丑纪闻》记载："至辰刻，狱卒于狱中取出罪人，反接，背插招旌，口塞栗木，挟走如飞。亲人观者稍近，则披甲者枪柄刀背乱打。俄尔炮声一震，一百二十一人皆毙死。披甲者乱驰，群官皆散。法场之上，惟血腥触鼻，身首异处而已。"

金圣叹，一代才华横溢的文学家、一个敢为民众呼喊的文学巨匠，就这样被腐败无能的清朝处死了。而跟金圣叹一起被处死的人，也就死于这场"非命"当中了。

从这起冤案当中我们可以看出，为了维护封建政权，统治者根本不把民众的意愿放在眼里。

《明史》和《南山集》文字狱

以文字之缘故，陷人以罪，以钳制思想，几乎是历朝历代封建帝王惯用的伎俩，而清朝在滥行文字狱方面，更是远迈前朝。清代文字狱始于顺治、康熙朝，发展于雍正朝，大行于乾隆朝。康熙朝主要有《明史》和《南山集》案两起。

康熙朝发生了两起较大的文字狱，一是《明史》案，对文人思想异端的镇压是残酷的，庄家一族全部被屠；一是《南山集》案，戴名世被杀头，因《南山集》里收录了方孝标留下的一些史料，方家的人也全部被流放黑龙江。

这是两起什么样的案子呢？

明代天启年间（1621年—1627年），内阁大学士朱国祯写了一部有关明史的书，叫《史概》，并且留下一部未刊刻的稿本《列朝诸臣传》。后来，明朝灭亡了，在浙江的乌程南浔镇有个富户庄廷鑨，他双目失明，平时以"盲史"自居，喜欢明代历史文献等，于是买下了朱国祯的明史遗稿。之后，他找来江南一带有志于纂修明史的才子吴炎、潘柽章等16人加以编辑，增编了明朝崇祯年间的历史，起名为《明史》。

《明史》书中仍奉尊明朝年号，不承认清朝的正统。这本书写了明朝将领抗击后金军兵的事迹等。《明史》作者署名为庄廷鑨，可是这部书没刊印出来他就死去了，他的父亲庄允诚雇了工匠进行刊刻。

这本书一印出来，可想而知，清朝朝廷看到了会是怎样了。于是就有敌对者跳出来，归安县知县吴之荣曾向庄允诚、朱佑明等人进行敲诈没得逞，一直怀恨在心，看到《明史》这部书后，就故意说是反书，便向上告了庄廷鑨毁谤朝廷的罪。杭州将军松魁把这个案件转给巡抚，巡抚又转给学政去办理。庄允诚出巨资向官府打点，才得以删改了原书，然后又刻出第二版《明史》，以为这样就没事了。

然而，没想到的是，吴之荣竟然带了初刊本进京控告。这一次惊动了朝廷，并要求立即审理此案。

结果，康熙二年（1663年），凡作序者、校阅者及刻书、卖书、藏书者均被处死。刻字工汤达甫、印刷工李祥甫，书店老板王云蛟、陆德儒也惨遭屠戮；就连早已死去的庄廷鑨，还要挖开他的坟墓，戮尸示众。庄廷鑨之弟庄廷钺被凌迟处死，全族获罪；富户朱佑明和他的五个儿子及侄子朱绎都被处死，妻子徐氏吞金自尽。原礼部侍郎李令晰为这部书写过序，被处死刑，连他的四个儿子也一同被杀；李令晰的幼子16岁，法司命他减供一岁，得免死充军，少年不肯，最后一并处斩。吴炎、潘柽章二人对明史很有研究，庄允诚把他们的姓名列在校阅者的名单中，吴、潘二人因此也被处死。

可以说，凡涉及此书的人都难逃劫难，先后因此狱牵连千余人，死者达221人之多，可谓惨况空前。所牵连的这场官司的官员，书的编写、销售、收藏者，以及参与策划本书的人，等等，都一律处死。就连看这本书的人也要受牵连。

《南山集》案又是怎么回事呢？

康熙朝的翰林院有位编修叫戴名世，一向注意搜集明代的史料，经常访问明朝的遗老，征集有关明代历史的书籍，对清廷随意篡改明朝历史甚感愤慨，就写了一本记录明

末历史的书，因为戴名世住在桐城的南山冈，所以他给这本书取名为《南山集》。

《南山集》一书印出十年后被人告发，当时是康熙五十年（1711年），康熙帝看到这本书后十分震怒，立刻下旨将戴名世凌迟处死。同乡的方孝标，也因为曾提供参考资料，同样获罪，虽然方孝标已死，但仍被发棺戮尸。他们二人的祖父、父亲、子孙、兄弟，以及伯叔、侄子，凡是16岁以上的，全部斩绝，女子及15岁以下男子，发给清朝功臣家做奴仆。戴氏同族人有职衔的，一律免去职务；给《南山集》作序的汪灏、方苞、王源等也纷纷被处斩刑；为他刊刻文集的尤云鹗等人，案发以后自首，朝廷认为可以从宽，于是连同他的妻子一并流放到了宁古塔（今黑龙江宁安）。

这场由《南山集》引发的文字狱，受到牵连的有300多人。处斩的，流放的，贬职的，家族受牵连的，无不凄惨无辜。

由此可见，满清政府对民间编写明史的汉族知识分子采取严厉的措施，并对触犯者残酷迫害，目的就是不让汉人编写自己的史料，以防威胁到自身的统治。

吕留良、曾静文字狱

清朝帝王为了钳制知识分子的思想，镇压异端、打击政敌，实行文字狱。发生在雍正六年（1728年）的吕留良、曾静文字狱，由于雍正的"出奇料理"，更是一场典型的文字大狱。可是，其继位的儿子竟反其道而行之，将此案处理结果完全推翻。这到底是怎样一个奇特荒诞的冤案呢？

封建时代，对于文字的管理，历来当权者严格把关，对触犯者更是手段残忍。清朝，关于文字的案件，也是屡见不鲜。仅康熙、雍正、乾隆三朝，就有多达170宗的案件发生，而最为人感慨的莫过于吕留良文字狱一案。在那场牵连范围极广、声势浩大的案件中，康熙帝的做法，直接影响了整个清朝对文字的态度。

对于吕留良的案件，还得从曾静开始说起。

曾静，号蒲潭先生，出生于康熙十八年（1679年），县学生员，授徒为业，有得力弟子张熙等。曾静性迂阔，喜谈道学。其家境甚为贫寒，又由于家乡连年灾荒，于是对清朝统治的现状表现得极为不满，滋养、萌生了反清意识。

雍正五年（1727年），曾静派其弟子到浙江购书，其中有吕留良的书稿，曾静见其书中多有反清复明之意，便对吕留良倾慕不已，但遗憾于吕留良早死。后因与吕留良弟子严鸿逵及鸿逵弟子沈在宽等往来投契，每赋诗相赠答。如此一来，曾静便与吕留良思想紧密相连起来。曾静还曾赋文《知新录》，文中如此写道："中原陆沉，夷狄乘虚，窃据神器，乾坤翻复……华夷之分，大于君臣之伦，华之与夷，乃人与物之分界。"甚至这样描述道："春秋时皇帝，该孔子做；战国时皇帝，该孟子做；秦以后皇帝，该程子做；明季皇帝，该吕留良做，如今却被豪强所夺。"可见曾静对吕留良的反清思想持多大的支持，而

清　佚名　乾隆皇帝朝服像

吕留良对曾静的反清思想影响又是如此之大。

雍正六年（1728年）秋，曾静看好了岳飞的后裔岳钟琪，认为岳钟琪是岳飞的后代，又听说雍正帝曾三次征召他，他都没有进京，已受到雍正帝的猜疑，如果上书劝其反清，很可能成功。因此，曾静便派张熙并分别化名夏靓与张倬，千里迢迢送去自己的书信劝岳钟琪谋反。

曾静在信中说道"华夷之分，大于君臣之论"，满族是夷人，是野兽，不配统治全国，而雍正帝胤禛犯有"谋父""逼母""弑兄""屠弟""贪财""好杀""酗酒""淫色""怀疑诛忠""好谀任佞"等十大罪状，而且胤禛称帝以来，天下寒暑易序，旱涝成灾，积尸遍野，民不聊生，老百姓生活在水深火热之中。岳钟琪是南宋抗金名将岳飞的后裔，雍正帝对其多有猜疑，希望他要利用"握重兵，据要地"的条件"乘时反叛，为汉人复仇"。

殊不知，岳钟琪接到这封反清信件后，惶恐不已。本来岳钟琪作为汉官出仕，只因满廷才士缺少，才能担任川陕总督，朝廷已对其诸多猜疑，现在又有人上书劝其密谋造反，更使得岳钟琪惊慌不已。于是，他迅速会同满族官员——陕西巡抚西琳以及按察司硕色，捉拿张熙并对其审讯，并通过张熙追问主谋是谁。无奈，张熙只字不吐。基于这样的情况，岳钟琪只好使用软招，先是假装同意与张熙一同反清，并摆下宴席招待张熙。张熙信以为真，于是上当受骗，在宴席当中，张熙把曾静吐告出来，并说明了曾静是如何受吕留良书稿的影响，又是如何与吕留良的弟子一起联合谋反的，所有的一切，都统统在宴席当中全盘托出。而岳钟琪则随后就密奏雍正。雍正帝决定利用吕留良、曾静的案件，严厉打击反清的思想和行动，于是立即命人将曾静捉拿归案。

随之，在官府顺藤摸瓜以及重刑逼问之下，曾静又招供出了严鸿逵、沈在宽等人。雍正帝随即命令浙江总督李卫，迅速缉拿吕留良的家属以及严、沈二人，并将严、沈二人秘密编抄的吕留良的文集统统搜获。

当此案所有涉案人犯全部解京后，雍正帝命刑部审理与吕留良有关者，他自己则亲自审问曾静。

雍正帝在对曾静的审问中，对之软硬兼施，曾静屈服了，不仅向雍正帝歌功颂德，而且把自己骂成禽兽不如的东西，悔恨不已。他还在雍正帝的诱导教唆下写了《归仁说》，吹捧雍正帝至孝纯仁，康熙帝传位于他兼得传子、传贤之意。而且向雍正帝献忠道："此身若在，愿现身说法，化导愚顽；倘不能生，则留此一篇，或使凶顽之徒，亦可消其悖逆之念。"

雍正帝把自己就此案的有关谕旨及曾静的供词等编成《大义觉迷录》一书，并为此颁发谕旨：此书"通行颁布天下各府、州、县、远乡僻壤，俾读书士子及乡曲小民共知之，并令各贮一册于学宫之中，使将来后学新进之士，人人观览知悉"，而且还警告地方官员："倘有未见此书，未闻朕旨者，经朕随时察出，定将该省学政及该县教官从重治罪。"这透露出雍正帝一定要用自己的思想统一并强加给全国士民，甚至想延及后世。

《大义觉迷录》的主要意思就是：一是对吕留良夷夏大防言论做了全面批驳；二是对曾静所说雍正帝谋父逼母夺嫡自立之事，逐条进行反驳。

结果，雍正帝导演出一桩震惊全国的文字大狱，由于曾静、张熙在交代自己的谋反思想时，将其思想根源完全推至吕留良，说自己"中吕留良之毒深，所以不察其非，而犯悖发论至此"，于是，将只是文字思想犯的吕留良"剖棺戮尸"，并广为株连。

然而，乾隆帝一即位，立即宣布《大义觉迷录》为禁书，并将曾静、张熙凌迟处死。这显然是因为《大义觉迷录》为雍正帝辩解的效果并不好。《大义觉迷录》之所以刊行天下，乃是出于政治宣传的需要。但此书不仅保存了曾静、吕留良大量激烈的反清言论与许多珍贵的历史资料，还部分揭示出康熙帝时诸皇子争夺王位、雍正帝得位及其后的相应措施等具体细节，非但未能收到预期的宣传效果，反而在实际上传播了对清王室极为不利的言论。

历史风云，来来往往，太多的政权争斗，太多的欺压与反欺压。文字狱的历史可以说是文人用鲜血争取自由文学的争斗过程，其中不乏正道之举，也有利用文字争权夺势之人。在这里，不容你我多加解析，历史就由历史自行定夺吧。

江南乡试舞弊案

"十年寒窗无人问，一朝成名天下闻"。从隋朝开始，科举似乎成了人们追求功名利禄的代名词了。通过了科举考试，便是取得了做官的资格。这一切，似乎是无可厚非的事情，但是，错就错在有些人不愿寒窗苦读，却想得到功名利禄，于是，在清朝康熙年间，江南贡院就发生了一起震惊朝野的科场舞弊案。这件案子涉及面极其广阔，甚至于把封疆大吏一级的官员都卷进来了。多少年来，案情忽明忽暗，扑朔迷离，让人不禁想探个究竟。

康熙五十年（1711 年），江南乡试在苏州举行，正考官是左副都御史左必蕃，副考官是编修赵晋，同考官是知县王曰俞、方名。

九月，榜发，舆论顿时大哗，因为榜上有名者多是盐商富贾子弟且有"不通文字"者。如前三名中的两个就是不学无术的浪荡子，一个是吴泌，让其背《三字经》，连两句都背不顺溜；而另一个程光奎，让其默写《百家姓》"赵钱孙李"，四个字错三个。他们怎么能够中举呢？行贿是肯定的了，这时盛传副考官、同考官等交通关节、鬻卖"举人"……考生们得知此事后，义愤填膺，于是大闹起来。

江苏巡抚张伯行上了一道奏折，其中说："臣张伯行禀报：本届江南乡试出现大舞弊案。两江总督噶礼接受贿赂、纵容舞弊；副主考官赵晋受贿纹银十万两，出卖举人功名；阅卷官王曰俞、方名通同作弊；正主考官左必蕃知情不报。为此，江南学子大哗，民愤难平。请求皇上从速严办涉案人员，以定江南学子之心、稳定社会秩序。"

与此同时，康熙帝最宠信的、安插在江南的坐探也上了一道奏折，称江宁学子义愤填膺，明确指责正主考左必蕃对舞弊行为视而不见，副主考赵晋贪赃

清 佚名 康熙像

康熙帝基本上是在和平环境下长大的，与从白山黑水走来的祖先不同，他接受的是正规而系统的汉文化教育，有深厚的汉学修养，所以非常重视科举。

枉法的行为。

康熙皇帝大怒，派尚书张鹏翮会同江南督抚严查此案。

张鹏翮是四川遂宁人，进士出身，历任苏州知府、浙江巡抚等职，但他胆小怕事。这次被派往江宁查办江南乡试贿卖举人一案，知道此案非常棘手，如果秉公办案，必然得罪权贵，而隐瞒实情，又怕激起民变。但圣命难违，他只有硬着头皮赶赴江宁。

经过会审，副考官赵晋当堂供认受贿黄金三百两，阅卷官王曰俞、方名也供认徇私舞弊，将在卷中做了暗记的程光奎、徐宗轩、吴泌等点了举人。吴泌是扬州盐商吴宗杰的独子，家资豪富，钱庄遍布江淮。吴泌从小娇生惯养，长大后既不愿读书，也不愿经商，一心只想做官。可他胸无点墨，怎能凭借真本事去考试？江南乡试入闱前，他就到处托人寻找门路，愿意出银八千两，买个举人。最终，他靠着重重关系当上了举人。而另一个考生程光奎，其父是盐商，又与主考赵晋、同考阅卷官山阴县知县方名是密友。乡试前他花五百两银子请人写了篇文章，交给方名带进考场。

由于此案在会审中牵涉到两江总督噶礼，因此噶礼便极力阻挠再审下去，同时用刑证人，钦差户部尚书穆和伦、工部尚书张廷枢两人也碍于噶礼的威势和脸面，只走走过场，未追究到底，只有张伯行坚持要查个水落石出。他上奏道："督臣（噶礼）忍负皇上隆恩，擅作威福，卖官卖法，复卖举人，贪残暴横，恶贯满盈，祗缘权势赫奕，莫敢撄其锋以贾祸。仰祈敕令解任，一并发审，俾舞弊之人，失所凭借，承审之官，亦无瞻顾，庶几真情得出，国法得伸。"然而，与此同时，噶礼则罗列张伯行"七罪"上奏。

康熙帝发怒了："台阁重臣害怕贪官污吏，各部言官庇护钦差大臣，此案审理已逾一年未有结果，朕只得亲自审理。现宣布最后结论：科场舞弊人员一律依法处决，不得宽恕；两江总督噶礼收受贿赂、纵容属下舞弊，即革职听参；江苏巡抚张伯行，忠贞秉正，留任原职，不日另行升赏。"令张鹏翮会漕运总督赫寿再审。

就在钦差准备再次拷问之际，此案关键人物陈天立却突然在监中自缢身死，造成了死无对证的局面。康熙帝已肯定噶礼必定受了贿赂，陈天立是贿赂者，这恐怕有杀人灭口的嫌疑。而张鹏翮也十分明白，噶礼最终都逃脱不了受贿的嫌疑，但是，如果真的将噶礼定罪，他们自己也免不了坐视要犯自杀而不管的罪名。怎么办呢？他们决定采取拖延的办法，等时间一长，江南士子的气愤平息下去，然后不了了之。于是拟就了一道奏折："噶礼参劾张伯行指使证人、诬陷大臣及私刻书籍诽谤朝政都查无实据，张伯行参劾噶礼受贿出卖举人功名之事也属虚妄。但张伯行心性多疑，无端参劾总督，造成督抚互劾，江南大哗，照律应予革职。"

张伯行也写了一道奏疏："科场舞弊，声名狼藉，大江南北，众目交注。噶礼仗势受贿卖官，民愤极大，若不按律严惩，江南民心何托？……万岁要三思三思再三思。"

康熙帝批道："江南科场一案，督抚互参，钦差寡断。然是非曲直自有公断，令九卿、詹事、科道共同会审，澄清其中不明之处。"

在刑部的严加催促下，所有人犯早已递解进京，六部、九卿会阅了全部案卷，经过会审，结论出来了：噶礼与伯行同任封疆，互劾有失大臣礼，皆夺职。

康熙帝捧着这个结论，不觉仰天长啸："荒唐，荒唐，做贼的和抓贼的一齐问罪，清廉的和贪赃的一齐革职，天理何在，国法何在？"于是，康熙帝只好亲自审问，最后得出结论：伯行留任，噶礼夺职。

康熙帝事后说道："江南科场案纷纷纭纭审了一年，结果是越审越乱，越审越荒唐。台阁重臣害怕贪官污吏，六部言官庇护钦差大臣，忠良含屈，奸臣狞笑。噶礼多年总督两江，飞扬跋扈，今天参这个，明天告那个，全是无中生有，难道你们就没有耳闻？张伯行在江南清廉忠正，甚得民心，此番为民请命，披肝沥胆，不顾个人安危，四次上本伸张正义，这样的清官为什么要遭惩处？小小科场案三上三下，竟不能理出个头绪，叫天下民心怎服？朕今天宣告最后结论，科场舞弊人员一律依法处决，不得宽怠。噶礼受贿纵容舞弊，着即革职听参，张伯行忠贞秉正，即留任原职，日后再行升赏。"

圣谕传到江宁，人们喜笑颜开，奔走相告，一场科场案终于落下了帷幕。

两淮盐引案

　　两淮特大盐引案，是涉及两淮盐政、盐运使与两淮盐商没有将预提盐引支付的银两上缴国库的事件。此案是乾隆三十三年（1768 年）的特大贪污案件。

　　所谓"盐引"，即盐商缴纳课税后运行食盐的凭证。盐引每年由户部颁发给缴过课税的盐商，盐商按引数持盐引并运食盐到指定地点销售。盐引与食盐不准分离。十一大盐区每引行盐斤数、课额均不同。

　　所谓"盐课"，即食盐专卖的税收。为了保证国家的财政收入，清政府十分重视对盐政的管理和吏治的考察。两淮盐税占当时税收的四分之一，因此对盐官的职责、选拔和任用、监督和考核、奖励和惩处极其重要。

　　乾隆帝六次下江南，接见过当时的"八大盐商"，仅在扬州一地，徽州盐商的资本就相当于当时国库存银的一大半。盐商为什么如此有钱？并不是因为他们垄断着全国的盐业市场，而是由于盐引的存在。

　　据《清朝野史大观》载："乾嘉间，扬州盐商豪侈甲天下，百万以下者，谓之小商。"百万家产还是"小商"，何况是"大盐商"。可想而知，当时的盐商多有钱了。

　　乾隆三十年（1765 年），乾隆皇帝南巡至扬州，扬州盐商花几十万两白银为他修建行宫，又修葺大虹园（今称瘦西湖）供其玩赏。一日乾隆帝游湖，曾对"边上的人"感叹："盐商之财力伟哉！"

　　然而，乾隆三十三年，江苏巡抚彰宝上奏朝廷，查两淮盐运亏空：发现在乾隆十一年（1746 年）至三十二年（1767 年）的 20 年里，"盐政"的官吏们私自"超发"盐引，从中克扣、提留"引银"竟达一千多万两。历任盐政对此项巨款如何派引办公及缴价备用，并不奏定章程，其"居心实不可问"。

清　郎世宁　乾隆皇帝围猎聚餐图

此图构思匠心独运，盘膝而坐的乾隆皇帝，两边侍从官兵成八字形分布，从而将本不醒目的乾隆皇帝烘托成全图的中心，也十分自然地突出了乾隆皇帝不怒自威的皇权地位。

乾隆帝命大学士傅恒复查，得到密奏："两淮商人，叠荷皇上恩赏卿衔，优渥隆重。乃于历年提引一案，将官帑视为己资，除自行侵用至六百二十余万两外，或代购器物，结纳馈送，或借名差务，浪费浮开，又冒侵至数百万两，于法于情，均属难宥。又各商交付高恒仆人张文学、顾蓼怀经收各项银二十万两七千有奇，代办檀梨器物银八万六千五百两有奇，普福滥支银四万二千八百两有奇，卢见曾婪索古玩，值银一万六千二百两有奇，俱系确数，无可讳饰，应着在各名下勒追。若高恒、普福名下无可追抵，即着各商名下着落赔完。至现任赵之璧，目击盐政腐败不能整顿，亦应革职问罪。"

乾隆帝大怒，命东阁大学士兼军机大臣刘统勋审案，而刘将此案告诉刑部右侍郎王昶，王昶又将此事告诉了纪晓岚。纪晓岚得知后万分着急，因为卢见曾与纪晓岚是有亲戚关系的，所以纪晓岚就暗地里通知了卢见曾，卢见曾立即将家产全部转移，等到朝廷来查家产，查不出财宝。结果刘统勋上奏朝廷，乾隆帝命再查，查出了纪晓岚，他被降罪革职发配新疆长达三年，其他许多官吏和徽州大盐商都被抓捕至北京问罪，而卢见曾"先被拟斩，后被保留（尸）"。乾隆帝念及卢见曾修《金山志》《焦山志》数年，就保留其全尸。

这就是清代历史上著名的"两淮盐引案"。

清　郎世宁、金昆等　乾隆皇帝大阅图·列阵

张汶祥刺马案是晚清一大公案。晚清政治腐败，社会动荡，五花八门的事层出不尽。这种"山雨欲来风满楼"的态势，预示着清朝统治行将覆灭。

清同治九年（1870年）七月二十六日，是两江总督每月一次考核武官的日子，这天上午，现任总督马新贻亲自到校场检阅射击比武。校场在总督官署的右边，有条箭道可直通官署后面的便门。

马新贻检阅完毕，从箭道回署，忽然听到有人大叫"冤枉"，还没有来得及询问，就见有一人快步跑到马新贻面前，左手一把抓住马的衣领，右手拔出短刀，刺入马的胸膛，马新贻倒地气绝身亡。

而刺客刺后不逃，高喊："刺客是我张汶祥！"让那班怕死的卫士捉拿。

张文祥为什么要行刺马新贻呢？

马新贻，山东菏泽人，道光二十七年（1847年）进士，分发安徽做了知县，旋被委办庐州（今合肥）各乡团练。咸丰年间，他带兵同太平军、捻军作战，不断升迁。据传，曾为张汶祥败俘，以互相结好释去。马归后，请巡抚招降张汶祥、曹二虎、石锦标等，编为山字二营，由马统之，张等为营官。同治七年（1868年）八月，调任两江总督，兼通商事务大臣。马新贻"以一县令，不到二十年致位督部，虽身与军事，无汗马功劳"，却逐年升迁，直至两江总督的显赫高位，令人为之侧目。

张汶祥，河南汝阳人，与友曹二虎、石锦标同为捻军头目。曹二虎被马新贻诱杀后，张汶祥大愤，誓为友报仇。同治九年（1870年）七月，马阅兵于署西校场，张行刺后不逃，被逮严鞫，直认不讳。

该案轰动了当时的朝野，清廷连下数十道谕旨，要求查明事实真相。

清廷令江宁将军魁玉同司道各官接管这个案子，后来，又派漕运总督张之万去了江宁，一同审理。

审理结果上奏原文是这样的："凶犯张汶祥，曾从发逆，复通海盗。因马新贻前在浙抚内剿办南田海盗，戮伊伙党甚多；又因伊妻罗氏为吴炳燮诱逃，曾于马新贻阅边至宁波时，揽舆呈控，未准审理，该犯心怀忿恨。适在逃海盗龙启云等，复指使张汶祥为同伙报仇，即为自己泄恨，张汶祥被激允许。该犯旋至新市镇私开小押，适当马新贻出示禁止之时，遂本利俱亏，追念前仇，杀机愈决。同治七、八等年，屡至杭州、江宁，欲乘隙行刺，未能下手。本年七月二十六日，随众混进督署，突出行凶。再三质讯，矢口不移，其供无另有主使各情，尚属可信。"

慈禧却持怀疑态度："张汶祥所供挟恨各节，暨龙启云等指使情事，恐尚有不实之情。"后来，她把曾国藩调来审理这个案件，在曾国藩出发前夕，慈禧召见了他，面授机宜，说"马新贻办事很好"，又"着再派郑敦谨驰驿前往江宁，会同曾国藩将此案人证详细研鞫，究出实在情形"。意思是马新贻是个好官，要查出凶手来。

最后经过所谓"会审"，曾、郑二人奏称："该犯所供坚持如前，业经熬审二十余天之久。该犯屡次绝食，现仅存一息，奄奄待毙，倘旦夕殒命，转得幸逃显戮，自应迅速拟结。"仍照魁玉等所拟罪名，以"江浙海资，挟仇报复"定谳上奏，将张汶祥酷刑处死，剜了张汶祥的心，去祭奠马新贻。同时，清廷对马新贻的身后之典极备恩荣：依总督阵亡例，赠太子太保，予骑都尉兼云骑都尉世职，并在其原籍菏泽及江宁、安庆、杭州、海塘等地建专祠。

但是，从清廷表面上的重视，到最后的草草结案，不禁令人生疑，使之成为一桩扑朔迷离的疑案。

流传最广的一种说法是：马新贻靠的是假报军功，又结纳权贵，才官运亨通的。他在所谓的"剿匪"战斗中，原本是一个败军之将，当时，马新贻率团练与张汶祥部捻军作战时失败被俘。张汶祥与其友曹二虎等久欲叛捻降清，苦无牵线之人，故对马新贻特别礼貌客气，款待优厚，"留之军中，渐与接洽，久之，约为兄弟"，并通过马新贻而投降，所部捻军改编为练勇。因马新贻字谷山，故名为"山字营"，张为营官，曹为哨官。随后，由他的把兄弟导演一幕马新贻率领"山字营"收复失地的闹剧，欺瞒了朝廷，以至爬上封疆大吏的宝座。飞黄腾达以后，那些把兄弟原以为可以攀附于他，千里迢迢来投靠。曹二虎将妻子郑氏接来同住，马新贻见其貌美，将其奸占，"留曹妻宿署中，俨同媵妾矣"，又诱杀了曹二虎。张汶祥知情后，誓为友报仇，逃脱他的魔掌，于是跟踪马新贻数年，终于得手。

另一说：马之被刺，实基于湘军中帮会分子之嚣张使然。

同治七年（1868年），曾国荃攻陷天京，纵湘军抢掠数天。为了灭迹，他又放了一把火，使南京城一片火海，足足烧了八天八夜。慈禧心中不快，立即召见刚上任的马新贻，密旨调查湘军攻陷天京后，太平天国金银财宝的去向。太平天国在南京经营十年，各种粮饷自不必说，天王府也是金银财宝堆积如山。

清末施行裁勇改兵制度，于是，朝廷把曾国藩调离江宁，派马新贻任两江总督，迅速裁撤湘军。几万湘军士卒被裁撤，成为散兵游勇，到处游荡掠夺。马新贻在惩治散兵游勇时非常严厉，抓到有违法行为的散兵游勇必就地正法。

而南京一直被湘军视为私地，因为是湘军攻下的，而且经营了数年，岂能轻易让给马新贻？马新贻被刺，显然和曾国藩的湘军有关。

还有一种说法：马新贻是被江苏巡抚丁日昌之子候补道丁蕙蘅派人所杀。据《湘绮楼日记》记载："丁蕙蘅是丁日昌的独子，此人不学无术，且整日游手好闲，吃喝嫖赌无所不为。有一天，丁蕙蘅到秦淮河畔一家妓院，因争一粉头与扬州某富商之子发生争端，丁竟指使家奴将其打死。官司打到两江总督马新贻那里，由于马收受扬州富商的贿赂，最后判丁家赔偿白银一万两，革去丁蕙蘅候补道之职。丁蕙蘅怀恨在心，于是用重金蓄死士，矢志报复，张汶祥即是他用三千两银子买下的刺客。"

不管怎么说，此案涉及封疆大臣的内幕亵闻，有伤官场体面，慈禧煞费苦心，一定要把真相掩盖起来。所以，清廷表面上看很重视，到最后却草草结了案。

清末十里洋场的冤案

慈禧垂帘听政的清朝末年，即同治、光绪朝之交，曾发生无数的奇情冤案，其中名伶杨月楼冤案，因案情复杂，过程曲折，跌宕起伏，出人意料，引人入胜，至今仍为世人所相争论。

杨月楼（1844年—1889年），其父亲叫杨二喜，是清道光年间徽班武旦演员。传说，在咸丰年间，杨二喜带着他的儿子杨月楼由家乡怀宁进京，刚到京城，为了求得三餐，不得不在天桥卖艺。后来得到"忠恕堂"张二奎赏识，于是聘杨二喜为教师，收杨月楼为弟子，排名玉楼。

后来，杨月楼因为演《安天会》《水帘洞》《泗州城》的猴王孙悟空，得了个"杨猴子"的绰号。传说，他所扮演的猴子兼具神、人、猴三位一体，塑造猴王形象无论从精神面貌还是形体扮相上都以大气取胜。

光绪八年（1882年）程长庚死后，杨月楼继程长庚为三庆班首席老生，而且就连挂牌也不用杨月楼的原名了，而叫杨猴子。可见他所扮演的猴王，是多么成功了。杨月楼也成了远近闻名的名演员。

自从上海开埠设立租界后，十里洋场繁华的程度比北京还热闹，且从表演技巧上来说，上海的名演员也比京师厉害得多。上海绅商经常礼聘北京著名的戏班三庆班到沪演出。

同治十一年（1872年）到十二年（1873年）期间，杨月楼在上海租界著名的戏园金桂园演出，不少男女为之倾倒。当然不是因为京戏本身吸引人，而是因为杨月楼的魅力所在。

同治十二年冬天，由杨月楼领衔主演，在丹桂戏园公演，三天打头戏的头一天，杨月楼出演了他的拿手好戏《取洛阳》。当时，丹桂戏园门前车水马龙，人头攒动，场内座无虚席，简直轰动了全上海。

演出打头戏时，有一广东香山籍的茶商韦姓母女就连续看了三天。

韦女名阿宝，17岁，由于在演出现场看到了杨月楼，心生爱慕。回家后，她写了一封情书给杨月楼，表明了爱意，并欲订立婚约，连同年庚帖一并遣人

清　佚名　庙会图　　此图描绘一官员带领多人参加庙会的情景，塑造了不同的人物形态。

交付杨月楼，并约杨月楼相见。

杨月楼害羞，且怀疑阿宝是不是真的爱他，于是不敢赴约。后来，韦女见杨月楼未前去赴约，竟生起病来。

说起这个韦女，她父亲长期在外地经商，很少来沪，于是家里只有她和母亲一起。阿宝有一个乳母，姓王，她母亲也姓王。因乳母和母亲同姓，所以阿宝虽然断乳已久，仍让她常来串门，后来索性留她在家相帮做家务。母女在家寂寞，又仗着家中有钱，于是常与乳母一行三人，终日在外逛豫园、张园，看京戏。

一看女儿阿宝因为杨月楼未赴约之事弄得生病了，她母亲便叫人告知杨月楼，延期媒妁，以求婚。这回，杨月楼终于答应约见了。阿宝家准备了婚书，并行聘礼、定亲，而且开始准备婚事。

住沪的广东人听说杨月楼要娶阿宝，便断定杨企图吞占韦家财产，霸占其母女。出于同乡人的义愤，他们联名讼之于官。当时的上海县令也是广东人，见了诉状也气得不得了，即刻出签将杨月楼拘捕入狱。于是正当杨月楼在新居行婚礼之日，县差及巡捕赶来，抓走杨月楼与韦女，并起获韦氏母女衣物首饰七箱，传说有四千金。

审讯时，杨月楼拒不开口，县令命衙役用铁锤打他一千下，谁知铁锤落下，质软而轻，毫无痛苦。这是怎么回事？几天以后，一个妓女到监狱去探望他，才解开了谜。此探监者名叫沈月春，是上海名妓，杨月楼每次到上海演出，她都要去看他的戏，并深深爱上了他。此次当得知杨月楼因事系狱后，她慌忙跑到县衙疏通关系，花了一千两银子，终于买通了衙役。衙役在行刑时，用的"铁锤"是软木做的。

韦女因不仅无自悔之语，反而称嫁鸡随鸡、绝无异志，被批掌嘴二百。二人均被押监，待韦父归后再行判决。

此案一出立刻传遍街衢，舆论纷纷，轰动一时。最后惊动了慈禧。慈禧认为二人无罪，释放还家。可是，杨月楼的妻子韦阿宝，被其父逐出家门不知下落，杨月楼愤而改名为杨猴子，取这个名字的目的是表其对官场的不满，也是借此提高当时戏班子的社会地位。

杨乃武与小白菜案

清末咸丰至光绪年间，曾发生了一起轰动社会的案件，即"杨乃武与小白菜案"。此案由于案情跌宕起伏，一波三折，暴露了封建专制社会的腐朽与黑暗，因而被编成各种形式的文艺作品，广为传播，影响很大。但许多情节与史实出入较大，甚至无中生有，造成误解。那么，真实的"杨乃武与小白菜案"又如何呢？

清朝末年，朝廷腐败不堪，冤假错案一件接一件出现，其中"杨乃武与小白菜案"就是这期间骇人听闻的一件。

同治十二年（1873年）参加乡试的浙江余杭人士杨乃武，33岁时中举人。

杨乃武为人耿直，好管不平之事，喜伸张正义，又常把官绅勾结、欺压百姓等事编成歌谣，对官府见不得人的弊端进行大胆的揭露与辛辣的嘲讽。对于官府来说，杨乃武是一个"刺儿头"式的人物，有一支厉害的笔，又有举人的头衔。余杭知县刘锡彤曾为滥收钱粮敛赃贪墨，被杨乃武联络士子上书举发，断了财路，心怀怨隙。因此刘锡彤对他十分痛恨，一直伺机报复。

毕秀姑，是葛品连的妻子，容貌秀丽，喜欢穿绿色衣服再系条白色围裙，人称小白菜。她幼年丧父，于是自幼随母亲王氏改嫁到了一个叫喻敬天的小贩家中生活。小白菜从小聪明能干，但是继父并不喜欢她，一些市井小流氓也经常来找她的麻烦，企图羞辱她。

就在杨乃武中举的前一年，18岁的毕秀姑嫁给了余杭仓前镇附近的葛品连。葛品连是一名豆腐坊的伙计，当时的人对于这桩婚姻不免有一种鲜花插在牛粪上的遗憾。小白菜嫁给葛品连以后，因丈夫长得像《水浒传》中的武大郎，而她貌美如潘金莲，人们又叫她"毕金莲"。

小白菜婚后无房，于同治十一年（1872 年）五月租杨乃武家一间房，月租八百文。因葛品连在豆腐店帮伙，早出晚归，还经常在店中留宿，杨家与葛家关系融洽，杨妻詹氏常叫秀姑吃饭，秀姑闲时常请杨乃武教识字，教念佛经。好事之徒便传言"羊（杨）吃小白菜"。

葛品连在外面听到妻子的一些传闻，又经常见到妻子与杨乃武同坐共食，以为有私情，几次在夜晚从豆腐店回家，在门外屋檐下偷听，仅闻杨乃武在教秀姑读经书识字，未发现奸情。

虽然没有发现妻子和杨乃武有奸情，但是，葛品连还是将怀疑告诉了母亲葛喻氏。葛喻氏趁葛品连上工时，前来察看，也看见小白菜和杨乃武正在同坐共食，遂加深怀疑，并向外人谈论，巷间遍传。杨乃武听到流言蜚语后，正好葛品连欠他房租，杨乃武就以提高月租为由，叫葛品连搬出了杨家。

同治十二年（1873 年），葛品连突然得大病死去了。刚好那时天气较热，尸体停放到第二天的晚上，口鼻内有淡淡的血水流出。

葛品连的干娘冯许氏对葛喻氏说，葛死得可疑。葛喻氏就盘问小白菜，小白菜说并无别样事情。余杭知县刘锡彤的儿子刘子翰曾经强奸过毕秀姑，毕秀姑虽然忍气吞声，但此后总是躲着他，这让垂涎毕秀姑美色、总想占为己有的刘子翰给郁闷坏了。此刻，他趁机捣乱，怂恿葛品连的母亲去告官，说葛品连是被人毒死。葛喻氏于是告了小白菜与奸夫合谋害死他的儿子葛品连。

刘锡彤审问小白菜时，小白菜当然喊冤。刘在葛家人要求下开棺验尸，并命令法医沈祥来到葛家做鉴定。沈祥不慌不忙地拿出银针来刺入葛品连的尸体，银针刺入后就变黑了，于是沈祥认为这是中毒身亡。

刘锡彤早就认定小白菜串通杨乃武毒杀亲夫，现在又经验尸，更确认不疑，于是将小白菜带回县衙，严刑逼供。小白菜在酷刑下无奈招供：杨乃武于十月初五曾到她家里，给了她一包药，说是治流火的，葛品连吃下就死了。

刘锡彤立即拘捕杨乃武，杨乃武矢口否认，并提出了十月初五不在余杭的证据和证人。因杨乃武是新科举人，不能动刑。

十月十二日，刘锡彤向上司请求革去杨乃武的举人功名，不等批文下来，刘锡彤即用酷刑逼供杨乃武。一连数堂，夹棍、火砖等刑都使用过了，杨乃武坚决不肯让刘锡彤得逞。而刘锡彤提案质讯，小白菜害怕刑罚，于是被逼无奈地按照刘的说法"认罪"。

刘锡彤认为案情已查明，便叫陈竹山按大清刑律拟定了"小白菜谋杀亲夫，凌迟处死，杨乃武奸夫起意谋夫夺妇，斩立决"罪名报上司。

奉上级命令，刘锡彤将二犯及人证押往杭州府，他对案卷做了篡改，将葛喻氏呈词的"口鼻流血"，改为"七窍流血"；验尸未用皂角水擦拭银针，改为"已用皂角水擦洗，青黑不去"，丝毫不提动刑的事。十月二十日，除犯人外，还有葛喻氏等其他人，一同押解到杭州府。

杭州知府陈鲁有知县先入之言，不容置辩，对杨乃武滥施酷刑。一连数堂，杨乃武被逼"招供"：初三假称毒鼠，在仓前钱宝生铺内买红砒四十文，交给毕秀姑。知府陈鲁以为真相大白，特命刘锡彤传讯钱宝生前来作证。钱宝生其实叫钱坦，他坚决不承认出售砒霜之事，但在刘锡彤的授意下，担心不作证会有包庇之罪，后只好承认卖了砒霜给杨乃武。

陈知府拿到供词以为万事大吉，于是上报浙江省。浙江省的最高长官浙江巡抚杨昌亲自审讯各犯，因杨乃武与小白菜均已屈打成招，便不再翻供。杨昌便据此上报刑部。

杨乃武在狱中得知自己将被秋决处死，不甘心，于是自拟呈词，把他是怎么被严刑逼供的经过都写在里面，并叫他的妻子詹彩凤和其姐杨菊贞上告申诉。

杨乃武的姐姐杨菊贞、妻子詹彩凤到处找关系营救他。最后，到了京城，几经辗转，终于找到了翁同龢。翁同龢调阅所有杨案的案卷，相信了杨乃武的话，并发现这个案子牵涉到众多浙江官员，便见了慈禧，想借此机会打击地方实力派。慈禧派学政胡瑞澜去查办此案。胡瑞澜到了浙江连夜审问杨乃武和小白菜，一直审到二人筋疲力尽，最终以"此案原拟罪名，查核并无出入"报奏朝廷。

没想到的是，胡瑞澜审结报告一呈递，《申报》即予以报道，朝廷内部纷纷扬扬，舆论不止。大家都认为，这个案子还是存在诸多可疑之处，难以据此定谳。基于舆论汹汹，不可抵挡，胡瑞澜不得不请求皇上和太后审慎研究，并将该案交给刑部从头审理。

同治十三年（1874年）九月，杨菊贞由胡雪岩资助路费和到京后的费用，第二次上北京。同乡夏同善介绍他们认识了浙籍京官 30 余人，并向步军统领衙门、刑部、都察院投递冤状。夏同善又商诸翁同龢，翁把本案内情面陈两宫太后。

事情闹大了，终于惊动了当时的慈禧，她阅读了案宗后下令交刑部彻底根查。刑部当然不敢怠慢，立即命浙江巡抚将全案人犯解京。

经刑部与都察院、大理寺三法司会审，并重新开棺验尸，终于确定葛品连并非中毒而死，钱坦只得招出他发现药渣里全是桂圆和西洋参的事实，系因病暴亡。此案终于真相大白。

到这里，冤案终于平反了，小白菜经历了不少磨难，也看淡了世间，最后出家做了尼姑。但是，杨乃武再不能恢复举人身份了，从此心灰意冷，出狱后以种桑养蚕为业。此案所牵连的官吏，人数达到了300余人，都受到了不同处分。

清　铜胎画珐琅黄地开光人物手炉

手炉绘画风格的细节处理更为写实，笔法细腻自然，乃铜胎画珐琅器物中精品之作。

清末太原奇案

太原奇案是清末四大奇案之一。这个案子非常离奇，离奇到匪夷所思，一环环充满了云谲波诡的机缘巧合，再加上案情之中令人惊绝的痴情贞烈的小姐，忠义聪慧的丫头，实在堪称奇案。

太原有个富人叫张百万，他的老婆王氏，生了两个女儿，大女儿叫金姑，二女儿叫玉姑。金姑嫁给了邻村的李秀才，玉姑许配给本村的曹文璜。可是没过几年，金姑的老公李秀才得病死了，玉姑的未婚夫也因为做生意，一年内赔了所有的家产，一贫如洗。

既然曹文璜已一贫如洗，张百万自然说什么也不愿意将女儿许配给曹文璜了，于是将二女儿改配给了姚家。但是玉姑不愿跟这姓姚的，虽然曹文璜已是个穷光蛋了，但玉姑还是深深地爱着他，所以玉姑说什么也不愿意听从张百万的安排。快到出嫁的时候，玉姑跟曹文璜私奔了，打算投靠曹家的一个朋友——担任交城县令的陈砥节。

两人在私奔前在一家豆浆店里休息，跟店主莫老汉讲了他们的遭遇，于是莫老汉开始同情他们两个，便答应把自己的一头毛驴给他们。

第二天，张百万发现玉姑不见了，以为是跑到大女儿那里躲起来了，于是便派人到大女儿那里找人。到了大女儿家里，二话不说，便把整个家翻了个遍。可是，不管怎么找还是找不到人。但是在翻找大女儿的家时，张百万却发现了一件莫名其妙的事情。

正当张百万找不到玉姑的时候，他发现大女儿慌慌张张地站在一个炕柜旁边。张百万以为玉姑肯定是躲在这里面，于是叫人强行打开柜子。打开柜子之后，张百万竟发现一个和尚躲在里面。死了丈夫的金姑跟和尚做出这等丑事，无疑让张百万觉得太丢人了，于是在气急之下，把柜子连同柜子里面的和尚一起抬走了。在抬走的过程中，和尚被闷晕在柜子里。张百万以为这和尚死了，于是便灵机一动，借这件事情做了个假象——张百万给和尚穿上嫁衣，放到灵房里，然后对外宣称玉姑得了大病死了。这样也好有个理由推脱姚家的婚事。

谁知道到了半夜，和尚从昏迷中苏醒过来，逃出了张家。和尚路过莫老汉的家时，用身上的嫁衣跟莫老汉换取了一件普通衣服，便打算回崇善寺去。但是这个和尚生性好色，在回崇善寺的路途中，调戏一位早起的妇女，被这位妇女的丈夫吴屠户发现了。吴屠户一刀杀死和尚，然后把尸体扔到了井里。村里的人去挑水的时候发现了和尚的尸体，报到了里正那里，而里正接着又报到县官那里去。

因为之前和尚穿着玉姑的嫁衣在夜里逃走了，灵堂里的"玉姑"无缘无故不见了，成了一件离奇的走尸案。现在，在水井里又发现了和尚的尸体。一时间，和尚的命案和张家的走尸案，成了全城热点新闻。阳曲县令杨重民开堂审理了和尚命案。因为和尚穿的是莫老汉的衣服，于是认定和尚是莫老汉杀死的，就把莫老汉抓了来，莫老汉屈打成招，案情到此了结了。案情还上报到了刑部。

那吴屠户在杀完人后便住到了晋祠，还在那里开了家小酒店。

后来曹文璜回太原时途经吴屠户的酒店，吴屠户酒后失言，把他是怎么杀害和尚的事情全部都告诉了曹文璜。几天后，曹文璜因为莫老汉借驴给他，觉得有恩，于是为莫老汉到知县杨重民那里申诉。虽然杨重民感觉到了这是桩冤案，可又怕因为自己错判而受到处罚，于是将错就错，把曹文璜当成同谋，关押到牢狱里。幸好，玉姑的丫环秀香来探监时，曹文璜把案子的真相告诉了她，于是她请求晋祠保长监视吴屠户，同时去交城寻找玉姑。事又凑巧，交城县令陈砥节就在此时被提升为山西提刑按察司，赴任太原。

陈砥节重审此案，结果真相大白，于是当堂判结：莫老汉无罪释放；吴屠户虽系杀人，而和尚不守法度是咎由自取，罪有应得，免去吴屠户的死罪，发配充军。曹文璜和玉姑这对有情人终于可以名正言顺地在一起了。

"狸猫换太子"疑案

"狸猫换太子"这个传说最早发生在宋朝，之所以有这个传说，是因为历史上宋仁宗确有认母一事。据历史记载，宋仁宗既非皇后所生，也非皇妃之子，而是侍奉真宗刘德妃的宫女李氏所生，于是民间便有了这个"狸猫换太子"的传说。而到了清朝，也有一个类似狸猫换太子的传说。这是真的吗？

关于"狸猫换太子"，在历史上有两种传说，一个来自宋朝，一个来自清朝。

先说宋朝。宋仁宗在位 42 年，关于仁宗的身世，至今流传着狸猫换太子的故事。

宋真宗登基已久，虽然拥有三宫六院，但是就是没有儿子。先后有五个儿子都夭折了。

后来德妃刘娥与李宸妃同时有了身孕。

而宋真宗最宠爱的妃子是刘德妃。刘德妃虽然只是个在大街上卖艺的女人，但由于长得十分出色，于是被宋真宗看上，并从"美人""婉仪"，一直封到了"德妃"。

本来，刘德妃希望能生下一子，然后顺利竞争皇后之位，只可惜后来却不慎流产。但是为了竞争皇后之位，她想了一个歹毒的办法，将一只剥皮狸猫串通接生婆换走了李宸妃所生之皇子，对外声称这是她的儿子，还到处造谣说宸妃产下了怪胎。真宗信以为真，便对李宸妃加以惩处，并且打入了冷宫，而将刘德妃窃取来的儿子立为皇太子。这个皇帝就是后来的宋仁宗。

还有一说，据历史记载，宋仁宗不是皇后所生，也不是皇妃之子，而是侍奉刘德妃的宫女李氏所生。仁宗生下后，刘德妃将他收为养子，如亲生儿子一样抚养成人。真宗去世后，这个 13 岁的少年即了位，也就是宋仁宗赵祯。

天圣九年（1031年），仁宗生母病危，刘太后还晋升她为宸妃。太后百年之后，仁宗身边有人告诉他："陛下乃李宸妃所生，宸妃是死于非命。"这话的意思是，宸妃是刘太后害死的。仁宗听了十分悲痛，不禁号啕大哭。他认为这一切都是刘太后的错，是刘太后让自己不能尽到儿子的孝心。于是，他下令包围了刘太后娘家的府第。

与此同时，仁宗还开启宸妃之棺亲自查看，但没有发觉被人杀害的迹象，仁宗这才下令解除对刘姓亲属的包围。

再说清朝。清宫里后来也有类似狸猫换太子的传说：乾隆帝是浙江海宁大盐商陈阁老的儿子。

据传说，乾隆帝是陈世倌的儿子。陈世倌是浙江海宁人，俗称陈阁老。在康熙年间入朝做了官，因此有机会经常与雍亲王一家有来往。这一年，雍亲王和陈阁老两家同时产下了孩子，基于这个原因，两家的来往更加频繁了。

有一天，雍亲王邀请陈家把孩子抱入王府，也好让这两个同年同月同日出生的小家伙碰碰面。于是，陈家抱着孩子进入了王府，两家都为这两个孩子欢喜得不得了。但是，当陈阁老被送出来时，陈家却发现，原来抱进去的儿子却变成了女孩。陈阁老想，儿子被换走的事，肯定是雍亲王故意为之，绝对不是无意的；假如是无意换错了，雍亲王肯定过后主动送回来，如果不送回来那就是故意的了。过了几天，没见雍亲王主动把儿子还给他，于是断定雍亲王是有意跟他交换孩子的了。但是基于雍亲王势力大，如果贸然前去劝说，估计会招致杀身之祸，于是不得不忍气吞声，心想，以后自己的儿子估计也能做皇帝，他过得好就行了，自己的后代是皇命也是一件好事。于是就这么把儿子给了雍亲王。

有人传说，乾隆帝登基后，有六次下江南的经历，其中就有四次住在陈阁老的家里，很显然，乾隆帝是为了探望他的父母亲。

据《清代外史》记载：弘历，即乾隆帝，也知道自己不是满族人，常常在宫中穿汉服。

但是，反对者认为：这些传说盛行于清末，当时革命排满之风最盛，是汉人在排满的革命浪潮中，对清代诸帝极尽丑化，无中生有地编造出来的。

首先，弘历出生时，雍正帝已经有一个8岁的儿子，另一个王妃又即将临产，而他当时才34岁，正当壮年，没必要用自己的女儿去换陈家的儿子。

再说,清代宗室生子一定要报宗人府,定制十分缜密。尤其皇宫内门禁森严,怎么能随便抱子出入?

其次,陈阁老当官时间并不长,乾隆六年(1741年),因起草谕旨出错被革职了。当时乾隆帝大声骂他"少才无能,实不称职"。如果传说属实,陈阁老应该是他的亲生父亲,弘历怎么会对他的亲生父亲如此不敬呢?

至于弘历登基后六下江南,有四次住在陈阁老的家里,是因为弘历为了视察耗资巨大的钱塘江海塘工程,不得不去那个地方。而当时,海宁这个小县里,没有什么地方可住,所以只好住在规格还算不错的陈家花园里。当时,弘历根本没见过陈阁老,连陈阁老的子孙都没有召见。所以,我们可以推断,弘历南巡并不是为了探亲而去。

还有,弘历经常穿汉服,也只是个人的喜好,更说明不了什么。在清朝的皇帝里,也有不少因为喜好,不时地穿汉族人的衣服,甚至有穿洋人衣服的,这又能说明什么呢?

总之,所谓弘历是浙江海宁大盐商陈阁老的儿子的各种民间说法,都是站不住脚的。

清 佚名 弘历生母崇庆皇太后八旬万寿像

孝圣宪皇后一生享尽了荣华富贵,她寿数之高,在清代皇太后中居于首位,在中国历代皇太后中也极为罕见。

藏在书画里的大清史

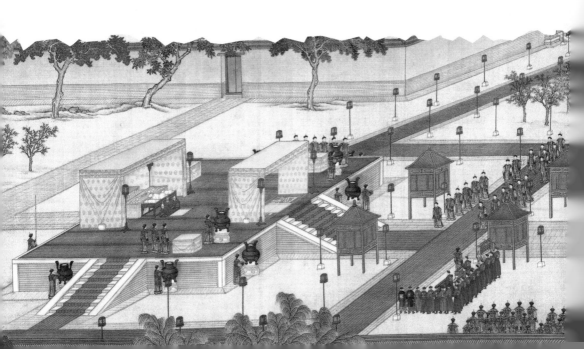

清朝经过两个半世纪多的搜刮，统治者积累起了无尽财宝。帝后们生前穷奢极欲，死后期待在另一个世界继续享用。于是，清王朝历经数代，投入大量财力和物力，建成了许多座雄伟壮观又精美绝伦的皇家陵墓。而且，随着岁月的流逝，每个皇家陵墓都神秘莫测，给后人留下了无数未解的历史谜团。

第八章
风水皇陵：柏森风冷鬼事多

清初皇帝举行火葬

我国古代汉民族不论穷富，均实行土葬，有"入土为安"之说。在中国古代史上，实行过火葬的只有清初的政府。清初满族的葬俗大都沿袭女真族的火葬习俗，上至王公贵族，下至平民百姓，死后都要火葬。

在中国远古时代，受儒家思想"入土为安"的影响，火葬并不盛行，因《周礼》规定"众生必死，死必归土"，厚葬才是孝顺。汉朝佛教传入中国，中国才开始出现火葬，出家和尚由于死后不入祖坟，又要找出舍利子，才实行火葬。佛教徒的火葬源于其对肉体的鄙视，并认为肉体为精神升华的障碍。火葬在印度仍有传统，现在印度教教徒中仍广泛地流行火葬。

在中国，到了宋代，火葬在民间大为流行，但是政府都禁止火葬，一直到明朝，仍视之为"丧伦""灭理"的行为而予以禁止。明太祖于洪武三年（1370年）下令："令天下郡县设义冢，禁止浙西等处火葬、水葬。凡民贫无地以葬者，所在官司择近城宽闲地立为义冢。敢有徇习元火焚弃尸骸者，坐以重罪，命部着之律。"

只有清初的政府才允许火葬。满人入关前实行的就是火葬，据《建州闻见录》载：努尔哈赤时代，"死则翌日举之于野而焚之"。从现在发掘的清永陵武功郡王、恪恭贝勒二墓中，发现无棺椁，只有装着火化后骨殖的瓷罐，这说明努尔哈赤时代实行火葬。努尔哈赤去世后就是火葬，称为"宝宫"的骨灰坛葬在福陵。皇太极也是火葬，皇太极死于崇德八年（1643年）八月初九，其后梓宫停灵一年，直到顺治元年（1644年）八月二十九日才火葬，骨灰安置于昭陵地宫。身份越高贵，停灵时间也就越久。顺治九年（1652年），顺治帝定下亲贵丧葬礼仪，规定和硕亲王丧后一年火化，多罗郡王、贝勒、贝子丧后三个月火化。

据《清世祖实录》载：顺治五年（1648年）四月，清朝颁布丧葬则例，其中有官民人等"有愿从旧制焚化者，听之"，允许官民火葬。

顺治帝、其爱妃董鄂氏以及孝康章皇后也是火葬。清东陵的康熙陵、慈禧陵都曾被盗，但第一陵孝陵却没有遭此厄运。之所以没有被盗，是因为所葬的世祖顺治皇帝，死后实行的就是火葬，陪葬品也很简陋，引不起军阀孙殿英的盗墓兴趣。

到了雍正皇帝时，他说："本朝肇迹关东，以师兵为营卫，迁徙无常。遇父母之丧，弃之不忍，携之不能，故用火化。"所以，清初大都实行火葬。

到了康熙朝，由于深受汉民族习俗的影响，满族丧葬习俗也随之逐渐转变。所以从康熙帝开始以后各代皇帝均不火化，而用土葬。《大清律》规定："其从尊长遗言，将尸体烧化或置水中，杖一百""若私自火葬或水葬父母，按杀人罪论死刑""旗人、蒙古丧葬，概不许火化"。但清朝的佛教僧尼、一部分信徒，以及寺庙收葬的流浪死者仍然可在寺庙里火葬。

由于严禁，火葬风气渐弱，但在一些经济较发达、土地比较紧张的地区仍然相当流行。

顺治帝选址清东陵

　　清东陵是中国最后一个王朝的帝王后妃陵墓群，也是中国现存规模最大、体系最完整的古帝陵建筑。清王朝历经数代，投入大量财力和物力，建成了这座雄伟壮观又精美绝伦的皇家陵墓。随着岁月的流逝，这个皇家陵墓变得越发神秘莫测，给后人留下无数未解的历史谜团。其中的一个谜团就是，顺治帝为什么要在河北遵化的马兰峪营造陵墓呢？

　　一直以来，清东陵都是考古、历史学家最感兴趣的研究项目。随着时间的流逝，特别是2000年，联合国世界遗产专家来到清东陵进行考察，那些困扰人们的历史谜团正逐渐被解开。

　　关于顺治帝的选址有着很多种说法。其一，它紧邻皇家猎场，方便皇帝来往；其二，这里的风水好，有灵气，吸引了真龙天子；其三，这个说法更有意思，说清东陵是明朝皇帝让出来的一块宝地。

　　其实，这些说法都不准确，但也都没有错。

　　对于第一种说法，我们可以归结为人们一厢情愿的猜测，因为没有历史记载是因为这个原因才选定的这个地方，但是人们的猜测也符合人之常情，所以也不能说没有半点道理。

　　第二种说法也是人之常情的猜测。对于陵址，当然要选择风水好的地方。经过风水先生的探测，从风水学角度来说，清东陵的确是一块风水宝地。

　　对于第三种说法，比较靠谱。《清史稿》中记载，清东陵是顺治皇帝偶然选中的，在这里可以找到一段历史的真相。

　　历史记载，清东陵所在的昌瑞山，不仅清朝的顺治皇帝来过，明朝的皇帝也来过。但是明朝的皇帝来看过之后，竟然拂袖而去，另选他地。这又是怎么回事呢？明洪武元年（1368年），明太祖朱元璋登基，将明朝的国都定在了南京。朱元璋的第四子朱棣即位后，深感北方的游牧民族是明王朝的最大威胁，他们一旦南下入侵，地处南方的南京朝廷无法做出及时有效的反应，因此，他不顾大臣的反对，毅然将国都迁到了北京，并决定将自己的陵址也定在北京的周围，以表示抵抗北方游牧民族的决心。有一天，明成祖朱棣来到位于河北省遵化境内的丰台岭，也就是今天的昌瑞山。他要亲自确定大臣们为他选中的宝地能不能作为修建自己陵寝的地方。朱棣站在山上向南望去，只见平川似毯，尽收眼底，两边的山峦连绵起伏，一览无余。朱棣一看是块风水宝地，心中很是喜悦，然而，当他回头一望，正好看到了远处蜿蜒的长城，他的脸色顿时沉了下来。因为看到了长城，这里无疑意味着地处边关，尽管大臣们推荐的这个地方确实是风水宝地，但是明成祖怎么能把关乎自己江山社稷的陵寝修在边界线上呢？所以，明成祖虽然看上了这块风水宝地，但是，最终却因为地处边界线上而拂袖放弃了这块宝地。这段历史，就是明朝皇帝让东陵的第一让。

此后，明朝皇帝还有第二让。明朝最后一位皇帝崇祯选定陵寝的时候，又看中了昌瑞山这块宝地，但没过多久，李自成的农民起义军攻占了北京，崇祯帝吊死在了煤山上。最终，崇祯帝没有葬在这块宝地，这就是历史上的东陵二让。

这块曾两次被明朝皇帝选中的风水宝地始终没能用作明朝皇帝的陵寝。不过，在清朝的历史资料中，均没有提起这段历史，而是讲述了清朝皇帝选定清东陵的一个颇为传奇的故事。

根据清朝秘史记载，关于清东陵的故事讲的是顺治帝14岁那年，一次出宫打猎，一眼看到了这块宝地，被这壮美的山川深深迷住，不由得赞叹道："此山王气葱郁，可为朕寿宫。"然后立刻取下手指上戴着的扳指，并把扳指抛了出去，说道："扳指落定的地方，就是墓穴。"然后随从大臣们从草丛中找到了扳指，并在扳指落定的地方打桩做记号，定好位置。

此后，对于王陵选址的史料记载，清朝有意不把明朝皇帝选址的历史加以记载，而更加凸显清朝选址的历史。因为被让出来的东西肯定不是好东西，人们最忌讳这一点了。可是，东陵的确是块宝地，清朝又实在不忍心不要这块地，于是有意识地抹掉明朝选址的历史，而更丰富清朝选址的历史，这也是清朝有意保存面子的表现。

康熙皇帝的祖母孝庄文皇后，13岁时就嫁给了清太宗皇太极，她为了辅佐福临、玄烨两代幼主，倾注了自己的全部心血，为大清王朝做出了重要贡献。但令人不解的是，她在康熙二十六年（1687年）死后却并未与皇太极合葬于沈阳的昭陵，也没进清皇陵，一直到康熙帝死，也未给祖母孝庄文皇后建陵，其梓宫在暂安奉殿停了37年之久。这究竟是什么原因呢？

关于康熙帝的祖母孝庄文皇后死后为什么不进清陵，众说纷纭。主要有以下几种说法。

一种说法是，孝庄文皇后在皇太极死时刚刚31岁，正是青春鼎盛之时，寂寞难耐，就嫁给了小叔子多尔衮。清皇室对于孝庄皇后的这种行为很不满，就将她葬在陵区之外，以表示对她的惩处。

但学者徐广源认为："孝庄文皇后并没有下嫁。第一是孝庄文皇后的墓建在皇陵附近。第二是她仍被尊称为文皇后，既然称为孝庄文皇后，就说明清朝的皇帝都承认她。还有相当一部分人持下嫁观点，但是我认为最起码没有举行正式的婚礼，而且现在也没有找到任何一个非常令人信服的她曾下嫁的依据。"因此，这种说法不攻自破。

另一种说法是，按清朝祖制家法，孝庄文皇后应该归葬沈阳的昭陵，与太宗皇太极合葬。可是，孝庄文皇后的儿子顺治帝和孙子康熙帝都在东陵，她想和儿孙在一起，因此在临终前给康熙帝留下了这样的遗言："太宗文皇帝梓宫安奉已久，不可为我轻动，况我心恋汝父子，不忍远去，务于孝陵近地安厝，则我心无憾矣。"这让康熙帝很为难，把祖母葬在遵化违背了祖制，葬入昭陵又有违祖母遗嘱。康熙帝想不出良策，就在遵化孝陵近地建了一座暂安奉殿，先把祖母梓宫停放在那里。这一停就是37年，康熙帝还是想不出良策来。

到了雍正二年（1724年）二月初五，上谕："钦惟孝庄文皇后，躬备圣德，天锡纯禧，诞育世祖章皇帝，瑞应昌期，君临万国。逮我圣祖仁皇帝继圣嗣统，久道化成，立万世无疆之业，皆我孝庄文皇后福德兼隆之所启佑也。朕惟礼经云：合葬非古也。先儒又云：神灵有知，无所不通。是知合与不合，惟义所在。今昭陵安奉日久，若于左近另起山陵，究非合葬之义。且自孝庄文皇后安奉以来，我圣祖仁皇帝历数绵长，海宇乂安，子孙繁衍，想孝庄文皇后在天之灵十分安妥。"

雍正三年（1725年），雍正帝将暂安奉殿改建为陵，命名为昭西陵，于十二月将孝庄文皇后梓宫正式葬入昭西陵地宫。

然而，孝庄文皇后的梓宫在暂安奉殿停了37年之久的原因，还是没有说清，且至今也没有找到令人信服的解释。

清　牡丹软玉屏风红木底座

此屏风由一整块软玉制成，上雕刻富贵牡丹，做工细腻精美。

清朝有了东陵还建西陵

　　皇帝生前所享有的东西，死后也要在皇陵建筑中体现出来。皇帝生前有皇宫，死后有陵宫，建筑结构如同皇宫一样。中国封建王朝历代的皇陵都是如此，清朝自然也不例外。可是清朝的皇陵除了东陵，还有一个西陵。这是怎么回事呢？

　　清朝的皇帝在北京有两处陵墓群的原因是顺治帝首先选择了河北遵化作为陵寝，随后有康熙帝跟随。至雍正帝时，觉得官员们为自己在东陵选的墓地不好，于是让人在现在的西陵选定了自己的墓地。后来即位的乾隆帝则埋在了东陵，他儿子却埋在了西陵，到了他的孙子则又回到了东陵。之所以如此，是有原因的。

　　清朝定都北京后，于顺治十八年（1661年）在河北省遵化市马兰峪西建陵，后又在易县建皇陵，分别称清东陵、清西陵。

　　清王朝的帝陵陵址选择在这两处是有原因的，与风水极有关联。清朝定都北京以后，顺治皇帝把"万年吉地"定在北京以东120千米的河北省遵化市。据《清稗类钞·方伎类》载：顺治帝"尝校猎遵化，至后为孝陵之地，停辔四顾，曰：'此山王气葱郁，可为朕寿宫。'因自取佩玦（即指环）掷之，谕侍臣曰：'玦落处定为穴，即可因以起工。'后有善青乌者视之，相惊以为吉壤也"。于是，这个皇陵就这样定下来了，史称"清东陵"。

　　到了雍正帝时，雍正帝认为其在清东陵的陵址"规模虽大而形局未全，穴中之土又带泥沙，实不可用"，于是废掉。选陵大臣心领神会，最后选在河北省易县永宁山下，因为此地是"乾坤聚秀之区，阴阳和会之所，龙穴沙石，无美不收，形势理气，诸古咸备。山脉水法，条理详明，洵为上吉之壤"。雍正

河北墓葬壁画　　河北是清代重要的皇陵选地，清东陵和清西陵均分布于此。

帝看后很满意，最后在此建陵，史称"清西陵"。后有人传，雍正帝是篡改康熙帝的遗诏而得的皇位，本来康熙帝临终前，曾手谕遗诏要"传位十四子"，雍正帝将遗诏偷改成"传位于四子"，之后又毒死69岁的父亲康熙帝，杀死了知情者。因为皇位得之不正，雍正帝心怀内疚，因而不愿葬在其父之旁，所以另择陵地于河北易县西15千米的永宁山。

　　到了雍正帝的儿子乾隆帝时，如果子随父葬的话，他应该埋在西陵，而这样也就是昭示父亲雍正帝违制了；如果他埋在了东陵，他的儿孙们继续埋在东陵，则就雍正帝一个人埋在了西陵，显得非常冷落。乾隆帝为不使两处陵寝冷落，特谕旨明示后代："嗣后，吉地各依昭穆次序，在东西陵界分建。"从此，清帝陵寝便隔代安葬，分葬在遵化和易县。

清　斗彩高脚杯

雍正斗彩造型规整、线条优美、釉色匀净、色彩鲜艳，在陶瓷史上有着较高的地位。

　　这样，清朝自 1644 年入关到 1911 年灭亡，先后有 10 人当了皇帝。除了末代皇帝溥仪外，其余 9 人均按帝制葬礼，归葬于东陵、西陵两处。

　　清东陵是我国现存规模最大、体系最完整的古帝陵建筑，南北长约 12.5 千米，东西宽约 20 千米，占地面积约 80 平方千米。这里有顺治帝的孝陵、康熙帝的景陵、乾隆帝的裕陵、咸丰帝的定陵、同治帝的惠陵 5 座帝陵，还葬有多位皇后及 136 位妃嫔、3 位阿哥、2 位公主。东陵共葬有 161 人。

　　清西陵也是一座规模宏大、富丽堂皇的古代陵墓建筑群。陵域北起奇峰岭，南到大雁桥，方圆 800 平方千米。整个陵区共有 14 座陵墓，其中清帝陵 4 座，即泰陵（雍正帝）、昌陵（嘉庆帝）、慕陵（道光帝）、崇陵（光绪帝），后陵 3 座，王公、公主、妃子园寝 7 座。14 座陵墓共葬皇帝 4 位，皇后 9 位，贵妃、贵人、嫔、妃、格格等 57 位，亲王、公主 6 位，总共 76 人。

乾隆帝为裕陵点穴

点穴，其实就是确定地宫内金井的位置。金井就是将来棺材放置的位置，是整个陵寝的核心。据传，清朝定都北京以后，顺治皇帝把"万年吉地"定在北京以东120千米的河北省遵化市。据《清稗类钞·方伎类》载：顺治帝"尝校猎遵化，至后为孝陵之地，停辔四顾，曰：'此山王气葱郁，可为朕寿宫。'"于是，顺治帝取下手上戴着的扳指，向远处一扔，说："鞢落处定为佳穴，即可因以起工。"就是说，这个扳指的位置就是金井，将来棺材放置的位置。后来，乾隆皇帝弘历也亲自点了自己的陵穴。

乾隆帝登上太和殿的宝座之后也要为自己选择一块"万年吉壤"。本来"子随父葬，祖辈衍继"，可是，我们上文说过，乾隆帝为不使东陵、西陵两处陵寝冷落，特谕旨明示后代："嗣后，吉地各依昭穆次序，在东西陵界分建。"从此，清帝陵寝便隔代安葬，分葬在遵化和易县。

乾隆帝决定把自己的陵寝安在东陵。乾隆帝的陵址确定在东陵之后，下一步就是举行点穴典礼。弘历为了主持这一庆典，提前四天就起驾离京，住进了东陵隆福寺行宫。

负责为乾隆帝选陵址的官员们早就马不停蹄地杀向了京东。他们来到了东陵胜水峪一带，发现这里山脉连绵，背靠北面的昌瑞山，以南面的金星峰作朝，左右龙虎拱卫，草木葱郁，四下还有冉冉的紫气浮荡，如同一片仙境。

官员们上报给了乾隆帝。乾隆帝常自喻文武双全，精通天文地理，对《易经》和堪舆学也颇为精通。他为了验看陵穴点得准不准，在正式点穴前一天，亲自带着几名贴身侍卫，秘密游览胜水峪，只见那里遍地芳草萋萋，野花馥郁，流水潺潺。望北山，王气葱郁，龙咏绵延。乾隆帝觉得此地确实是风水佳地，

于是从怀中取出一枚玉扳指，孔眼朝天埋到土里，然后返回了行宫。

第二天早晨，乾隆帝坐着十六人大轿，在文武百官和太监、侍卫的保护下来到胜水峪，端坐在事先搭好的高台正中宝座上。由钦天监的监正洪某点穴。这位60多岁的监正洪某，精通风水，经验老到，多次点过陵穴，每次点得都很准，但像今天这样，在皇上跟前，众目睽睽之下点穴还是头一回，他心里不免有些紧张。典仪官高声宣布点穴吉时到，监正洪某小心翼翼地用罗盘确定金井位置，将一根金簪插进地里，然后走到皇帝面前，恭恭敬敬地行了三跪九叩大礼，奏道："恭喜万岁！请皇上验看。"乾隆帝立即命令两位侍卫前去，把金簪上埋的土慢慢搬开，露出了玉扳指，金簪正好插中玉扳指的孔眼，在场各人无不惊叹，一齐跪倒山呼："吾皇万岁！万岁！万万岁！"跪在地上的洪某那颗悬着的心一下子落了下来。

于是，乾隆八年（1743年）开始破土动工，修建为裕陵。

清　金鹤形香薰

此对香薰錾刻细腻，鹤身的羽纹、腿部关节、爪部指甲都力求写实。整体比例合理，姿态挺拔。

乾隆帝棺椁自动顶石门

　　裕陵是清代第四帝乾隆皇帝的陵寝。裕陵工精料美，富丽堂皇，雄伟与豪华程度自不必多言。这里要说的是，裕陵给后人留下了一些谜，其中，乾隆帝棺椁两次顶石门就是一个令人难解的谜。

　　乾隆帝棺椁顶门事件还得从孙殿英盗墓一事说起。1928 年 7 月，军阀孙殿英盗掘乾隆皇帝的裕陵，裕陵内葬有乾隆帝和孝贤纯皇后、哲悯皇贵妃等 6 人。盗墓者顺利地打开了前三道石门，第四道石门却无论如何也打不开。最后没办法，用炸药炸，才把门炸开了。石门被炸开后，眼前出现了一个令人惊奇的现象：乾隆帝的棺椁顶住了门！

　　在这里，乾隆皇帝给大家提出了一个难以解析的谜：其他五个棺椁都乖乖地躺在石床上，只有乾隆帝的棺椁从石床上"走"了下来，且还将石门死死顶住，仿佛灵魂懂得自我保护一般。

　　在惊讶过后，我们不禁这样问：棺椁为什么可以移动？难道是乾隆帝地下有知，自己只身"下来"顶门？可是，我们不要忘记了，这六具棺椁的四角都压着巨大的龙山石作为固定用，加上棺内除尸体外还装满了随葬品，无疑，这棺椁肯定异常沉重，就算俄国大力士来搬估计也难搬动。那么，究竟是什么力量使这沉重的棺椁移动了呢？

　　有专家认为是渗漏进的地下水浮力作用，使棺漂起所致。可是其他五具棺都没有，为何单独乾隆皇帝的棺移动了？而且，陵墓在建造时修建有龙须沟用于排除雨季的积水，且在陵墓完工后龙须沟仍然会有效地发挥作用。陵墓自乾隆十七年（1752 年）完工后曾四次被打开，直到嘉庆四年（1799 年）乾隆下葬裕陵 47 年间并没有出现渗水现象。所以可以排除棺材是由于积水浮力导致的移动。在这里，我们且不说有无积水的问题，就算有积水，一具几百斤重的棺材，按照浮力科学推理，也不可能浮得起来啊！更何况还会自动跑到门口把门顶住！另外，乾隆帝的梓棺四角都有重石固定，更不可解析为积水浮力的作用了。还有，即便浮力可以使棺材漂浮起来，那么为何其他五具后妃的棺椁没有半点移动的痕迹？着实令人费解。

1975 年，国家文物局对裕陵进行清理发掘，也同样遇到过这样的问题。前两道石门很容易地被打开了，第三道石门却怎么也打不开。人们用千斤顶把石门打开了一个缝，人钻进去一看，顶住石门的东西和 60 年前一样，依然是乾隆帝的棺椁，其他的棺椁都安然地躺在棺床上。

两次都是乾隆帝的棺木顶住石门，这究竟是巧合，还是有另外的原因？

直至今天，关于乾隆帝棺椁顶门一事，专家也未能拿出令人信服的解释，希望今后有能者破解此谜。

清　乾隆御用金碗

此碗为乾隆皇帝御用，近口沿与足部各饰一圈图桉式折枝花，腹部的纹饰则是由经典的缠枝花卉纹组成，外表十分华丽，代表着当时金刻的最高工艺。

清　郎世宁　心写治平图

画卷由右向左展开，依次呈现了乾隆皇帝和他的皇后以及11位妃嫔的半身画像，每幅图像的右侧都附上榜题。

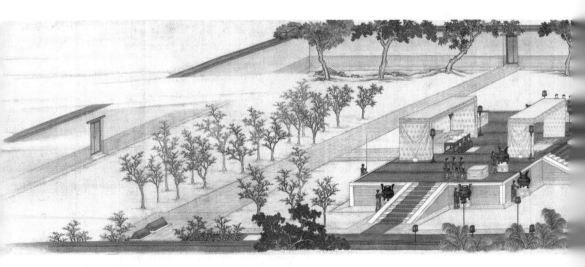

清　郎世宁　亲蚕图

"亲蚕"为古祭礼，指宫中后妃于季春之月，躬行蚕桑事，以为天下表率。

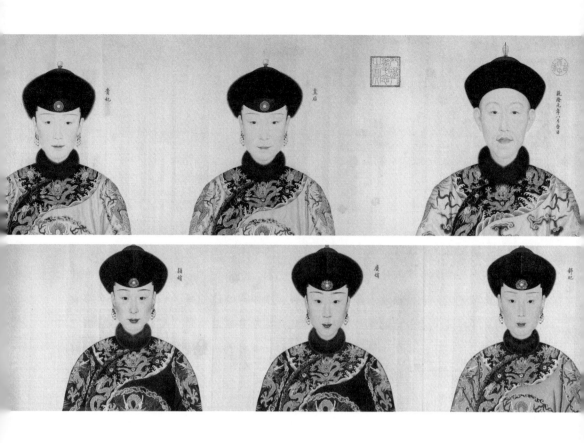

363

道光皇帝一生崇俭戒奢，向来为人们所称道。他的俭省作风，早在做皇子时期就已经形成了。他在做皇子时极少吃肉，还奉行"七分饱"的原则，即使摆出菜吃饭，也严格要求每餐每人盛饭最多不得超过三碗。然而，有一件事却构成了对其节俭人生的绝妙讽刺，那就是关于修建慕陵的惊人靡费——违背了祖训，废弃了已经完工的东陵界内的陵寝，选择在清西陵界内重新修建新的陵寝。这又是为什么呢？

道光帝生于乾隆四十七年八月初十（1782年9月16日），原配妻子姓钮祜禄氏。嘉庆十三年（1808年）正月，年仅28岁的钮祜禄氏病逝，被安葬于王佐村园寝。

嘉庆二十五年（1820年），已经39岁的旻宁继承帝位，为自己的原配妻子追册追谥，使她在去世12年后当上了"孝穆成皇后"。

道光帝即位之后，慎重地选择陵址，对当年乾隆帝所作"兆葬规制，迭分东西"的谕旨很是看重。乾隆帝的意思就是隔代安葬，倘若父在东陵，则子在西陵；父在西陵，则子在东陵。乾隆帝是在东陵，嘉庆帝则到了西陵，而嘉庆帝的儿子道光帝自然就应该在东陵了。

于是，登基不久的道光降旨："国家统一规定，我当上皇帝之后，立刻选择万年吉祥的宝地。我的陵寝在东陵的界内分建。"圣旨一下，众臣开始为道光帝修建陵墓，于是当年就在东陵区内动工修建陵墓。

经办大臣们在修建陵墓的时候，中间出了一个问题，就是在修建过程中发生了渗水现象。当时，众臣对此一筹莫展，惊慌不已。对于这件事，到底是上报道光帝好，还是不上报好呢？

如果把陵墓渗水的现象上报了道光帝，肯定不是一个好的办法。然而众臣都知道，道光帝对待修建陵墓这件事上，要求做到节俭、少花钱为好。此前为选墓地已经费了不少银子了，若是重移改图又是一笔不小的开销，定会惹得皇帝不快。不过这涉及风水问题，皇家都忌讳陵墓渗水的事，如果道光帝知道了，肯定会怪罪下来。此时保险的办法是重新选址，但是谁又敢违背皇帝的意愿私自重新选址？因此，众臣不予上报，命工匠筑土拦水，不至于渗水那么严重，只要表面上看得过去，不被道光帝看得出陵墓渗水就行了。

经过7年的艰苦努力，终于宣告陵墓竣工。

当道光帝看到自己的陵寝修建得气势磅礴，建筑坚固，墙上绘画以及雕刻无不艺术精湛的时候，很是满意，就传旨下去，奖励有功人员，从工程大臣到有关匠役全部给予赏赐。在陵墓建成的当月，道光帝便下令将孝穆成皇后钮祜禄氏的棺木由原葬处迁往自己的帝陵地宫。

道光八年（1828年）初夏，一天夜里，道光帝忽然梦见已逝的皇后在海水中向他呼救，道光帝被噩梦惊醒。醒后才知道这是一个梦。但是，道光帝静了静心，刚刚入睡，忽然又被海中皇后的呼喊惊醒，透过朦胧的黑夜，隐隐能看见皇后在水中挣扎的背影。一连三次，道光帝连惊带吓被折腾得全无睡意。道光帝静下心，对这个奇怪的梦反复琢磨了一会儿，突然悟到，陵寝中可能渗水了，棺木一定被浸泡在水中，这一定是已入葬的皇后托梦来提醒他的。第二天一早，道光帝立即传旨，派一群重臣火速赶赴遵化马兰峪，将自己的陵寝地宫打开，他要亲临验看。

一看之后，道光帝惊讶不已，颜容失色。原来地宫真的在渗水，已积成了一个深度将近两尺的水潭，漫过了放置棺木的石台，而孝穆成皇后的棺木足有两寸浸在水里，棺木已经发霉，湿漉漉地浸泡在水潭中。

道光帝见之大为愤怒，心想："地宫才关闭几个月，就有如此不祥之兆出现，那要是自己真的寿终正寝后，几十年，几百年，还不全泡在水里面了？"

道光帝越想越怕，也越愤怒，一面至棺前祭酒，一面斥骂筑陵大臣"丧尽天良"。随后，立即传旨，对选陵修陵大臣等主要人员要来个"切实根究"。此时大臣庄亲王绵课已病故，没办法惩治，于是就拿他四个儿子来问罪，四个儿子一律革职；而大学士戴均元撤职下狱，其子降职；英和也撤职下狱……

清　佚名　清宣宗（道光）孝穆成皇后朝服像

孝穆成皇后为满洲镶黄旗人，道光帝的原配皇后。

修建陵墓的大臣们，该革职的革职，该下狱的下狱了，道光帝又想起了自己修陵的花销，下令相关责任人等必须赔付。于是又抄家封产地办了一通。

同时，道光皇帝下令将这座陵寝，不管是地上的还是地下的建筑全部拆除，致使几百万两白银铸成的皇陵，就这样毁掉了。而且，他不顾乾隆帝当年规定的"兆葬之制"，毅然在易县西陵的龙泉峪另选陵址，重新建陵。

道光皇帝为什么要在西陵的龙泉峪另选陵址呢？道光皇帝在他的诗中说得很明白："东望珠阜瞻依近，冈极恩慈恋慕萦。""郁郁山川通王气，哀哀考妣近陵区。"他注释道："皇考仁宗睿皇帝、皇妣孝淑睿皇后奉安昌陵，山川王气，毓瑞钟祥。兹龙泉峪在昌陵之西，相去八里许，五云在望，一脉相承，子臣依恋之忱，庶符夙愿也。"意思就是说龙泉峪紧靠父母的昌陵，自己可以永远和父母在一起了，显然对乾隆帝当年规定的"兆葬之制"不愿遵守。

于是，道光十一年（1831年），道光帝的慕陵在西陵龙泉峪破土，至道光十六年（1836年）竣工，用5年的时间才修建完成。

在新建这座陵墓的过程中，道光帝一直提倡简约行事，但是完工时的账单一算下来，耗银却达240多万两，比号称清陵之冠的、耗银为203万两的乾隆帝的裕陵，还多耗费了37万两。若再加上宝华峪工程一建一拆的耗银，那可是450多万两的白银啊！哪里还有什么"简约"可言？

不管怎么说，乾隆帝当年规定的"兆葬之制"刚过了一世，到孙子道光帝这儿就被改变，又跟当年雍正皇帝时一样了。此后就再也没有执行"兆葬之制"了。

西太后葬在定东陵

　　光绪三十四年（1908 年）十月二十二日，慈禧太后离开了这个世界，卒年 74 岁。按说，慈禧是西太后，她应该葬在定东陵的西边，可是当我们走进两宫太后的陵寝时，却发现东太后慈安葬在了西边，而西太后慈禧却葬在了东边，这到底是为什么呢？

　　西太后慈禧和东太后慈安，二人死后都葬在了河北省遵化市的清东陵，陵墓都叫定东陵。

　　按照中国传统的"东为大，西为小"的成规，慈安是东太后，她应该葬在定东陵的东边，慈禧是西太后，她应该葬在定东陵的西边。可是，她们俩死后的葬埋方位竟与她们生前的居住方位完全相反！这是为什么呢？

　　在这里，出现了几种说法。

　　一种说法是，本来东太后在东边，西太后在西边，可是西太后认为东太后的陵风水好，就心存歹念。在东太后死后，西太后一人垂帘听政，独揽大权，所以就有全部的话语权，硬是下令把东太后葬在了西边的那座陵内，东边的陵就留给了自己。

　　还有一种说法是，西太后为了夺取东太后的陵寝，使用了玩棋打赌的诡计，事先讲下，由赢者挑选陵墓。在下棋之前，由于西太后蓄谋已久，有了充分准备，而慈安生性柔弱，对野心勃勃的慈禧处处忍让，所以胜者当然是西太后。于是，慈禧便毫不客气地挑选了东边的陵寝，把东宫太后的宝地先给占下了。

　　更有一种说法是，西太后为了谋夺东太后的陵寝，费尽心机，有一天忽然想到：如果东太后先死于自己，那时自己一人垂帘，独揽朝纲，把慈安葬在哪边还不是完全听我的吗？于是，她施展毒计害死了慈安，公开霸占了慈安的陵

慈禧太后坐像　慈禧死后一年，于宣统元年十月葬入地宫。仅仅 20 年后，便被孙殿英部盗掘洗劫。

寝。这是一种非常歹毒的说法。但鉴于慈禧的政治手段，这种猜测也并非无稽之谈。

其实，以上说法都是错的。慈禧并没有半点逾越封建传统规定的意思，而是完全按照封建传统的规定，安置自己的陵寝。

在古代，皇室的寝陵安放是有规定的。太后的葬位与主子葬位的远近视亲疏尊卑而定，凡较亲较尊者其葬地距主位较近，反之则较远。

慈禧在咸丰帝死后，仅是一名贵妃，比皇后低两级，自然没有慈安的身份高。后来，因为慈禧的儿子载淳继承了皇位，才越级擢升为太后，而慈安在咸丰帝生前已经是名副其实的皇后，被尊为皇太后是自然而然的事。在这点上，西太后慈禧的身份自然比不上东太后慈安。

慈禧和慈安虽然同是太后，但在身份、地位、资历上，慈禧都逊于慈安。在身份上，西太后慈禧要叫东太后慈安为姐姐；在日常行走、称道、书写时东太后都在前。由于太后的身份，决定了其死后要安葬在比较靠近咸丰帝定陵的位置，刚好安葬在西边可以让它紧挨咸丰帝的定陵，而把陵墓建立在东边的西太后慈禧陵却远离咸丰帝的定陵。只有这样，才能显示出西太后慈禧的身份低于东太后慈安的身份。

虽然如此，但作为一手掌权的西太后慈禧，却不愿意低调入葬。

慈安死后，没有人能再牵制束缚慈禧了，于是她在思维和行为上开始为所欲为。陵寝修建完后，慈禧前去一看，觉得它豪华的程度并没有超越前朝的帝后们，于是她就下令重修。

经过重修的西太后陵寝，不仅使与之毗邻的慈安陵寝黯然失色，而且精美豪华方面堪为清陵之冠。在她重修陵寝的时候，慈禧有意颠覆了封建传统风格，把传统的龙在上凤在下的丹陛石图案，改成了凤在上龙在下；汉白玉栏板上也第一次出现了龙追凤的图景；在其他石柱和栏板上也出现了"凤在前，龙在后"或者"一凤压两龙"的图案。慈禧的目的就是要显示她至高无上、唯我独尊的显赫地位。

自顺治皇帝开始，先后有五位皇帝葬在清东陵。裕陵是乾隆皇帝的陵寝，是在清朝国势鼎盛时期修建的，耗银 200 多万两。西太后慈禧的定东陵，耗银也是 200 多万两。1928 年 7 月，军阀孙殿英对东陵的地下宝藏垂涎三尺，派出工兵营进行挖掘，洗掠了价值上亿的陪葬珍宝。事后，因孙殿英四处献宝打点，此案竟不了了之。

清东陵是清代的皇陵之一，这里有顺治帝的孝陵、康熙帝的景陵、乾隆帝的裕陵、咸丰帝的定陵、同治帝的惠陵 5 座帝陵，还葬有多位皇后及 136 位妃嫔、3 位阿哥、2 位公主。

清东陵内最重要的部分是封土宝顶下的地宫，那是安放帝后棺椁的地方，同时也是一个巨大的宝库。

据晚清大太监李莲英的侄子李成武《爱月轩笔记》记载显示，仅慈禧棺椁内的奇珍异宝，就价值 5000 万两白银。更不用说清朝极盛时期的乾隆帝这位堪称最富有的皇帝的陪葬品了。

于是，1928 年 7 月 4 日至 7 月 10 日，清东陵遭受了最为惨重的一次浩劫，主持这次盗墓事件的人就是孙殿英。

先来认识一下孙殿英这个人物。

孙殿英，字魁元，于 1889 年出生在河南省永城马牧镇丁辛庄，因出过天花而得外号"孙麻子"。他幼时父亲被旗人杀害，生活贫苦。从小其母亲对他特别溺爱，使其养成了无法无天的习惯；长大后成了远近闻名的大恶人，称霸一方。

此后，他结识了河南陆军第一混成团团长兼豫西镇守使丁香玲部的官佐，

清　金镶东珠猫睛石嫔妃朝冠顶

此冠顶为乾隆时期所制成，上镶嵌有多颗珍珠，依托金冠顶，华丽非常。

清　金镶东珠皇帝朝冠顶

此冠顶镶嵌有硕大珍珠，时隔百年光泽依旧，对称和谐，精致高贵。

在镇守使署混得了一个副官职位，不久升为机关枪连连长。后来，张宗昌将孙部改编为直鲁联军第十四军，孙殿英顺理成章地成为军长。

1928年7月4日至10日，孙殿英部到达清东陵附近，他们借口进行军事演习，把清东陵附近方圆三十里封锁起来。据附近的老百姓回忆："那几天听到无数次惊天动地的爆炸声。"孙殿英先后挖开了乾隆帝及慈禧陵的墓道，炸开了墓门，折腾了整整7天7夜！直到1928年7月11日，其部队才连夜逃离现场，离开了东陵。与部队一同走的有30辆里面装着宝物的大车。陵墓内能拿走的珍宝都被孙殿英洗劫一空，只留下一个烂泥坑。

8月初，孙殿英的手下谭温江到北平委托珠宝古董商黄百川销赃，东陵珍宝在市面上大量出现。北平警备司令部介入调查，逮捕了谭温江和黄百川，此案才得以露出水面。直到8月13日，有报纸报道了"匪军孙殿英盗墓的情况"，此文一出，轰动全国，此事成为当时家喻户晓的特大新闻，一时震撼人心。

当时，被冯玉祥赶出紫禁城后的清朝末代皇帝溥仪住在天津张园，得知祖先坟墓被人盗了，悲愤得泣不成声。然后不得已在张园内设置乾隆帝和慈禧的灵位，据说每天祭奠三次。溥仪向蒋介石和平津卫戍司令阎锡山去电要求严查，同时通电各报馆，目的是想通过媒体施加舆论压力。

许多民众团体也纷纷指斥盗陵者乃民族败类，电请国民政府从速查惩主谋。蒋介石、阎锡山不得不迅速行动起来，逮捕了逃兵张歧厚，随之张供认了孙殿英是此事主谋。

然而，孙殿英在盗墓之时已考虑到如何善后，此时便从盗得的东陵宝藏中拿出珍品，向国民党要员四处打点。

在《孙殿英投敌经过》一书中，记载了孙殿英这样的话："最宝贵的是颈项上的那串朝珠，有 108 颗，听说是代表 108 罗汉，都是无价之宝。其中最大的两颗朱红的，我在天津与戴笠见面时送给他做了见面礼。还有一柄九龙宝剑，我托戴笠代我赠给委员长或何部长，究竟他怎样处理的，由于怕崩皇陵案重发，不敢声张。慈禧的枕头是一只翡翠西瓜，我托戴笠赠给宋子文院长了。慈禧口里含的一颗夜明珠，我将这件宝贝托戴笠代我赠给了蒋夫人。宋氏兄妹收到我的宝物之后，引得孔祥熙部长夫妇眼红，接到戴笠的电告后，我选了两串朝鞋上的宝石送去，才算了事。"此外，孙殿英还送给阎锡山价值 50 多万元的黄金，以剿匪所获为名向上司徐源泉上交了两箱珠宝，另外，还送给监察院院长许多珍贵的古玩……

如此一来，大家都在该案中得到了好处，对孙殿英自然不好惩处。当然，因为此案事关重要，如果什么都不做，很难给老百姓一个好的说法。为了应对汹涌的舆论，平津卫戍司令阎锡山下令组织军事法庭审判，象征性地对此案进行了审理。

东陵盗案于 1928 年 12 月中旬由军事法庭开庭调查，此后又无缘无故停止了对此案的审理。直至次年 4 月 20 日方开庭预审。又因为此案盘根错节，难以判决，最后，就不了了之了。

孙殿英最后在解放战争中被解放军生擒，后又因病死于战犯收留所中。孙殿英的一生，历经颠簸，罪恶滔天，故得"东陵大盗"之名。

图书在版编目（CIP）数据

藏在古画里的大清史 / 李春香著 . -- 北京：台海
出版社，2023.9
ISBN 978-7-5168-3626-2

Ⅰ . ①藏… Ⅱ . ①李… Ⅲ . ①中国历史—清代—通俗
读物 Ⅳ . ① K249.09

中国国家版本馆 CIP 数据核字（2023）第 154228 号

藏在古画里的大清史

著　　者：李春香

出 版 人：蔡　旭　　　　　　　　封面设计：湜　予
责任编辑：魏　敏　　　　　　　　版式设计：马宇飞
策划编辑：仪雪燕　　　　　　　　图片提供：大禹文化

出版发行：台海出版社
地　　址：北京市东城区景山东街 20 号　　邮政编码：100009
电　　话：010-64041652（发行，邮购）
传　　真：010-84045799（总编室）
网　　址：www.taimeng.org.cn/thcbs/default.htm
E-mail：thcbs@126.com

经　　销：全国各地新华书店
印　　刷：三河市嘉科万达彩色印刷有限公司
本书如有破损、缺页、装订错误，请与本社联系调换

开　　本：710 毫米 ×1000 毫米　　　1/16
字　　数：413 千字　　　　　　　　印　　张：24
版　　次：2023 年 9 月第 1 版　　　　印　　次：2023 年 11 月第 1 次印刷
书　　号：ISBN 978-7-5168-3626-2

定　　价：68.00 元